Monumente der Menschheit

Die faszinierendsten Bauwerke der Welt

Weltbild

Monumente der Menschheit

HÔTEL
HOTEL
RÖMISCHER KAISER
HOTEL
Zum Christophel

ZU DIESEM BUCH

»Aber der Tempel, der sich in Wolken verliert, heilig der Artemis, ließ alles andere verblassen. Ich sprach: Vom Olymp abgesehen, hat Gott Helios solch Wunderwerk niemals erblickt!« Worte der Bewunderung für die von Menschenhand errichteten Bauwerke fand bereits Antipatros von Sidon, der griechische Dichter, der im 2. vorchristlichen Jahrhundert die berühmte Liste der »Sieben Weltwunder« zusammentrug – heute eine der ersten historischen Quellen des Staunens angesichts berühmter Bauwerke.
Die Entwicklung der Baukultur begleitet die Geschichte der Menschheit vom Neolithikum bis heute. Der Übergang von nomadisch lebenden Jägern und Sammlern zu sesshaften Ackerbauern markiert den Beginn der Konstruktion erster Steinbauten und vollzog sich in Vorderasien. Mit der Entwicklung der Hochkulturen in Mesopotamien, Persien, Ägypten, Indien, China und Lateinamerika entstanden erste städtischen Siedlungen und damit die ersten Monumentalbauten der Menschheit, gefolgt von der Architektur der griechisch-römischen Kultur des Mittelmeerraums. Im Lauf der Geschichte entstanden immer neue Baustile und Bautechniken, die in den Architekturikonen der westlichen Moderne mit ihren Konstruktionen aus Stahl und Glas gipfeln.
Die uns heute beeindruckenden Monumente sind beredte Zeichen und Symbole der Weltbilder der Kulturen, in denen sie entstanden: Grabstätten in Gestalt riesiger, zum Himmel aufragender Pyramiden, in denen sich die Jenseitsvorstellungen ihrer Erbauer manifestieren, kostbar ausgestattete Tempel Kirchen und Moscheen als Stein gewordener Ausdruck der Religionen sowie großartige Paläste – Symbole der Macht und des Reichtums der Herrscher. Die moderne Welt macht hier keine Ausnahme: Gigantische Hochhaustürme und Hallen zeugen vom Bedürfnis, technischen Fortschritt und wirtschaftliche Macht in architektonischen Symbolen zu versinnbildlichen. Das vorliegende Buch führt den Leser quer durch die Epochen und Kontinente zu den – oft zum UNESCO-Welterbe erklärten – Monumenten der Menschheit, den faszinierendsten Denkmälern und Erinnerungszeichen menschlicher Kultur auf der Erde.

Trier wurde im Jahr 16 v. Chr. von den Römern unter der Herrschaft von Kaiser Augustus als »Augusta Treverorum« gegründet. Eines der berühmtesten Wahrzeichen der Stadt ist die Porta Nigra, die als das am besten erhaltene römische Stadttor nördlich der Alpen gilt.

Von der Uferpromenade des historischen Stadtkerns von Shanghai blickt man auf die Wolkenkratzer von Pudong: Die Stadt wächst nicht nur horizontal, sondern dehnt sich auch vertikal aus.

Seite 2 und 3: Vor der Chephren-Pyramide in Gizeh ruht ein Wesen mit Menschenkopf und Löwenkörper. Die Sphinx, vermutlich ein Abbild des Sonnengottes, wurde aus dem gewachsenen Stein gehauen und ist rund 70 Meter lang.

MIRAE ASSET
AURORA

Dieses Torii steht vor der Insel Itsukushima in der Seto-Inlandsee. Hier befindet sich einer der berühmtesten Shinto-Schreine Japans. Bei Flut ist er ganz von Wasser umgeben.

Die Skyline des modernen Sydney mit seinen Wahrzeichen Harbour Bridge und Opera House. Die kühne Idee für die Dachkonstruktion der Musikhalle kam dem dänischen Architekten Jørn Utzon angeblich beim Schälen einer Orange.

Die Catedral Metropolitana in Mexiko-Stadt ist der größte Sakralbau Amerikas. Sie dominiert den Zócalo, die zweitgrößte innerstädtische Freifläche der Welt.

Nächste Doppelseite: Während die Hochhäuser des modernen Kairo ganz nah an die Pyramiden von Gizeh heranrücken, bewahrt die Sandwüste die Würde der über 4000 Jahre alten Grablege.

URNES

Unter den christlichen Sakralbauten sind die Stabkirchen Norwegens einzigartig: Das Gerüst der mittelalterlichen Holzbauten besteht aus Stäben, die an Schiffsmasten erinnern – daher werden diese Gotteshäuser auch »Mastenkirchen« genannt. Ihr meist einziger Hauptraum gilt als baulicher Nachfolger der altnorwegischen Königshalle. Typisch sind die steilen, ineinandergeschichteten Dächer, die offenen Laubengänge sowie die Vorhalle. Unter den knapp 30 noch erhaltenen norwegischen Stabkirchen gilt diejenige von Urnes als die bei weitem älteste (UNESCO-Weltkulturerbe). Sie wurde im 12. Jahrhundert errichtet. Herausragend sind vor allem die Schnitzornamente im Wikingerstil, die Fabelwesen, Drachenköpfe, dicht verflochtene Tierfiguren und schlangenhafte Formen zeigen. Sie befinden sich auf den Würfelkapitellen im Innenraum sowie an den Reliefs der Portale.

Schon die zum Christentum bekehrten Wikinger fuhren über den Lusterfjord, einen Seitenarm des Sognefjords, zur Stabkirche auf der Landzunge Urnes (unten), um im Kirchen-»Schiff« (rechts) zu beten. Spätere Umbauten beeinträchtigten zwar das ursprüngliche Bild, das reiche Schnitzdekor (ganz rechts) blieb jedoch erhalten.

BORGUND

STABKIRCHE

Die um 1180 erbaute Stabkirche von Borgund zählt zu den herausragendsten Beispielen der norwegischen Stabbaukunst und gilt als eines der ältesten Holzgebäude Europas. Ihre Runeninschriften zeugen von dem Nebeneinander der altnordischen und der christlichen Religion. Der Aufbau auf 14 Masten und die Konstruktion aus vertikal ausgerichteten Stäben machen deutliche Anleihen am Schiffbau. Das Westportal mit der Geisterschwelle weist gewisse Einflüsse der Steinarchitektur auf. Die sechsstufige Stabkirche mit Hauptschiff und Chorraum ist mit Giebeldächern versehen, an denen sich Drachenköpfe recken, um böse Kräfte fern zu halten. Die Giebelecken der Seitenschiffe ziert hingegen eine Vielzahl an Kreuzen als magische Schutzzeichen. Der Innenraum beherbergt einige Sitzbänke entlang der Wände, einen Steinaltar sowie eine Dachkonstruktion mit Andreaskreuzen.

Zwischen Fagernes und Sogndal liegt die Stabkirche von Borgund – in früherer Zeit Versammlungsstätte der Bauern aus der Umgebung. Die Kreuze und Drachenköpfe der Dachgiebel sollen der Kirche nach vorchristlichen Glaubensvorstellungen Schutz gegen böse Kräfte verleihen.

HEDDAL

STABKIRCHE

Wenige Kilometer von der »Blues«-Stadt Notodden entfernt, steht in dem Telemark-Dorf Heddal die größte erhaltene Stabkirche Norwegens. Wegen ihres malerischen Aussehens mit dem dreifach gestaffelten Dach und den Türmen gilt sie als die schönste ihrer Art. Die dreischiffige »Kathedrale« unter den Stabkirchen wurde im 12./13. Jahrhundert erbaut und in den 1950er-Jahren so rekonstruiert und von nachreformatorischen Umbauten »entkleidet«, dass der heutige Bau im Wesentlichen dem Zustand im Vollendungsjahr 1242 entspricht. Damals hatte man sie der Jungfrau Maria geweiht. Baumeister war, so berichtet eine Sage, ein Troll namens Finne – und weil er den Klang der Glocken nicht ertragen konnte, floh er schließlich vor dem Ort. Im Laubengang (unter der untersten Überdachung) vor der Kirche legten die Gläubigen ihre Waffen ab, ehe sie das »Schiff« betraten.

Ihre stattliche Größe und das harmonische Gefüge der sich überlappenden Holzdächer, deren Spitzen von Türmen gekrönt werden, hat der Stabkirche von Heddal den Ruf einer »gotischen Kathedrale aus Holz« eingetragen. Die Portale sind mit kostbaren Schnitzereien verziert.

INSEL LOVÖ

Auf der Insel Lovö im Mälarsee steht an der Stelle eines Vorgängerbaus aus dem 16. Jahrhundert das um 1700 vollendete Schloss Drottningholm (»Königininsel«), die gewaltigste barocke Schlossanlage Schwedens. Der Bau wurde 1662 von Hedwig Eleonora, der Frau des verstorbenen Karl X. Gustav, in Auftrag gegeben und gilt als Hauptwerk des Architekten Nicodemus Tessin. Ab 1750 wurde der Bau erweitert, zahlreiche Innenräume wurden im Stil des Rokoko eingerichtet. Als das Schloss nach 1777 auch für staatliche Repräsentationszwecke genutzt wurde, hatte dies eine Umgestaltung einiger Räume im eleganten klassizistischen Stil zur Folge. Der schwedische König Gustav III. (reg. 1771–1792) ließ einen englischen Garten anlegen. Heute faszinieren die Besucher insbesondere der Chinesische Pavillon und das Drottningholmtheater, eines der wenigen bespielbaren Barocktheater Europas.

Das Schloss (UNESCO-Weltkulturerbe) befindet sich auf der Insel Lovö nur wenige Kilometer westlich von Stockholm und ist in die Wasserlandschaft des Mälarsees eingebettet (großes Bild). Der Chinesische Pavillon im Schlosspark (ganz links) wurde 1753 in der Tradition der damaligen Chinamode erbaut. Das Schlosstheater (links) entstand im 18. Jahrhundert und wird nach gründlicher Renovierung heute noch genutzt.

Nur einen Steinwurf von der »Kleinen Meerjungfrau« entfernt liegt im Süden Schloss Amalienborg, eine der Residenzen von Dänemarks Königin Margarethe II. Der Gebäudekomplex aus der Mitte des 18. Jahrhunderts ist kein typisches Schloss. Er besteht vielmehr aus vier Palais, die sich um einen achteckigen Platz gruppieren. Die prunkvoll geschmückten Fassaden gelten als Höhepunkt des dänischen Barocks. Besucher sollten auf die Flagge achten: Ist sie gehisst, ist die Königin zugegen. Um zwölf Uhr kann der beeindruckende Wachwechsel der Garden mit ihren großen Fellmützen bestaunt werden. Überragt wird die Szenerie von der Frederikskirche, die von 1740 bis 1894 errichtet wurde und wegen ihres Baumaterials auch Marmorkirche genannt wird. Als Vorbild diente der Petersdom in Rom, entsprechend zählt die 45 Meter hohe Kuppel zu den größten Europas.

Die gewaltige, im Durchmesser 33 Meter große Kuppel der Frederikskirche (links der Altar im Kuppelraum) wurde nach Plänen Nicolai Eigtveds ab dem Jahr 1749 errichtet und scheint Schloss Amalienburg in den Schatten zu stellen. An den Ecken des Schlossplatzes stehen die Palais Levetzau, Brockdorff, Moltke und Schack (großes Bild). Die Reiterstatue König Frederiks V. (ganz links) bildet das Zentrum der Anlage.

Bis zur Reformation im 16. Jahrhundert befand sich das kirchliche Zentrum Dänemarks in Roskilde, einer Stadt auf der Insel Sjælland, etwa 30 Kilometer westlich von Kopenhagen. Bis zum Jahr 1443 war Roskilde als Königsresidenz auch Hauptstadt von Dänemark. Bauherr der ersten romanisch-gotischen Backsteinkirche Skandinaviens war der Gründer von Kopenhagen, Bischof Absalon, der das Gotteshaus über den Grundmauern zweier älterer Kirchen ab dem Jahr 1170 errichten ließ. Mit dem Bau der großen Türme im 14. Jahrhundert hat die Kathedrale (UNESCO-Weltkulturerbe) ihr heutiges Gesicht erhalten. Im Dom, der bis in das 19. Jahrhundert hinein durch Vorgebäude und Seitenkapellen erweitert wurde und als bedeutendes Zeugnis dänischer Kirchenarchitektur gilt, befinden sich die Grabmäler dänischer Königinnen und Könige, die hier ab dem 15. Jahrhundert bestattet wurden.

Die Kathedrale von Roskilde (ganz unten: Blick ins Kirchenschiff) wurde im romanischen Stil begonnen, jedoch im gotischen Stil vollendet, was insbesondere die beiden Türme erkennen lassen (unten). Als Grablege der dänischen Könige beherbergt sie insgesamt 37 gekrönte Häupter, die dort in aufwendig gestalteten Sarkophagen ruhen. Besonders prachtvoll ist das Grabmal König Christians V. (1646–1699).

HILLERØD

SCHLOSS FREDERIKSBORG

Anfang des 17. Jahrhunderts erbaute König Christian IV. in Hillerød auf Seeland ein prächtiges Wasserschloss. Der dabei verwendete Stil mit Dreiecksgiebeln und roten Backsteinmauern wird bis heute als »Christian-IV.-Stil« bezeichnet. Die Anlage erstreckt sich über drei Inseln im Frederiksborgsee, das dreiflügelige Hauptschloss thront auf der nördlichsten Insel. Zwischen 1660 und 1849 ließen sich alle dänischen Herrscher unter dem Sternengewölbe der Schlosskapelle salben. Bis heute birgt die Kapelle die Wappenschilde der Träger des höchsten dänischen Ordens, des Elefantenordens. Auch die Träger des Dannebrogordens wurden hier verewigt. Nach einem Brand im Jahr 1859 finanzierte der dänische Industrielle Jacob Christian Jacobsen den Wiederaufbau des Schlosses und errichtete dort 1878 das erste Nationalhistorische Museum von Dänemark.

Schloss Frederiksborg ist eines der bedeutendsten Bauwerke der nordischen Renaissance. Die Fassaden des Gebäudes werden von Türmen dominiert (links oben), während innen das nationalhistorische Museum in prunkvollen Sälen seine reichhaltige Sammlung präsentiert (links).

HELSINGOR

SCHLOSS KRONBORG

Die Lage des dänischen Königsschlosses am Öresund, dem schmalsten Teil der Meerenge zwischen Dänemark und Schweden, war strategisch von größter Bedeutung. Im Mittelalter kontrollierte an dieser Stelle die Feste Krogen die Sundeinfahrt und sicherte den Zoll. Neben der Schönheit des Schlosses ist es vor allem auch diese strategische Bedeutung, die für die Dänen den Symbolgehalt von Kronborg ausmacht, denn es steht damit für die einstige Macht und den Glanz des Königreiches. Unter König Friedrich II., der von 1559 bis 1588 regierte, entstand an der Stelle der alten Burg die Vierflügelanlage des Schlosses im Stil der niederländischen Renaissance; dabei wurden die Bastionen nach den Anforderungen der Militärarchitektur verstärkt. Nach dem Brand von 1629 erfolgte der Wiederaufbau des »Hamlet-Schlosses«. Um das Jahr 1700 wurden die weitläufigen Kasematten angelegt.

Seine Berühmtheit verdankt das Schloss – ein UNESCO-Weltkulturerbe – William Shakespeare, der seine Tragödiengestalt Hamlet hier ansiedelte. Auch der skandinavische Held Holger Danske fand hier eine Heimat. Im Fall einer Bedrohung Dänemarks soll er aus dem Schlaf erwachen.

Die neugotische Fassade des Westminster Palace mit seinen charakteristischen Türmen, darunter auch der Glockenturm Big Ben, erweckt den Eindruck, als habe sie sich schon seit dem Mittelalter in der Themse gespiegelt. Tatsächlich befand sich seit dem 11. Jahrhundert an dieser Stelle ein Herrschaftssitz. Das heutige Gebäude, zusammen mit der Westminster Abbey eine Welterbestätte der UNESCO, wurde jedoch erst Mitte des 19. Jahrhunderts errichtet, nachdem ein Vorgängerbau einem Feuer zum Opfer gefallen war. Einzige erhaltene Teile aus dem Mittelalter sind der Jewel Tower und die Westminster Hall, die nur noch zu zeremoniellen Zwecken genutzt wird. Der größte Parlamentsbau der Welt mit seinen über 1100 Räumen, 100 Treppenhäusern und Fluren von insgesamt drei Kilometern Länge ist Sitz der britischen Volksvertretung mit Oberhaus und Unterhaus.

Der Palace of Westminster (großes Bild), auch »Houses of Parliament« genannt, ist Sitz des Ober- und Unterhauses und war bis zum Anfang des 16. Jahrhunderts eine Residenz. Danach wurde er ausschließlich als Parlament genutzt. Der heutige Bau wurde im 19. Jahrhundert nach einem Brand völlig neu und zweckbestimmt gebaut. Das Reiterstandbild von Richard Löwenherz (links) wacht vor der Palastfassade.

Einzigartig ist dieses Gotteshaus, das offiziell Stiftskirche St. Peter heißt, nicht nur wegen seiner großartigen Architektur, sondern vor allem wegen seiner bedeutungsvollen Symbolik. Seit Wilhelm dem Eroberer wurden in dieser Kirche bis auf wenige Ausnahmen alle Monarchen Englands gekrönt – traditionell vom Erzbischof von Canterbury – und viele fanden hier auch ihre letzte Ruhestätte. Auch die Grabmale weiterer historischer Persönlichkeiten, darunter bedeutende Schriftsteller, Künstler, Wissenschaftler und Politiker, sind hier zu finden. In der Westminster Abbey begraben zu werden war und ist bis heute die höchste Auszeichnung. Das Bauwerk ist eine Mischung aus verschiedenen Stilen, da im Lauf der Jahrhunderte etliche An- und Umbauten hinzugefügt wurden. Dennoch gilt Westminster Abbey als edelstes Beispiel der englischen Gotik – und als schönstes Bauwerk Londons.

Das Kirchenschiff der Westminster Abbey mag zwar eher schmal sein, ist aber das höchste Englands und wirkt damit umso erhabener. Architektur und Ausstattung bieten auch noch heute einige der wunderschönsten Beispiele mittelalterlicher Baukunst, da die Kirche von der Auflösung oder Zerstörung der Abteien unter Heinrich VIII. verschont blieb. Heute ist sie eher nationales Museum als Gotteshaus.

LONDON

Am östlichen Rand der City wacht die massive Anlage mit dem langen Namen »Her Majesty's Royal Palace and Fortress The Tower of London« (UNESCO-Weltkulturerbe) an der Themse, gemeinhin nur als Tower bezeichnet. Im Mittelpunkt des Areals steht der White Tower, ein wuchtiger Festungsbau, den Wilhelm der Eroberer nach seiner Krönung zum König von England 1078 erbauen ließ. Er sollte nicht nur die Stadt vor Angriffen schützen, sondern den normannischen Herrschern auch ein wachsames Auge auf die unabhängigen und selbstbewussten Londoner gewährleisten. Im 12. und 13. Jahrhundert wurden die beiden Wälle und der Festungsgraben angelegt. Bis ins 17. Jahrhundert war der Tower königliche Residenz, bis ins 20. Jahrhundert Gefängnis, und bis heute ist er eine königliche Schatzkammer, in der seit über 300 Jahren die Kronjuwelen der Öffentlichkeit präsentiert werden.

Die auch »White Tower« genannte Burganlage ist die am besten erhaltenste Festung Großbritanniens. Drei Meter dicke Mauern schützen vor Ausbruch wie vor Einbruch und erinnern an die grausigen Geschichten von rollenden Köpfen und unliebsamen Adligen, die in den Kerkern darbten. Heute ist die Burg eine Touristenattraktion.

LONDON

Die 1894 eröffnete Tower Bridge gehört nicht nur zu den Wahrzeichen Londons, sondern sie ist auch ein bedeutendes Zeugnis der Ingenieurskunst der damaligen Zeit. Mitte des 19. Jahrhunderts war das Londoner East End so dicht bevölkert, dass eine Brücke notwendig wurde. Bis zu jener Zeit hatte man alle neuen Brücken westlich der London Bridge errichtet, da im Osten die Hafenanlagen und der Schiffsverkehr nicht behindert werden durften. Die Lösung war eine kombinierte Klapp- und Hängebrücke. Dampfmaschinen setzten die Hydraulik in Gang, welche die Brücke innerhalb weniger Minuten öffnen konnte; heute geschieht dies mittels Elektrizität. In beiden Türmen befindet sich eine Ausstellung zur Geschichte des Bauwerks. Der mittlerweile verglaste Fußgängerübergang hoch über der eigentlichen Brücke bietet einen umwerfenden Blick über London.

Schön bei Tag und Nacht: Die Tower Bridge wirkt wie ein Monument des Fortschritts, das historische und modernen Facetten Londons in sich vereint. Die Höhe der Türme beträgt 65 Meter, die Fahrbahn befindet sich neun Meter über dem Fluss. Mehrmals täglich wird das Mittelteil hochgeklappt, um große Schiffe hindurch zu lassen.

TOWER OF LONDON

TOWER BRIDGE

Stolz und unübersehbar thront die prachtvolle Kuppel der St. Paul's Cathedral inmitten der Finanzpaläste der Londoner Innenstadt. Seit 1400 Jahren steht auf dem Ludgate Hill in der City bereits eine christliche Kirche. Die heutige englisch-barocke St. Paul's Cathedral ist die fünfte Version und ohne Frage die prächtigste. Die Feuersbrunst von 1666, die fast ganz London vernichtete, machte auch vor der mittelalterlichen St. Paul's nicht halt. Mit der Aufgabe des Neubaus wurde der Architekt Sir Christopher Wren betraut, der auch für die Entwürfe für weitere rund 50 Kirchen in der zerstörten Stadt zuständig war. Wrens Pläne wurden mehrmals abgelehnt, doch schließlich wurde 1677 der Grundstein für das Bauwerk gelegt, 20 Jahre später fand der erste Gottesdienst statt. Christopher Wren war der Erste von vielen Größen der britischen Geschichte, der hier seine letzte Ruhestätte fand.

Die elegante Kuppel (links) des schönsten Gotteshauses Londons, deren Vorbild der Petersdom in Rom war, ist Symbol und Wahrzeichen der Stadt. Die Ausstattung ist mit ihren lichten Höhen, dem Figurenschmuck und der reichen Ornamentik im gewaltigen Schiff von einzigartiger barocker Pracht, eher untypisch für das nüchterne England jener Zeit – weswegen vielen Zeitgenossen der Bau zu »papistisch« erschien.

Hampton Court wurde wie so zahlreiche Schlösser Großbritanniens ursprünglich nicht für das Königshaus gebaut. Es wurde beschlagnahmt. Allerdings wurde es von den Königen in späteren Jahrhunderten so prachtvoll aus- und umgebaut, dass es heute als einer der schönsten historischen Paläste und größte Touristenattraktion in der Umgebung Londons gilt. Kardinal Wolsey, Lordkanzler von Heinrich VIII., erwarb 1514 das Anwesen aus dem 14. Jahrhundert und ließ es zu einem prächtigen Renaissancepalast umgestalten. Als er die Gunst des Königs verlor, nahm es Heinrich VIII. in Besitz, der es im Tudorstil umbauen und erweitern ließ. Später entstanden neue Flügel durch Sir Christopher Wren. Zu den Attraktionen des Palastes gehören die Great Hall von 1532, die astronomische Uhr an Anne Boleyn's Gate, die riesigen Küchenanlagen und der Royal Tennis Court.

Die Gartenseite von Hampton Court wurde Anfang des 17. Jahrhunderts von dem britischen Architekten Christopher Wren auf Befehl von Wilhelm III. umgestaltet. Auch der formale Garten stammt aus jener Zeit. Das Schloss ist aber in erster Linie dasjenige von Heinrich VIII. Links: Porträt Heinrichs VIII. von Hans Holbein d. J.; ganz links: Familie Heinrichs VIII. in Sudeley Castle, ein Gemälde von Lucas de Heere (1572).

Windsor Castle, von dem das Königshaus seinen Namen geborgt hat, ist nicht nur das größte Schloss Großbritanniens, sondern auch das am längsten durchgehend bewohnte. Seit fast 1000 Jahren steht hier im Westen Londons ein Schloss, von Wilhelm dem Eroberer um 1070 als Festung errichtet und seither von den englischen Königen aus- und umgebaut sowie als Festung, Gefängnis oder Garnison genutzt. Die heutige Anlage geht im Wesentlichen noch auf das 14. Jahrhundert zurück, als Edward III. die State Apartments, den Round Tower und das Norman Gate anfügen ließ. Die letzte größere Umgestaltung erfolgte Anfang des 19. Jahrhunderts unter Georg IV. Bis heute ist Windsor Castle neben Holyrood in Edinburgh und Buckingham Palace in London eine der drei offiziellen königlichen Residenzen sowie der bevorzugte Wohnsitz von Elisabeth II.

Seine Vergangenheit als Festung vermag Windsor Castle mit seinen trutzigen zinnenbewehrten Türmen kaum zu verbergen (großes Bild). Die Ausstattung der Räume des Schlosses ist erlesen, wie etwa im Grünen Salon (ganz links) oder in der für Staatsbankette genutzten Waterlookammer (links) mit Porträts europäischer Monarchen, Staatsmänner und Feldherrn, die zum Sieg über Napoleon beigetragen haben.

SALISBURY

CANTERBURY

ST. MARY'S CATHEDRAL

Die frühgotische Kathedrale von Salisbury (1220 bis 1258) im Süden Englands wird für ihre vollendete Symmetrie gerühmt. Ihrem dreischiffigen Langhaus samt Querhaus schließt sich ein fast ebenso langer Chor mit einem zweiten zweischiffigen Querhaus an. Den geraden Ostabschluss bildet die Trinity Chapel mit ihren farbigen Glasfenstern; ihr Kreuzrippengewölbe ruht auf schlanken Säulen aus dunklem Marmor. Skulpturen in Blendarkaden schmücken die aufwendig gegliederte, von schmalen Treppentürmen eingefasste Westfassade (1265 fertiggestellt). Später hinzu kamen im Stil der Hochgotik mit ihrem reichen und verspielten Dekor der 123 Meter hohe Vierungsturm (14. Jahrhundert) sowie im Süden ein Kreuzgang und das achteckige Domkapitelhaus (beide um 1280); dort wird das am besten erhaltene Orginalexemplar der Magna Charta von 1215 aufbewahrt.

Mit ihren hohen, spitz zulaufenden Fenstern gilt die Kathedrale von Salisbury (1220–1258) als stilreines und damit herausragendes Beispiel der englischen Gotik. Von links: Westfassade mit Vierungsturm, Hauptschiff mit farbigen Glasfenstern, Trinity Chapel, Detailaufnahme von Heiligenfiguren im Innenraum der Kathedrale.

KATHEDRALE

In einer der ältesten Städte Englands ganz im Südosten des Landes befindet sich die Hauptkirche der anglikanischen Glaubensgemeinschaft. Die 1070 als normannischer Bau begonnene Kathedrale von Canterbury erlangte hundert Jahre später traurige Berühmtheit, als hier Erzbischof Thomas Becket von königstreuen Rittern ermordet wurde. Man bestattete ihn in der Kathedrale und sprach ihn 1173 heilig. So entwickelte sich der Kirchenbau zum Zielort eines starken Pilgerstroms. Nach einem Brand 1174 wurde der Ostteil der Kathedrale mit dem Chor unter dem normannischen Baumeister Wilhelm von Sens neu errichtet. Der 75 Meter hohe Vierungsturm des Gotteshauses, nach dem Namen der großen Glocke »Bell Harry« genannt, entstand 1494 bis 1504. Die Kathedrale ist außerdem Grabstätte von König Heinrich IV. von England sowie von Edward of Woodstock, dem »Schwarzen Prinz«.

Der ab 1174 neu erbaute Chor (links: Eingang) der Kathedrale von Canterbury (ganz links eine Gesamtansicht) markiert den Beginn der englischen Gotik. Innen wurde die Kirche teils im Perpendicular Style gestaltet. Fast überirdisch schön erscheint der Kreuzgang (unten) des zum UNESCO-Weltkulturerbe gehörenden Baus.

Wer sich dem Petersdom von Exeter im Südwesten Englands (1275–1365) über die Rasenflächen des Cathedral Yard nähert, dem offenbaren sich Schritt für Schritt immer mehr Details des gotischen Dekors an der Westfassade (1327–1346), hinter der die beiden mächtigen normannischen Türme (1133) über dem Querhaus langsam verschwinden. Dazu gehören neben dem großen Maßwerkfenster vor allem die drei Skulpturenreihen: unten Engel, in der Mitte Könige und oben Propheten und Apostel. Innen betont das 105 Meter lange Tierceron-Gewölbe die Tiefe und Harmonie des Raumes, zwischen Langhaus und Chor nur unterbrochen durch den mittelalterlichen Lettner mit freistehender Orgel. Prächtig auch der holzgeschnitzte 18 Meter hohe Bischofsthron (um 1315). Im Chorgestühl bezaubern die fantasievollen Holzschnitzarbeiten an den Unterseiten der Klappsitze (Misericordien).

Die Doppeltürme über dem Querhaus der St. Peter's Cathedral in Exeter (unten) stammen noch vom romanischen Vorgängerbau. Typisch für den gotischen »Decorated Style« im Innenraum ist das imposante Fächergewölbe. Durch das Fehlen eines Vierungsraums ist es das längste ununterbrochene Gewölbe der Welt (rechts). Mit biblischen Szenen versehen ist die reich geschmückte Chorschranke (ganz unten).

WELLS ST. ANDREW'S CATHEDRAL

Seinen Status als Cathedral City verdankt das südlich von Bristol gelegene Wells der frühgotischen Kathedrale (um 1180–1239). Die Westfassade des Kirchenbaus erscheint durch die niedrigen Seitentürme breiter, als sie mit 49 Metern tatsächlich ist; die rund 300 Steinfiguren geben ihr aber ein filigranes Antlitz. Langhaus und Chor, beide dreischiffig und mit rund 110 Metern etwa gleich lang, werden jeweils von einem Querhaus gekreuzt. Der Chor (ca. 1290–1340), ein Hauptwerk des Decorated Style der englischen Hochgotik, wurde im 14. Jahrhundert durch einen Retrochor und die achteckige Marienkapelle verlängert. Aus dieser Zeit stammen auch der Kreuzgang, das zweistöckige Kapitelhaus und der Vierungsturm. Um dessen Last zu tragen, ließen sich die Baumeister Spektakuläres einfallen: Sie verbanden die Vierungspfeiler mit Paaren von sich an der Spitze berührenden »Scherenbögen«.

Eines der spektakulärsten Bauelemente der St. Andrew's Cathedral, die den Beginn des frühgotischen Early English markiert, sind die imposanten Scherenbögen (links), die den Vierungsturm stützen und dem Gotteshaus einen besonders lichten Charakter verleihen.

WINCHESTER KATHEDRALE

Der 1079 bis 1093 errichtete Dom in dem südenglischen Städtchen ist ein Zeugnis jenes Baubooms, dem England nach der Eroberung durch die Normannen (1066) eine Vielzahl neuer Kirchen verdankt. Diese englische Spielart der Romanik wird als »Norman Architecture« bezeichnet. Aus dieser Zeit erhalten sind noch das nördliche Querhaus und die Krypta. Als typisch für den englischen Kirchenbau gelten die Raumaufteilung von Arkaden, Triforium und Fenstergaden im Langhaus – mit 168 Metern das längste Europas – und der Retrochor (1189–1202). Mit diesem begann auch die Umgestaltung im Stil der Spätgotik, die lange, schlanke Gestaltungsformen bevorzugte. Im 14. Jahrhundert erhielt das Mittelschiff ein Fächergewölbe, es entstand die Westfassade mit Blendmaßwerk und großem Fenster. Berühmt ist die Kathedrale für ihre kunstvoll gearbeiteten bischöflichen Grabkapellen.

Das Hauptschiff und der Chor (links) des in seinen Ursprüngen normannischen Baus, mit 170 Metern die längste mittelalterliche Kirche Europas, wurden im 14. Jahrhundert im spätgotischen Perpendicular Style (mit senkrechtem Stabwerk an den Fenstern) umgestaltet.

STONEHENGE UND AVEBURY

Ein 114 Meter weiter Ringgraben umschließt den heiligen Bezirk der Steinkreise (UNESCO-Weltkulturerbe) von Stonehenge nördlich von Salisbury in der Grafschaft Wiltshire, deren Ursprünge eventuell bis 3000 v. Chr. zurückreichen. Die bis zu sieben Meter hohen Monolithen, die über Hunderte von Kilometer hierhergebracht wurden, scheinen auf bestimmte Gestirne hin ausgerichtet zu sein. Vermutlich diente die Anlage kultischen und astronomischen Zwecken. Die Reste weiterer drei Steinkreise – ein äußerer und zwei nebeneinanderliegende innere – aus der Zeit zwischen 2600 und 2500 v. Chr. finden sich auf einem rund 15 Hektar großen Areal in und um das benachbarte Dorf Avebury. Allerdings sind von den ursprünglich 154 Steinen des jungsteinzeitlichen Heiligtums nur noch 36 erhalten, der Rest wurde ab dem 14. Jahrhundert auf Anordnung der Kirche zerstört und verbaut.

In Form von Pfeilersteinen, die durch Decksteine überbrückt werden, sind die Megalithen von Stonehenge aufgestellt (unten). Teils wurden die Steine aus den rund 400 Kilometer entfernten Preselibergen in Wales herangschafft. Direkten Zugang zu den Megalithen hat heute nur noch die Druids Society, die hier zu bestimmten Anlässen Rituale ausführen darf. Ganz in der Nähe befinden sich die Megalithen von Avebury (links).

Großbritanniens größtes Privatanwesen in Woodstock bei Oxford – übrigens Geburtshaus Winston Churchills – ist eines der schönsten Barockbauwerke des Landes. Es wurde 1705 bis 1722 unter der Aufsicht von Sir John Vanbrugh für John Churchill erbaut, 1. Duke of Marlborough, zum Dank für seinen erfolgreichen Feldzug gegen französische und bayerische Truppen bei Blindheim an der Donau – daher auch der Name. Die drei Flügel des zweistöckigen Palastes mit Türmen und Säulenhallen legte man um einen großen Hof herum an. Der von Henry Wise nach dem Vorbild von Versailles angelegte Park wurde ab 1764 durch Lancelot Brown renaturiert und durch den Einsatz von Wasserfällen und eines Sees in eine romantische Landschaft verwandelt. Das Ensemble aus Schloss und Park reflektiert die Anliegen der Romantik: die Rückkehr zur Natur und zu den nationalen Wurzeln.

Bietet Blenheim Palace (UNESCO-Weltkulturerbe) mit seiner Fassade aus Türmen und Säulenhallen schon äußerlich einen imponierenden Anblick (links), beeindruckt innen die prächtige Ausstattung, so etwa in der Great Hall mit dem Deckengemälde von Sir James Thornhill und den Stuckarbeiten von Grinling Gibbons (unten ganz links) oder im mit feinsten Tapisserien und edelstem Mobiliar ausgestatteten Third State Room (unten).

NORTH YORKSHIRE

Mönche aus York gründeten einst die Zisterzienserabtei Fountains Abbey. Bis zur Auflösung 1539, die eine Folge der Trennung der englischen Kirche von Rom war, erlebte die Abtei einen gewaltigen Aufschwung. Durch Schafzucht und Wollhandel war sie zu einer der größten und reichsten Klosteranlagen des Landes geworden. Weitgehend erhalten, wenn auch ohne Dach, sind heute die 123 Meter lange Kirche, der 55 Meter hohe Turm über dem nördlichen Querschiff und die sich direkt anschließenden Klostergebäude. Der Kreuzgang mit normannisch-romanischen Bögen, Dormitorium, Refektorium sowie das etwa 100 Meter lange Cellarium vermitteln einen guten Eindruck von den Dimensionen der Anlage. Im 16. Jahrhundert, nach der Auflösung sämtlicher Klöster in England durch Heinrich VIII., verfiel das Ensemble, bevor es im 18. Jahrhundert Bestandteil der Gärten von Studley wurde. Sowohl Studley Royal Park als auch die Abtei gehören heute zum UNESCO-Weltkulturerbe.

Eine der größten und am besten erhaltenen Klosteranlagen Englands ist die ehemalige Zisterzienserabtei Fountains Abbey in den königlichen Gärten von Studley bei Ripon in North Yorkshire (rechts: Kirchenruine; unten: Kreuzgang).

YORK MÜNSTER

Das Münster im nordenglischen York ist die größte gotische Kirche nördlich der Alpen. Sie wurde im frühen Mittelalter auf den Resten eines römischen Hauptlagers begonnen. Der Vorgängerbau, eine mehrfach erweiterte fünfschiffige Basilika, fiel im 12. Jahrhundert einem Brand zum Opfer. 1220 erfolgte ein mächtiger gotischer Neubau mit dreischiffigem Querhaus. In den folgenden 250 Jahren nahmen hier alle drei Entwicklungsstufen der englischen Gotik Gestalt an: Im östlichen Teil sind Elemente der Frühgotik (Early English) auszumachen, im Hauptschiff und im Kapitelhaus die der Hochgotik (Decorated Style) und im Chor und in den Türmen die der Spätgotik (Perpendicular Style). Damit kann das Münster in York als Musterbeispiel der englischen Gotik bezeichnet werden. Die Glasmalereien an den Fenstern der Kathedrale gehören zu den bedeutendsten des mittelalterlichen England.

Einst schon von Weitem zu erkennen, duckt sich das Münster von York heute eine wenig hinter die umliegenden Bauten. Erst mit der Fertigstellung der westlichen Türme 1477 erhielt der auf das 13. Jahrhundert zurückgehende gewaltige Kirchenbau sein heutiges Gesicht (links).

DURHAM KATHEDRALE

Ab 1072 wurde hoch über dem Fluss Wear ganz im Nordosten Englands auf den Resten einer normannischen Festung ein Schloss errichtet, das als Bollwerk gegen die Schotten gedacht war und schließlich das Zentrum eines Benediktinerklosters wurde. Mit dem Bau der Kathedrale begann man 1093, sie sollte die Reliquien des Beda Venerabilis und des heiligen Cuthbert aufnehmen. Die Grabstätte von Cuthbert war einst ein prunkvolles Monument aus grünem Marmor und Gold, nach dessen Zerstörung 1538 ist heute jedoch nur noch eine einfache Steingruft erhalten. Die von normannischen Eroberern errichtete Kirche gilt als eines der schönsten Bauwerke am Übergang von der Romanik zur Gotik. Das niedrige, lang gestreckte Kirchenschiff ist eine Eigenart der englischen Gotik. Forschungen legen nahe, dass die hier erbauten Kreuzrippengewölbe die ältesten ihrer Art sind.

In der Kapelle der neun Altäre am östlichen Ende der Kathedrale – einst der romanische Chor eines Vorgängerbaus – zieht das auf das 16. Jahrhundert zurückgehende Rosettenfenster die Aufmerksamkeit auf sich (links). Die Kirche gehört seit 1986 zum UNESCO-Weltkulturerbe.

NORDWALES

Die Burgen, die Edward I. in Wales errichten ließ (UNESCO-Weltkulturerbe), sind Zeugnisse mittelalterlicher Militärarchitektur und der Kolonisierung des Landes. Gwynedd, eine raue Region im Norden von Wales, wurde jahrhundertelang von kleinen Adelsgeschlechtern regiert, bis der englische König Edward I. (1239–1307) das Land unter seine Herrschaft brachte. Er sicherte seine Position in dem 1284 endgültig unterworfenen Wales durch den Bau von drei Zwingburgen nahe der englischen Grenze. Conwy wurde ab 1283 in nur viereinhalb Jahren errichtet und gilt als Meisterwerk einer mittelalterlichen Burg. Der Festungsbaumeister James of St. George überwachte auch die Arbeiten an den im selben Jahr begonnenen Burgen von Caernarfon und Harlech, die mit den späteren Bauten von Aberystwyth, Beaumaris und Flint eine Verteidigungskette an der nordwalisischen Küste bildeten.

Eine der ältesten Hängebrücken, 1826 vom schottischen Ingenieur Thomas Telford errichtet, ist das Markenzeichen von Conwy Castle im gleichnamigen Ort (ganz links). Caernarfon Castle (links) diente nicht nur Verteidigungszwecken, sondern war zugleich Residenz von Edward I. und Geburtsstätte des ersten »Prince of Wales«. Vor der Kulisse der Snowdon Range ragt trutzig Harlech Castle auf (unten).

STONEHAVEN

DUNOTTAR CASTLE

Hoch auf einem vom Festland fast vollständig abgetrennten Felskliff – man muss zur Besichtigung über eine lange Treppe von der Hochküste zunächst zum Meer hinabsteigen und dann wieder empor – thronen über den Fluten der Nordsee in spektakulärer Lage die Ruinen von Dunottar Castle (unten). Zeitweise wurden hier die schottischen Kronjuwelen, die »Honours of Scotland«, aufbewahrt.

Die Burgruine vor dem grandiosen Felsküstenpanorama nahe des Hafenstädtchens Stonehaven an der nordöstlichen Küste Schottlands ist so malerisch schön, dass man Dunottar Castle auch für das Fantasieprodukt eines hochbegabten Kulissengestalters halten könnte. Besucher können sich allerdings ganzjährig von der Echtheit der gewaltigen Festung in Aberdeenshire überzeugen (von November bis Ostern allerdings nur bis Einbruch der Dunkelheit). Rund 20 Minuten Gehweg führen hinauf zum Castle, das auf einem 50 Meter hohen, jäh abfallenden Hügel steht. Schon im 5. Jahrhundert soll hier der heilige Ninian eine christliche Siedlung begründet haben; Anfang des 14. Jahrhunderts entdeckte Sir William Keith diesen strategisch so günstigen Platz für seine militärischen Absichten und errichtete »Dunotir«. Ab 1715 war die Festung dann verlassen und verfiel schließlich immer mehr.

CRUDEN BAY

SLAINS CASTLE

Slains Castle, das nördlich von Aberdeen an der Nordküste gelegene Schloss des 9. Earl of Errol, inspirierte Bram Stoker zur Niederschrift seines »Dracula«-Romans. Zwischen 1893 und 1910 verbrachte er nämlich seine Sommerferien in dem abgelegenen Fischerdorf. Seit 1925 – als die Besitzer dringend Geld brauchten – ist das Schloss eine Ruine. Auch die drei einst weitläufigen Gärten mit den Gewächshäusern sind zerstört.

Die größte Schlossruine Schottlands thront auf zerklüfteten Felsen, an denen die Gischt der Nordsee manchmal meterweit emporspritzt. Sie ist einer der markantesten Punkte an der Küste der Grafschaft Aberdeen und soll Autor Bram Stoker zu seiner Geschichte über »Graf Dracula« inspiriert haben. Der 9. Earl of Errol baute sich – nachdem König Jakob VI. 1594 seine Burg zerstört hatte – ein neues Schloss bei Cruden Bay rund um ein altes Turmhaus mit Hof. Im 17. Jh. mehrmals erweitert, wurde es 1836 von Aberdeens Stadtplaner John Smith – der mit Sohn William auch Balmoral Castle umbaute – im spätklassizistisch-neugotischen Stil mit Kupferdach und Granitfassade erneuert. 1916 übernahm der Schiffsmagnat Sir Ellerman das Schloss. Bis 1923 bewohnt, verfiel es rasch, als 1925 das Dach, die Verkleidungen und Fenster verkauft wurden. Die Granittreppen befinden sich heute in der Music Hall von Aberdeen.

LOCH DUICH

EILEAN DONAN CASTLE

Auf einer kleinen Insel am Schnittpunkt dreier Meerbusen, dem Loch Duich, an der Westküste Schottlands steht dieses sagenhafte Schloss. Es liegt im Tal von Glen Shiel vor einer grandiosen Bergkulisse und ist über einen Damm sowie über eine steinerne Fußgängerbrücke mit dem Festland verbunden. Eine erste Befestigung wurde 1220 von König Alexander II. von Schottland erbaut und gelangte später in den Besitz der Mackenzie-Familie (die späteren Earls of Seaforth); diese ließen schließlich ihre Burgvögte hier walten, die MacReas. Im Jahr 1719 wurde die Festung von drei englischen Fregatten zerstört, weil spanische Truppen sie als Garnison nutzten; zwischen 1912 und 1932 restaurierte der MacRea-Clan das Schloss aufwendig. Ein Museum im Schloss gibt einen anschaulichen Abriss über die bewegte Geschichte des herrschaftlichen Baus.

Einsam am westlichen Rand der schottischen Highlands nahe der Inneren Hebrideninsel Skye gelegen, lediglich von Wasser und Bergen umgeben, drängt sich Eilean Donan Castle geradezu als Kulisse historischer Dramen auf (unten). Und tatsächlich war die nur über eine steinerne Fußgängerbrücke zu erreichende Niederungsburg Drehort für Filme wie »Highlander«, »Braveheart« und »Rob Roy«.

SOUTH AYRSHIRE

CULZEAN CASTLE

Hoch auf den Klippen im Südwesten von Schottland rund 20 Kilometer südlich von Ayr steht Culzean Castle, eines der prächtigsten Schlösser des Landes. Die im späten 14. Jahrhundert entstandene Festung wurde im 18. und 19. Jahrhundert ausgebaut. Das architektonische Meisterwerk trägt die Handschrift eines der berühmtesten Architekten Schottlands, Robert Adam. Von 1777 bis zu seinem Tod im Jahr 1792 hatte er die Bauaufsicht. 1945 übergaben die Besitzer, die Familie Kennedy, ihren Stammsitz dem National Trust for Scotland, baten aber darum, General Eisenhower auf Lebenszeit einige Räume überlassen zu dürfen, als Dank für dessen Verdienste um Teile der schottischen Truppen im Zweiten Weltkrieg. Eine Ausstellung im Schloss zeigt Objekte von Bauherren und Bewohnern sowie eine der größten Sammlungen historischer Schusswaffen.

Hoch auf den Felsklippen über dem hier gerade trockengefallenen Küstenabschnitt des Firth of Clyde, einer Ausbuchtung des zwischen Nordirland und Südwestschottland gelegenen North Channel, thront die zinnenbewehrte Bilderbuchburg Culzean Castle (unten). Die nahen Walled Gardens sind heute zentraler Bestandteil des Culzean Country Park mit seinen fünf Millionen von der Familie Kennedy gepflanzten Bäumen.

ISLE OF LEWIS

Eine prähistorische Stätte von Weltrang sind die Felsmonolithen von Callanish auf der schottischen Insel Lewis westlich von Stornoway. Exakt 47 Menhire kann man noch heute besichtigen, zwischen 3000 und 1500 v. Chr. wurden sie von Menschenhand aufgestellt. Sie bestehen aus Lewis-Gneis, einer für die Insel typische Gesteinsart. Die Steine, die östlich und westlich des Steinkreises verlaufen, bilden ein »Sonnenkreuz«. Besonders beeindruckend ist die 82 Meter lange Nordallee aus zwei fast parallel verlaufenden Steinreihen. Im Zentrum befindet sich ein Kreis aus 13 Menhiren mit einem 4,75 Meter hohen Zentralstein, die westliche Begrenzung einer kleinen Kammer mit einem neolithischen Gemeinschaftsgrab. Umgeben ist er von 13 weiteren ringförmig angeordneten Monolithen. Vermutlich diente der Komplex als eine Art astronomisches Observatorium.

An der Westküste von Lewis, einer Insel der Äußeren Hebriden, gruppieren sich die Steinkreise von Callanish. Die berühmteste Steinsetzung ist diejenige von »Callanish I« auf einem Hügel am Südende des gleichnamigen Dorfes. Zu dem Komplex gehört auch ein Steinhügelgrab, das sich in der Mitte des Steinkreises befindet. Dort ragt auch der knapp fünf Meter hohe Zentralstein auf (großes Bild und links).

DEVENISH ISLAND

KLOSTERRUINEN

In der Grafschaft Fermanagh in Nordirland windet sich der River Erne durch bewaldete Hügel und bildet zwei Seen, ein Paradies für Naturliebhaber, Angler und Segler. Der Upper Lough Erne ist ein Labyrinth aus seichten Buchten und kleinen, von Schilf versteckten Inseln; der Lower Lough Erne dagegen weitet sich aus und bietet wunderschöne Ausblicke. An dieser Stelle, die Pilger auf dem Weg zu einem Schrein des heiligen Patrick in Donegal passierten, siedelten sich einst Mönche an. Das Kloster auf Devenish Island am Südende des Lower Lough Erne, eine Gründung des heiligen Molaise im 6. Jahrhundert, beherbergte zu seinen Glanzzeiten 1500 Novizen und war rund 1000 Jahre lang ein bedeutendes religiöses und kulturelles Zentrum. Unter den Ruinen, die über ein weites Gelände verstreut liegen, befindet sich ein geschnitztes Hochkreuz, eines der schönsten Irlands.

Wo sich grüne Ufer und der irische Himmel im Wasser spiegeln, errichteten einst Mönche auf der Insel Devenish Island in dem See Lower Lough Erne ein Kloster. Heute zeugen an der südlichen Grenze von Nordirland zur Republik Irland nur noch Steinkreuze und Ruinen davon, etwa eine auf das 6. Jahrhundert zurückgehende Kapelle und ein 30 Meter hoher Rundturm aus dem 12. Jahrhundert (unten).

COUNTY ANTRIM

DUNLUCE CASTLE

Im 16. Jahrhundert war das auf einem Basaltfelsen errichtete Dunluce Castle Quartier des gefürchteten Sorley Boy MacDonnell. Er war Abkömmling der schottischen MacDonalds, die es auf Eroberungen in Irland abgesehen hatten. Mit Kanonen aus dem Wrack eines gestrandeten spanischen Kriegsschiffs verteidigte er seine Burg gegen die Streitmacht der Engländer. Viele der damals erbeuteten Schätze aus dem Wrack sind heute im Ulster Museum in Belfast zu sehen. Der Sohn von Sorley Boy versöhnte sich mit der englischen Krone und wurde Graf von Antrim. Die nächste Generation der MacDonnells zog freiwillig aus der Burg: Nicht nur durch den Verlust der Küche, die 1639 samt Personal ins Meer stürzte, wurde die Residenz ungemütlich, auch störte sich die damalige Lady MacDonnell am Lärm der Wellen. Die Familie zog nach Glenarm in ein komfortableres Schloss.

Auf einem Felsvorsprung an der Nordküste Nordirlands positioniert, setzen sich die Ruinen von Dunluce Castle mit ihren markanten Rundtürmen höchst dramatisch in Szene (unten). Die steil abfallenden Felswände machten die Burg fast uneinnehmbar und zum begehrten Objekt von Invasoren wie frühen Christen und Wikingern. Sie kann lediglich über eine Brücke betreten werden (unten).

COUNTY TIPPERARY

ROCK OF CASHEL

Der Rock of Cashel, ein Kalksteinfelsen, der in der Grafschaft Tipperary im Süden der Republik Irland unvermittelt aus einer grünen Ebene emporragt, war durch die strategische Lage prädestiniert, ein bedeutender Ort zu werden. Der Legende nach fiel der Felsen aus dem Mund des Teufels, als er vorüberflog und den heiligen Patrick sah. Hier soll Patrick dem dreiblättrigen Klee, Shamrock, zum Status eines irischen Nationalsymbols verholfen haben, indem er die Pflanze zur Erklärung der heiligen Dreifaltigkeit heranzog. Die ältesten erhaltenen Bauwerke auf dem Rock of Cashel, der Rundturm und die Cormac's Chapel, stammen aus dem 11. und 12. Jahrhundert. Da die Kapelle sich als zu klein erwies, errichtete man später die Kathedrale. Für Laienbrüder entstand im 15. Jahrhundert die Hall of the Vicars Choral, in der das St. Patrick's Cross aufbewahrt wird.

Der Burgberg Rock of Cashel war jahrhundertelang der Sitz irischer Hochkönige. Zwischen dem 28 Meter hohen Rundturm und der Cormac's Chapel, einem Frühwerk irischer Romanik mit wertvollen Freskenfragmenten, wurde im 13. Jahrhundert die Kathedrale erbaut, die mehrmals zwischen katholischer und anglikanischer Kirche hin- und herwechselte. Heute sind von ihr nur noch Ruinen vorhanden (unten).

COUNTY OFFALY

CLONMACNOISE

In einer Biegung des River Shannon, in der Grafschaft Offaly, liegt die einzigartige Klostersiedlung Clonmacnoise. Im Mittelalter war das Kloster ein Zentrum von Religion und Gelehrsamkeit, das europäischen Rang hatte. Auf dem viel besuchten Gelände befinden sich zwei Rundtürme, die Reste der ehemaligen Kathedrale sowie acht kleinere Kirchen aus verschiedenen Epochen. Einen Höhepunkt stellt die in Irland umfangreichste Sammlung keltischer Hochkreuze dar. Die wertvollsten Kreuze, die aus dem 1. Jahrtausend n. Chr. stammen, stehen zum Schutz vor Wind und Wetter im Besucherzentrum, das auch eine ansprechende Darstellung der Geschichte des Orts zeigt. Aber erst ein Besuch des Nationalmuseums in Dublin, wo Bücher und kultische Schätze aus Clonmacnoise ausgestellt sind, führt die Errungenschaften dieser Klosterkultur vor Augen.

Zahlreiche keltische Kreuze umgeben einen der Rundtürme von Clonmacnoise (unten). Das um das Jahr 550 vom heiligen Kieran gegründete Kloster war letzte Ruhestätte vieler irischer Könige. Die isolierte Lage im Zentrum der Insel Irland schützte Clonmacnoise lange vor Angriffen, bevor 1552 plündernde englische Soldaten der rund 1000 Jahre währenden kulturellen Blüte ein Ende setzten.

Die St. Patrick's oder auch National Cathedral ist die größte Kirche Irlands. Seit dem 5. Jahrhundert stand hier eine Holzkapelle, die dem heiligen Patrick geweiht war. Er soll an einem Brunnen neben der Kapelle zum christlichen Glauben Konvertierte getauft haben. Ab 1191 erbauten die Normannen eine Steinkirche, die im 13. Jahrhundert erneuert wurde. Der Hauptturm wurde 1370 nach einem Brand wiederhergestellt und bekam 1749 einen Turmhelm. Nach einem abermaligen Brand in den 1860er-Jahren erfolgte eine umfassende Renovierung und Erneuerung der Kirche im viktorianischen Stil. Bis heute hat sie den Charakter einer »Volkskirche« der Iren, in der täglich Gottesdienste stattfinden. Engländer hingegen besuchen die kleinere Christ Church, die zugleich der Bischofssitz von Dublin ist. Die Chöre beider Kirchen haben im Jahr 1742 Händels »Messias« uraufgeführt.

Die ursprünglich im »Early English«-Stil 1220 bis 1270 erbaute St. Patrick's Cathedral (links) in Dublin war bis ins 18. Jahrhundert hinein katholisch, dann wurde sie anglikanisch. Innen präsentiert sich ein Stilmix aus gotischen und viktorianischen Elementen. Aus dem 19. Jahrhundert, als die Kirche Sitz des Ritterordens von St. Patrick war, stammen die heraldischen Fahnen über dem Chorgestühl (unten).

KINDERDIJK-ELSHOUT

Die historische Mühlenlandschaft Kinderdijk-Elshout (UNESCO-Weltkulturerbe) zeugt von der Meisterschaft der Niederländer in der Entwicklung von Entwässerungstechniken. Sie ist durch Reservoirs, Deiche, Pumpstationen, Verwaltungsgebäude gekennzeichnet – und durch die zahlreichen, noch wunderbar erhaltenen Windmühlen, von denen einige bereits seit dem 18. Jahrhundert ständig in Betrieb sind. Der Belgier Simon Stevin hatte zu Beginn des 17. Jahrhunderts die Technik der Polderentwässerung verfeinert, indem er am Kinderdijk mehrere in Folge angeordnete Windmühlen errichten ließ. Das »Mahlen des Wassers« verlief in zwei Stufen: zunächst von einem tiefer in einen höher gelegenen Kanal und anschließend zum Abtransport in einen Schleusengang. Wie so etwas funktioniert, kann man gut in dem Museum besichtigen, zu dem eine der historischen Mühlen umgebaut wurde.

Wie Perlen an einer Kette reihen sich insgesamt 19 Windmühlen an den Kanälen zwischen dem Ort Kinderdijk und dem südlich davon gelegenen Ablasserdam auf. Damit bildet diese für die Niederlande so bezeichnende Kulturlandschaft die größte und am besten erhaltene Ansammlung historischer Mühlen des Landes (alle Bilder). Heute wird die Polderentwässerung jedoch durch elektrische Pumpen besorgt.

Erbaut 1375 bis 1420, wurde der Bau mit seinen drei schlanken polygonalen Türmchen Vorbild für die spätgotischen Rathäuser Flanderns. Die mit Wappen verzierte Fassade mit spitzbogenförmigen Maßwerkfenstern enthält 48 Nischen mit neueren Statuen, denn die Originale – biblische Figuren und Edelleute – sind verloren. Das polychromierte Spitzbogengewölbe aus Eichenholz (1402) im gotischen Saal wird von Darstellungen der vier Elemente und der zwölf Monate getragen. Die hängenden Schlusssteine zeigen Szenen aus dem Leben Marias. Nach einem Brand 1887 wurden die alten Wandmalereien durch historisierende Gemälde ersetzt. Sie stellen bedeutsame Ereignisse und Personen dar, wie den Machtkampf zwischen dem Stadtrat, den Fürsten und den Bürgern. Im hinteren Teil sind stadtgeschichtliche Dokumente und reich illustrierte mittelalterliche Manuskripte ausgestellt.

Das Zentrum von Brügge (UNESCO-Weltkulturerbe) bildet der Marktplatz mit dem im 14. Jahrhundert errichteten Stadthuis, einem der ältesten und prächtigsten Rathäuser Flanderns (links). Der mit Türmchen geschmückte Monumentalbau zeugt vom Wohlstand der traditionsreichen Handelsstadt schon im Mittelalter. Innen zeigt der Ratssaal prachtvolle Wandmalereien und hölzerne Deckengewölbe (unten).

Die Kathedrale Notre-Dame – genauer gesagt der Vorplatz der Kathedrale – bildet nicht nur das Zentrum von Paris (UNESCO-Weltkulturerbe), sondern von ganz Frankreich. Hier ist der Punkt, von dem aus alle Entfernungen im Hexagon gemessen werden. Die Westfassade des 1345 vollendeten gotischen Baus (Grundsteinlegung unter Bischof Maurice de Sully 1163) fasziniert durch ihren Skulpturenreichtum. Über den drei Portalen (Jungfrauen-, Annen- und Portal des Jüngsten Gerichtes) erheben sich die Figuren der Königsgalerie – allesamt Nachbildungen, denn die Originale wurden während der Revolution geköpft; einige Originalskulpturen finden sich heute im Musée de Cluny. Der im 18. Jahrhundert umgestaltete Innenraum beeindruckt durch seine feierliche Atmosphäre, die gut zur Geltung kommt, wenn die Klänge der Orgel bei Gottesdiensten oder Konzerten im Kirchenraum ertönen.

Vom linken Seineufer aus gesehen dominiert Notre-Dame die Île de la Cité und lässt das vorbeifahrende Ausflugsschiff winzig erscheinen (unten links). Innen scheint der Kirchenbau trotz der Veränderungen im 18. Jahrhundert noch den Geist der Gotik zu atmen (unten rechts) – so auch die farbigen Fensterrosetten (links). Mittelpunkt der barocken Chorausstattung ist der Hauptaltar mit der Pietà (ganz links).

Am rechten Seineufer wurde bereits um 1200 unter Philipp II. August eine erste Festung errichtet, von der heute freigelegte Teile zu besichtigen sind. Seit Franz I. residierten die französischen Könige hier und drückten dem Louvre durch Erweiterungsbauten ihren Stempel auf, etwa Heinrich IV., Ludwig XIII. oder Ludwig XIV., in dessen Regierungszeit die Cour Carrée mit den sie umgebenden Bauten entstand. Napoleon I. und Napoleon III. trugen durch Ausgestaltung im Inneren zur heutigen Form des Louvre bei. 1981 begann unter der Ägide von François Mitterrand das Projekt Grand Louvre, das dem Museum eine Erweiterung der Ausstellungsfläche brachte. Das Finanzministerium, das früher im Louvre seinen Sitz hatte, zog in den Neubau in Bercy um. Es fanden umfassende Renovierungsarbeiten statt, und Ieoh Ming Pei schuf die Pyramide als neuen Eingang zum Museum.

Den Blick von den Tuilerien auf den Louvre (oben von links: Richelieu-Flügel, Reiterstandbild Naoleons, Sully-Flügel) sowie umgekehrt in Richtung der Tuilerien (großes Bild: mit Arc de Triomphe du Carrousel) offenbaren diese beiden Aufnahmen. Einer der spektakulärsten Erweiterungsbauten des Louvre ist die 1985 bis 1989 nach Plänen von I. M. Pei errichtete Glaspyramide, die den Haupteingang markiert.

PARIS

Die Bauzeit der von Kaiser Napoleon III. in Auftrag gegebenen Opéra zog sich mehr als zehn Jahre hin, unterbrochen durch den Deutsch-Französischen Krieg von 1870/71 und den Aufstand der Kommune. 1875 fand die feierliche Einweihung mit Auszügen aus Meyerbeers »Die Hugenotten« und Halévys »Die Jüdin« statt. Bis zur Eröffnung der Opéra Bastille 1990 fanden hier, in einem der größten Opernhäuser der Welt, Opern- und Ballettaufführungen von Weltrang statt. Heute ist das neobarocke Gebäude ausschließlich Spielstätte des Balletts – abgesehen von gelegentlichen Operngastspielen. Es beherbergt auch ein Museum und eine Bibliothek zur Geschichte der Oper. Die heutige Benennung Opéra Garnier – als Unterscheidung zur neuen Opéra Bastille – stellt eine Huldigung an den Architekten des üppig ausgestatteten Musentempels, Charles Garnier, dar.

Mit seiner prunkvollen neobarocken Fassade (rechts) und der nicht weniger extravaganten Innenausstattung – hier das pompöse Grand Foyer mit Säulen, Kronleuchtern und Deckengemälden (unten) – symbolisiert die Opéra Garnier eindrucksvoll das schwelgerische Lebensgefühl der Belle Epoque.

PARIS

Avenue des Champs-Élysées, eine der berühmtesten Straßen der Welt, deren Namen wohl fast jeder schon einmal gehört hat: Hier findet alljährlich am 14. Juli, dem französischen Nationalfeiertag, die große Militärparade statt, hier fiebern die Zuschauer beim Zieleinlauf der Tour-de-France-Fahrer mit, hier begrüßen Pariser und Gäste aus aller Welt das neue Jahr. Doch auch an ganz normalen Tagen herrscht zwischen Place de la Concorde und Place Charles de Gaulle immer reger Betrieb. Unerschütterlich steht inmitten der Autos, die ihn umkreisen, der Arc de Triomphe. Auf ihn führen sternförmig mehr als ein Dutzend Straßen zu, deshalb hieß der Platz bis 1969 Place de l'Étoile (Sternplatz). 1836 vollendet, erinnert der monumentale Bogen an die Siege Napoleons I. In seinem Schatten mahnt die Flamme am Grabmal des Unbekannten Soldaten zum stillen Gedenken.

Von der Place de la Concorde führt die Prachtstraße Champs-Élysées direkt auf den Place de Charles de Gaulle mit dem Arc de Triomphe zu (rechts und unten). Der Triumphbogen lässt sich auch besteigen – in knapp 50 Meter Höhe kann man den Blick über die Dächer der französischen Metropole genießen.

OPÉRA GARNIER

ARC DE TRIOMPHE

Der Eiffelturm, heute das Wahrzeichen von Paris, wurde anlässlich der Weltausstellung und der Hundertjahrfeier der Französischen Revolution 1889 nach Plänen Gustave Eiffels errichtet und sollte ursprünglich nur 20 Jahre stehen bleiben. Seine Errichtung begleiteten die Proteste zahlreicher Künstler, etwa von Guy de Maupassant und Alexandre Dumas, Charles Garnier und Charles Gounod. Doch man gewöhnte sich an den Turm, und dank der Antenne auf seiner Spitze bekam er auch noch eine praktische Funktion. Mit Antenne ist der Eiffelturm 324 Meter hoch. Rund 10 000 Tonnen Spezialstahl wurden verbraucht, die alle vier Jahre einen neuen Anstrich benötigen. Zu den drei Plattformen fahren Aufzüge, bis zur ersten und zweiten Plattform können Besucher auch die Treppe benutzen. Dort gibt es auch jeweils ein Restaurant, eine Snackbar und Souvenirshops.

Nicht mehr wegzudenken aus dem Stadtbild von Paris ist der Eiffelturm. In der durch nur wenige Hochbauten gekennzeichneten Stadt ist er von vielen Punkte aus zu sehen (links: Pont Alexandre III mit Invalidendom im Hintergrund). Von der höchsten Plattform aus (unten rechts: zweite Plattform von unten) blickt man aus über 270 Meter Höhe über Paris. Nachts ist der Turm innen und außen erleuchtet (unten links).

VERSAILLES

Versailles – ein Fest des barocken Absolutismus: Ab 1662 ließ Ludwig XIV. ein kleines Jagdschloss zu einem prunkvollen Bau von riesigen Ausmaßen (UNESCO-Weltkulturerbe) umgestalten. Als Architekten standen ihm Louis Le Vau und Jules Hardouin-Mansart, als Maler Charles Le Brun und als Gestalter des weitläufigen Parks André Le Nôtre zur Verfügung. Zu den glanzvollen Höhepunkten im Inneren zählen die Galerie des Glaces, das Schlosstheater und die Kapelle. Der weitläufige Park lockt nicht nur mit geometrisch gestalteten Blumenbeeten und den grandiosen Wasserspielen, sondern auch mit den beiden Lustschlössern Grand und Petit Trianon – Letzteres von Ludwig XV. für seine Mätresse Madame de Pompadour erbaut –, dem Hameau (einem Weiler mit Häuschen, in dem Marie Antoinette Bäuerin spielte) und der Orangerie. Heute dient Versailles auch als Konzertstätte.

Schmiedeeiserne Gitter trennen die Place d'Armes vom Schloss Versailles (links). Innen wird der Besucher von den Dimensionen und der Pracht der Räume überwältigt – so etwa im Spiegelsaal, im Schlafzimmer Ludwigs XIV., in der schlosseigenen Oper (Bildleiste von oben) oder in der Schlachtengalerie (großes Bild). Im Schlosspark erfreuen skulpturengeschmückte Brunnen das Auge (Bildleiste ganz unten).

FONTAINEBLEAU

In Schloss Fontainebleau (UNESCO-Weltkulturerbe) haben mehrere Herrscher ihre Spuren hinterlassen. Der ursprüngliche Renaissancebau wurde 1528 von Franz I. in Auftrag gegeben – Architekt war Philibert Delorme. Anbauten erfolgten unter Heinrich II., Heinrich IV. und Ludwig XV. Die Ausstattung des Schlosses lag in den Händen italienischer Künstler – darunter Rosso Fiorentino, Francesco Primaticcio und Niccolò dell'Abbate –, die stilbildend wirkten und die Schule von Fontainebleau begründeten. Das Schloss war ein Schicksalsort Napoléon Bonapartes, auch in den Stunden seiner Niederlage: Im Salon Rouge unterzeichnete er vermutlich seine Abdankungsurkunde, und im seither so benannten Cour des Adieux nahm er von seinen Offizieren Abschied, bevor er in die Verbannung nach Elba ging. In den ab 1808 für ihn hergerichteten Räumen sind eindrucksvolle Erinnerungsstücke zu besichtigen.

Das inmitten des weitläufigen Walds von Fontainebleau rund 60 Kilometer südlich von Paris gelegene Schloss Fontainebleau – unten das vom Landschaftsarchitekten André Le Nôtre angelegte Gartengelände Grand Parterre – überwältigt den Besucher mit seinen großzügigen Renaissanceräumen wie der als Bibliothek dienenden Galerie der Diana (ganz links). Auch über eine eigene Schlosskapelle verfügt der Prachtbau (links).

AMIENS

Die gut 100 Kilometer nördlich von Paris gelegene Universitätsstadt Amiens ist gleichzeitig auch Bischofssitz. Ihre berümte Kathedrale Notre-Dame d'Amiens – UNESCO-Weltkulturerbe – gilt als einer der großen Kirchenbauten der französischen Hochgotik. Mit einer Grundfläche von insgesamt 7700 Quadratmetern ist sie Frankreichs größtes Gotteshaus, sie diente auch als Vorbild für den Kölner Dom. Im Jahr 1220 legte der Bischof Evrard de Fouilloy den Grundstein für den Bau der Kathedrale, die nach Plänen von Robert de Luzarches bis zum Ende des 13. Jahrhunderts weitgehend fertiggestellt wurde. Sie besteht aus einem dreischiffigen Langhaus; die Westfassade wird gegliedert durch zwei breite Türme, eine große, kunstvoll gestaltete Fensterrose und drei mit biblischen Szenen verzierte Portale, die einen Höhepunkt mittelalterlicher Bildhauerei darstellen.

In einer Lichtprojektion scheinen die ursprünglichen Farben der Kathedrale von Amiens wieder Wirklichkeit zu werden (oben links das Westwerk, oben das Hauptportal mit Weltgerichtsszenen). Die Reliefs der Chorschranke (rechts) zeigen in volkstümlichem Realismus Szenen aus dem Leben von Aposteln und Heiligen.

ROUEN

Die Kathedrale von Rouen, nordwestlich von Paris gelegener Krönungsort und Grablege der Normannen, zählt zu den bedeutendsten gotischen Kirchen Frankreichs. Auf den Grundmauern einer romanisch-normannischen Basilika erhebt sich eine dreischiffige Kathedrale mit dreischiffigem Querhaus samt Chor aus dem 13. Jahrhundert. Insgesamt sieben Türme hat die Kirche, davon zwei freistehende aus dem 12. Jahrhundert, die nur durch Verbindungsbögen an den Fassadenkern angefügt wurden. Daneben entstanden im 15. Jahrhundert der Butterturm im Flamboyantstil und der Vierungsturm mit gusseiserner Turmspitze von 1877. Damit war die Kathedrale bis zur Fertigstellung des Kölner Doms 1880 das höchste Gebäude der Welt. Berühmt ist die Bilderserie, die Claude Monet von Rouen malte und in der die Kirche in unterschiedlichen Lichtverhältnissen wiedergegeben wird.

Die Kathedrale von Rouen ist berühmt für ihre unterschiedlichen Türme: links der Tour St.-Romain, daneben der sogenannte Butterturm, rechts der Vierungsturm (unten links). Eines der farbigen Glasfenster im Kirchenraum (rechts: Hauptschiff) zeigt König Franz I. von Frankreich beim Empfang des Bischofs (unten).

NOTRE-DAME

Der Kathedrale Notre-Dame in Reims kommt als Krönungsort der französischen Könige große historische Bedeutung zu. Sie ist eine der berühmtesten gotischen Kirchen Frankreichs und gehört seit 1991 zum UNESCO-Weltkulturerbe. Nach dem Brand des karolingischen Vorgängerbaus wurde 1211 eine dreischiffige Basilika im Stil der Hochgotik begonnen, die Anfang des 14. Jahrhunderts fertiggestellt wurde. Die Arbeiten an der Westfassade zogen sich unter Mitarbeit verschiedener Baumeister jedoch bis ins 15. Jahrhundert hin. Von besonderer Bedeutung ist die mittelalterliche Bauplastik mit über 2000 Skulpturen. Die drei Portale sowie die Figurengalerie der Könige unterhalb der Rosette sind dabei besonders hervorzuheben. Schwere Schäden erlitt die Kathedrale 1914 unter dem Artilleriebeschuss der Deutschen. Einige von Marc Chagall gestaltete Fenster wurden 1974 eingeweiht.

Förmlich in den Himmel scheint die Kathedrale Notre-Dame in Reims mit ihren Strebepfeilern (großes Bild) den Blick des Betrachters zu heben. Beim Bau des Gotteshauses wurden erstmals in der Baugeschichte Maßwerkarbeiten angefertigt. Über den drei Spitzbogenportalen und der Fensterrosette der reich gegliederten Fassade paradieren die 56 Skulpturen der Galerie der Könige (unten).

NOTRE-DAME

Notre-Dame de Chartres ist die hochgotische Kathedrale par excellence. Im Gegensatz zu vielen anderen Kirchen verfügt sie über eine fast vollständig erhaltene Originalausstattung. Die dreischiffige Basilika mit Querhaus und fünfschiffigem Chor gilt als einer der ersten rein gotischen Bauten und war Vorbild für die Kathedralen von Reims und Amiens. Baubeginn war Anfang des 12. Jahrhunderts, 1260 wurde die Kirche geweiht. Unter dem Chor befindet sich die Krypta des heiligen Fulbertus (1020–1024), – die größte romanische Krypta Frankreichs. Bekannt ist die Kathedrale für ihre reich mit Figuren geschmückten Portale. Bei ihrer Konstruktion kamen neue Techniken zum Einsatz, so die Verwendung von Strebepfeilern, was die Durchbrechung mit großen Fensterflächen zuließ. Die farbigen Glasfenster aus dem 12. und 13. Jahrhundert tauchen den Innenraum in ein einzigartiges Licht.

Die unterschiedlichen Türme der Kathedrale Notre-Dame in Chartres südwestlich von Paris – heute UNESCO-Weltkulturerbe – stammen aus dem 12. und dem 15. Jahrhundert (unten). Reich mit Skulpturen geschmückt zeigt sich der Chorumgang (ganz unten). Charakteristisch für den Innenraum ist die Betonung der Vertikalen – bedingt durch die Verwendung von Strebepfeilern und den Wegfall der Emporen (großes Bild).

MONT-ST.-MICHEL

Die Geschichte von Mont-St.-Michel beginnt mit einer Vision vom Erzengel Michael, die der heilige Aubert dort im 8. Jahrhundert hatte. Er ließ deshalb eine kleine Michaelskapelle erbauen, die sich rasch zu einer wichtigen Pilgerstätte entwickelte. 966 gründete Richard I., Herzog der Normandie, hier eine Benediktinerabtei, ab 1017 wurde dann eine monumentale romanische Klosteranlage errichtet. Bei der Konstruktion der Abteikirche (1022 bis 1135) begann man mit den Arbeiten an Krypta und Chor, der wohl der erste Umgangschor ohne Radialkapellen war. Im 13. Jahrhundert wurde die durch einen Brand zerstörte Klosteranlage im gotischen Stil neu errichtet. Ein gutes Beispiel normannischer Gotik ist der Kreuzgang mit doppelter Arkatur. Nach Niedergang und zwischenzeitlicher Nutzung als Staatsgefängnis werden die Klostergebäude heute wieder von Ordensleuten bewohnt.

Das Wahrzeichen der Normandie ist die Inselfestung Mont-St.-Michel (ganz links) mit der berühmten Benediktinerabtei (UNESCO-Weltkulturerbe) auf ihrer Spitze (großes Bild). Um Betreuung der Pilger und Seelsorge kümmert sich die klösterliche Gemeinschaft Jerusalem, ein 1975 gegründeter monastischer Orden für Nonnen und Mönche. Sie hält auch die Gottesdienste in der gotischen Abteikirche ab (links).

CHAMBORD

Chambord ist das größte der Loireschlösser (UNESCO-Weltkulturerbe) und der französische Schlossbau des 16. Jahrhunderts par excellence. König Franz I. ließ dieses leicht überdimensionierte Ensemble mit den markanten Türmen und Kaminen ab 1519 als Jagdschloss errichten. In mehr als 400 Räumen konnten bei Festen und Jagden bis zu 10 000 Menschen beherbergt werden. Obwohl als Ausdruck seiner absoluten Macht konzipiert, wurde der Renaissancebau von Franz I. kaum bewohnt. Auch später stand die Nutzung in umgekehrtem Verhältnis zur Größe – meist war er verwaist. Von der Innenausstattung ragen vier Kachelöfen aus Meißener Porzellan (die ein illegitimer Spross Augusts des Starken mitgebracht hatte) und eine vermutlich von Leonardo da Vinci entworfene Treppe in Doppelhelixform heraus. Auf Letzterer können der Auf- und der Abgehende einander passieren, ohne sich zu treffen.

Mit einer imposanten Dachlandschaft aus Terrassen, Kaminen, Laternen und Kegeldächern macht Schloss Chambord am Cosson, einem Nebenfluss der Loire, auf sich aufmerksam. Die beiden mittleren Rundtürme gehören zum königlichen Corps de Logis, die beiden äußeren, niedrigeren symbolisieren Klerus und Adel.

CHENONCEAU

Die Geschichte dieses Wasserschlosses, das auf ein befestigtes Anwesen mit dazugehöriger Mühle zurückgeht, ist von starken Frauen geprägt, weshalb es auch »Schloss der Damen« genannt wird. Die Bauarbeiten im 16. Jahrhundert beaufsichtigte Cathérine Briçonnet. Nach dem Tod ihres Mannes fiel das Schloss an die Krone; Heinrich II. schenkte es seiner Geliebten Diane de Poitiers. Diese ließ den Bau als Brücke über den Cher, einen Nebenfluss der Loire, fortführen. Nach Heinrichs Tod war es dessen Gemahlin, Katharina von Medici, zu verdanken, dass die Brücke mit einer Galerie im florentinischen Stil überdacht wurde. Danach verbrachte die Witwe von Heinrich III., Louise de Lorraine, ein Leben in Trauer in dem so heiter wirkenden Bau. Reges Geistesleben kehrte im 18. Jahrhundert mit Louise Dupin ein, die das Schloss vor den Zerstörungen der Revolution bewahrte.

Das Loireschloss Chenonceau in der Provinz Touraine zeichnet sich durch seine extravagante Lage mit der unter Katharina von Medici errichteten doppelgeschossigen Galerie über dem Flüsschen Cher aus. Ein Relikt des Vorgängerbaus ist der alleinstehende Donjon, der klassische Wohnturm französischer Burgen.

SCHLOSS

SCHLOSS

FONTENAY

ABTEIKIRCHE

Der Zisterzienserorden, der auf eine Reformbewegung der Benediktiner zurückgeht, hatte sich eine strengere Befolgung der Regeln des heiligen Benedikt von Nursia zum Ziel gesetzt. Dem ersten Kloster, das 1098 in den Sümpfen von Cîteaux gegründet worden war, sollten bald weitere folgen. Die von Papst Eugen III. 1147 geweihte Abtei von Fontenay, rund 50 Kilometer nordwestlich von Dijon gelegen, wurde im 18. Jahrhundert zum großen Teil durch Neubauten ersetzt, der Idealplan eines Zisterzienserklosters ist jedoch klar erkennbar. Die harmonische Anlage wird von einer hohen Mauer umgeben. Kirche und Kloster bilden einen streng geschlossenen, weitgehend schmucklosen Block. Um das Doppelgebäude herum wurden Wirtschaftsgebäude zwischen Grünanlagen und Bäumen frei gruppiert. Bis heute erhalten sind eine Schmiede und eine Mühle aus dem 12. Jahrhundert.

Den strengen zisterziensischen Idealen verpflichtet ist die Kirche von Fontenay, deren Innenraum lediglich mit einem Lehmfussboden ausgestattet ist. Im Chor befinden sich Grabplatten burgundischer Adeliger (rechts). Seit 1981 gehört die Abtei Fontenay zum UNESCO-Weltkulturerbe.

ST.-SAVIN-SUR-GARTEMPE

ABTEIKIRCHE

Wie durch ein Wunder blieb die Abteikirche von Saint-Savin (UNESCO-Weltkulturerbe) über die Jahrhunderte von Zerstörungen verschont, verfiel jedoch nach der Französischen Revolution. Im Jahr 1836 entdeckte der Schriftsteller Prosper Mérimée, der 1831 Inspektor der historischen Denkmäler Frankreichs geworden war, die rund 35 Kilometer östlich von Poitiers gelegene Kirche und ließ sie unter Schutz stellen. Die ausdrucksstarken Bilderzyklen aus dem 11. und 12. Jahrhundert konnten in den 1970er-Jahren mithilfe moderner Technik restauriert werden. Auf mehr als 400 Quadratmeter Fläche stellen die Bilder einen in sich geschlossenen alttestamentarischen Zyklus von der Genesis bis zum Exodus dar. Die Wandmalereien auf Empore und Vorhalle handeln vom Leben Christi und der Apokalypse des Johannes. Neben Fresken birgt die Kirche wertvolle Altäre aus der Zeit der Romanik.

»Sixtinische Kapelle der Romanik« wird die Abteikirche von St.-Savin auch genannt. Die Fresken sollten den leseunkundigen Gläubigen in Form volkstümlicher Bilder die Inhalte der Bibel nahebringen – wie etwa auf dem reich bemalten Tonnengewölbe des Langhauses (rechts).

VÉZELAY

ABTEIKIRCHE

Über der Abteikirche aus dem 9. Jahrhundert, in der die Reliquien der heiligen Magdalena aufbewahrt wurden, errichtete man 1096 die Kirche St.-Marie-Madeleine, heute UNESCO-Weltkulturerbe. Rasch wurde Vézelay in Burgund zu einem der wichtigsten Orte mittelalterlicher Heiligenverehrung und war Startpunkt der Pilgerroute Via Lemovicensis nach Santiago de Compostela. Der Fund der vermeintlich echten Gebeine der Büßerin in der Provence 1279 leitete den Niedergang der Abtei ein. Das 18 Meter hohe und 62 Meter lange Tonnengewölbe der Kirche ist für die Romanik einzigartig. Die schlichte Ausgestaltung des Innenraums wird durch die Verwendung farbiger Steinquader belebt. Die Statuen über dem Hauptportal gelten als die anspruchsvollsten des Mittelalters. Skulpturenensembles auf den Kapitellen illustrieren biblische Szenen, Heiligenlegenden und antike Mythen.

Über 100 Figurenkapitelle aus dem 12. Jahrhundert schmücken Vorhalle und Innenräume der Abteikirche. Von einzigartiger Expressivität ist das Tympanon des mittleren Portals der Vorhalle: Im Relief zeigt es Christus in der Mandorla, umringt von seinen Jüngern (links).

FONTEVRAUD

ABTEIKIRCHE

Fontevraud wurde im Jahr 1100 als königliche Abtei von dem Wanderprediger Robert von Arbrissel (gest. 1116) gegründet. Sie war ein gemischtes Kloster – unter der Leitung einer Äbtissin lebten hier Ordensbrüder und -schwestern in einer Anlage zusammen. Später kam es zur Aufteilung in zwei, dann in vier Klosterbereiche. Mitte des 12. Jahrhunderts umfasste das Kloster im Anjou zusammen mit seinen Filiationen mehrere tausend Ordensleute. In Fontevraud entstand die größte klösterliche Anlage Europas, die sich auf insgesamt 14 Hektar erstreckte. Die romanische Abteikirche und die zahlreichen Klostergebäude sind bis heute gut erhalten. Besonders hervorzuheben ist das außergewöhnliche achteckige Küchengebäude. Das Kloster wurde Grablege des Königshauses der Plantagenêt und birgt neben anderen die Grabmale von Heinrich II. und Richard Löwenherz.

Die mächtige einschiffige Abteikirche wurde zwischen 1104 und 1150 erbaut und zeichnet sich durch die strengen Formen der Romanik aus. Meisterlich ausgeführt sind die Kapitelle der Bündelpfeiler. Im Hauptschiff befinden sich die Gräber der Plantagenêt-Könige (links).

Das Liebfrauenmünster im historischen Stadtzentrum von Straßburg (UNESCO-Weltkulturerbe) wurde im 8. Jahrhundert auf dem Boden eines ehemaligen römischen Kastells gegründet. Die später durch Brand zerstörte romanische Kirche wurde im 11. Jahrhundert durch eine mächtige dreischiffige Basilika ersetzt und erfuhr ab dem 12. Jahrhundert zahlreiche Erweiterungen. So spiegelt das Münster in einzigartiger Weise die verschiedenen Baustile der Zeit wider – von der staufischen Hochromanik bis zur französischen Hochgotik. Von hoher Qualität ist die plastische Ausstattung aus dem 13. Jahrhundert. Die aus rotem Sandstein errichtete Kathedrale erntete große Bewunderung – etwa durch Johann Wolfgang von Goethe, der 1772 über sie in der Abhandlung »Von deutscher Baukunst« schrieb. Der rund 142 Meter hohe Turm war bis zum späten 19. Jahrhundert der höchste Kirchturm der Welt.

Durch die Rue Mercière blickt man auf die Westfassade des Münsters mit dem figurengeschmückten mittleren Portal und der Fensterrosette (rechts). Im Tympanon sind Szenen aus der Passion Christi dargestellt. Ein wahres Wunderwerk der Präzision ist die astronomische Uhr mit den umlaufenden Aposteln (unten). Sie zeigt sowohl die Erdbahn als auch die Mondbahn und den Lauf der Planeten an.

AVIGNON

PAPSTPALAST

Während der »Babylonischen Gefangenschaft« in der südfranzösischen Stadt fand die römische Kurie 1309 bis 1376 Schutz vor den politischen Wirren in Rom. Damit war Avignon, das Papst Clemens VI. 1348 Johanna von Neapel abkaufte, während des Pontifikats von sieben Päpsten Zentrum der Christenheit. Etwas später residierten hier noch zwei Gegenpäpste. Die Papstresidenz besteht aus dem Alten und dem Neuen Palast. Nördlich schließt sich die romanische Kathedrale Notre-Dame des Doms aus dem 12. Jahrhundert an. Zum bischöflichen Bezirk gehört an der westlichen Seite des Place du Palais auch das ab 1317 errichtete Petit Palais, mit dem der Bischof für den Abriss seines ursprünglichen Palastes entschädigt wurde. Die Stadt war ab dem 14. Jahrhundert mit einer fast fünf Kilometer langen Mauer umgeben worden, die durch Wehranlagen und Türme verstärkt wurde.

Vom gegenüberliegenden Rhone-Ufer sieht man das historische Zentrum von Avignon mit der Stadtmauer, dem Papstpalast und dem Brückentorso Saint-Bénézet. Die unter Benedikt XII. und Clemens VI. ab 1334 errichtete Papstresidenz ist heute einer der bedeutendsten Paläste der Welt und ist deshalb – ebenso wie die im Volksmund als »Pont d'Avignon« bekannte Brücke Saint-Bénézet – Weltkulturerbe der UNESCO.

REMOULINS

PONT DU GARD

Um das rasch wachsende antike Nemausus, das heutige Nîmes, ausreichend mit Wasser zu versorgen, wurde zwischen den Jahren 40 und 60 n. Chr. unter der Herrschaft der Kaiser Claudius und Nero der seinerzeit bautechnisch gewagte Brückenaquädukt errichtet, der das Felsental des Gard eindrucksvoll überspannt. Die Arkadenreihen der drei Stockwerke, deren oberstes eine Länge von 275 Metern erreicht, wurden leicht versetzt angelegt. Die unterste besteht aus sechs Bögen, die zwischen 15 und 24 Meter breit sind. Das mittlere Stockwerk hat insgesamt elf Bögen. Die 35 kleineren, etwa fünf Meter breiten Bögen der obersten Brücke trugen die Wasserleitung. Rund 40 000 Kubikmeter Wasser wurden hier zu Hochzeiten täglich nach Nîmes transportiert. Ab dem 4. Jahrhundert verfiel der Aquädukt zusehends, erst im 18. Jahrhundert wurde das Bauwerk wiederhergestellt.

Als Meisterwerk römischer Ingenieursbaukunst gilt der 50 Meter hohe Brückenaquädukt über den Fluss Gard. Er war einst Bestandteil einer rund 50 Kilometer langen Wasserleitung von der Quelle Fontaine d'Eure bei Uzès nach Nîmes. Baumaterial waren Muschelkalksteine, die ohne Mörtel zusammengefügt wurden. Damit das Wasser fließen konnte, weist die Brücke von Ufer zu Ufer ein Gefälle von einem Zentimeter auf.

Die Autobahnbrücke über das Tarn-Tal ist 2,5 Kilometer lang und auch wegen der Höhe ihrer Brückenpfeiler beeindruckend. Mit bis zu 245 Metern waren sie bei Grundsteinlegung am 14. Dezember 2001 die höchsten Brückenpfeiler der Welt. Sie sind hohl und teilen sich 90 Meter unterhalb der Fahrbahnkonstruktion y-förmig. In diesem Abschnitt sind sie vertikal vorgespannt. An der Gestaltung der Brückenpfeiler war der britische Architekt Norman Foster beteiligt. Das technische Konzept stammt aus der Feder des französischen Brückenbauspezialisten Michel Virlogeux (Pont de Normandie 1995). Die Pfeiler bestehen bis zur Fahrbahn aus Stahlbeton, darüber sind Pylone aus Stahl. An diesen ist mit schräg verspannten Stahlseilen die Fahrbahn aufgehängt. Der Stahlüberbau, der die Brücke leicht erscheinen lässt, wurde von »Eiffel Construction Metallique« erstellt, deren Gründer Gustave Eiffel war.

Großes Bild: Die y-förmigen Pfeiler bilden mit den ebenfalls y-förmigen Pyolne eine optische Einheit und betonen auf diese Weise die außergewöhnliche Höhe der Brücke. Mit 2460 Meter Länge ist sie bislang die längste Schrägseilbrücke der Welt. Oben: Die leichte Kurve erlaubt Autofahrern einen besseren Blick auf das technische Kunstwerk, das der Leistung der französischen Stahlindustrie ein Denkmal setzen will.

CARCASSONNE

Schon in vorrömischer Zeit siedelten auf dem Hügel oberhalb der Aude an der alten Handelsstraße zwischen Mittelmeer und Atlantik Iberer. 418 fiel das gallorömische Carcasso an die Westgoten, die 485 den inneren Wall errichteten. 725 eroberten die Araber die Stadt, denen 759 die Franken folgten. 1229 fiel Carcassonne dann an die französische Krone. Im Zuge der mittelalterlichen Stadterweiterung entstand die eindrucksvolle romanische Basilika St.-Nazaire. Sie wurde 1096 bis 1150 errichtet und im 13. Jahrhundert gotisch umgestaltet. Die prachtvollen Glasfenster datieren aus dem 14. bis 16. Jahrhundert. Um 1125 wurde das Château Comtal in die Anlagen des inneren Walls integriert. Gegen Ende des 13. Jahrhunderts begann man mit dem Bau des turmbewehrten Außenrings. Dabei erhielt auch der innere Wall ein stattliches Tor, die Porte Narbonnaise.

Ein fast unüberwindbares Bollwerk bildeten im Mittelalter die Türme, Bastionen und meterdicken Mauern von Carcassonne (Weltkulturerbe der UNESCO). Vorstellungen von längst vergangener Burgenromantik kommen auf, wenn die bestens erhaltene Festungsanlage in abendliches Sonnenlicht getaucht ist (links). Vor der Kulisse der Cité führt unten im Tal der Pont Vieux von 1320 über das Flüsschen Aude (großes Bild).

Der Legende nach retteten im 8. Jahrhundert fromme Christen die Gebeine des Apostels Jakobus des Älteren aus dem Katharinenkloster auf der Sinai-Halbinsel vor den Sarazenen und brachten sie nach Galicien. Dort wurden sie in einer eigens hierfür errichteten Kirche beigesetzt, um die herum die Altstadt von Santiago de Compostela (UNESCO-Weltkulturerbe) entstand. Im Kampf gegen die Mauren wurde Jakobus zum Patron der Christen und Santiago zu einem der wichtigsten Wallfahrtsorte. Noch heute ziehen Tausende von Pilgern im Juli zum Jakobstag hierher, um ihren Heiligen zu feiern. Die Kathedrale (11.–12. Jahrhundert) ist romanisch, wurde jedoch bis in das 18. Jahrhundert immer wieder erweitert. Ein besonderer Schatz ist der hinter dem Portal der Fassade verborgene »Pórtico de la Gloria« von 1188, eine Vorhalle von Meister Mateo mit einem romanischem Skulpturensemble.

Langersehntes Ziel der Wallfahrer, die auf dem Jakobsweg in die Stadt strömen, ist die Kathedrale von Santiago de Compostela, die im Jahr 1211 geweiht und später durch Kuppel, Kapellen und Kreuzgang erweitert wurde. Höhepunkt und Abschluss des Baus war die spätbarocke Fassade (unten). Täglich werden hier Gottesdienste abgehalten, bei denen das berühmte Weihrauchfass (botafumeiro) geschwenkt wird (links).

LEÓN

SANTA MARÍA DE REGLA

Die gotische Kathedrale von León gehört zu den großen Pilgerkirchen am Jakobsweg (UNESCO-Weltkulturerbe). Dies erklärt ihre Bedeutung, ihre Funktion und nicht zuletzt den Einfluss französischer Kathedralbaukunst. Auch hier findet sich die – auch symbolisch deutbare – enorme vertikale Ausrichtung (»Himmlisches Jerusalem«) und die Auflösung der Wände in Farbglasflächen («Gott ist Licht«) mit allen entsprechenden bautechnischen Konsequenzen wie Kreuzrippengewölbe und Strebepfeilern. Die wohl »französischste aller spanischen Kathedralen«, deren Bauzeit ab 1255 die zweite Hälfte des 13. Jahrhunderts umfasst, orientierte sich in ihrem Grundriss am Vorbild von Reims. Allerdings wurde der Wagemut der Baumeister gestraft. Der vom Einsturz bedrohte Bau wurde im 19. Jahrhundert vollständig restauriert. Noch heute sind konservatorische Maßnahmen nötig.

Eine wichtige Station auf dem Jakobsweg ist Léon, in dessen historischem Zentrum sich die im 13./14. Jahrhundert errichtete Kathedrale Santa María de Regla erhebt. Eindrucksvoll sind die charakteristischen gotischen Fensterbögen- und Rosetten aus farbigem Glas.

BURGOS

KATHEDRALE

Trotz der im 15. bis 16. Jahrhundert realisierten Erweiterungen hat sich der Charakter des Gotteshauses erhalten. Die Formensprache der französischen Gotik ist im Bau der Kathedrale von Burgos bereits früh hervorragend umgesetzt worden. Die architektonische Geschlossenheit des Baus ist bemerkenswert. An das Hauptschiff, dessen Kuppelgewölbe von zwei Reihen von je sechs Pfeilern getragen wird, schließt sich ein tiefer Chorraum an. Die skulpturengeschmückte Hauptfassade wird von zwei mit großen Fenstern bestückten Türmen flankiert. Die Nordfassade und der Eingang El Sarmental stammen noch aus dem 13. Jahrhundert. Ein bauliches Juwel ist die spätgotische Capilla del Condestable (1482 bis 1494): Die Kuppel über dem Grabmal für den Statthalter Pedro Fernández de Velasco ist als achtstrahliger Stern gestaltet. Die Goldene Treppe stammt aus dem 16. Jahrhundert.

Eine weitere Kirche am Pilgerweg nach Santiago de Compostela ist die Kathedrale Santa Maria (UNESCO-Weltkulturerbe) aus dem 13. Jahrhundert. Die aufwendig gestaltete Capilla del Condestable hat die Form eines Oktogons und beeindruckt durch eine sternförmige Kuppel.

KATHEDRALE

Baubeginn der Kathedrale war 1471 und entsprechend spätgotische Züge tragen der Chorabschluss mit den drei vielseitigen (polygonalen) Apsiden sowie der hohe Innenraum mit dem spitzbogigen Netzgewölbe. Blickfang im Inneren ist der aus 15 Tafeln bestehende Hauptalter von Gaspar Becerra aus dem Jahr 1558: ein Höhepunkt spanischer Bildhauerkunst. Bewundernswert ist auch das Chorgestühl aus Nussbaum sowie das Marienbild (Virgen de la Majestad) aus dem 12. Jahrhundert. Der Außenbau legt Zeugnis ab von der langen Baugeschichte: Das Hauptportal spricht die Sprache der Renaissance, die ab 1708 von Pablo Antonio Ruiz geplante Fassade mit dem sich nach oben auflösenden Mittelteil ist barock. Im Kreuzgang befindet sich ein Museum mit bedeutenden Sammlungen romanischer Bildwerke und Goldschmiedearbeiten. Hier kann man den mit Juwelen besetzen Sarg von Alfons III. bewundern.

Asturica Augusta nannten die Römer den Ort, von dem aus sie die Goldminen der Umgebung ausbeuteten. Mit den Pilgern des Jakobswegs erlebte Astorga einen zweiten Aufschwung. So entstand dort 1471 eine Kathedrale. Die Fassade der Hallenkirche ist ein gelungener Mix aus Gotik, Renaissance und Barock. Prunkstück ist das reich geschmückte Hauptportal mit den mächtigen Zwillingstürmen (großes Bild). Unten: ein Detail.

BILBAO

Durch ein einzigartiges Stadtsanierungsprogramm wurde Bilbao zu einer der großen Kunst- und Architekturstädte der Welt. Berühmte Architekten erarbeiteten eine neue Stadtstruktur. Zu den wichtigsten Beiträgen zählen die Fußgängerbrücke Puente del Campo Volantin und der Flughafen, beide von Santiago Calatrava, sowie die Metrostationen von Norman Foster. Hauptattraktion Bilbaos aber ist das Museo Guggenheim von Frank O. Gehry. Das mächtige Metalldach des gut 100 Millionen US-Dollar teuren, an den Ufern des Rio Nervion thronenden Werks aus Kalkstein, Titan und Glas nennen die Einheimischen »Metallische Blume«. Im Inneren des dekonstruktivistischen Baus zeigt die Solomon R. Guggenheim-Stiftung zeitgenössische Werke – vor allem Installationen und Videokunst sowie hochkarätige Ausstellungen, die erheblich zum wirtschaftlichen Aufschwung Bilbaos beitragen.

Nur aus Glas, Titan und Sandstein besteht das 11 000 Quadratmeter große Ausstellungsgelände an den Ufern des Nervion, das die Sammlung zeitgenössischer Kunst des amerikanischen Mäzens Solomon R. Guggenheim beherbergt (Bild unten). Der Entwurf, der an einen eleganten Überseedampfer erinnert, stammt vom amerikanischen Stararchitekten Frank O. Gehry, der als Vater des Dekonstruktivismus gilt (links).

Gründe gibt es genug, warum ein noch unvollendeter Kirchenbau eine der meistbesuchten Sehenswürdigkeiten Spaniens ist: An erster Stelle steht sicher die Innovationskraft, mit der hier der neogotische Formenkanon weitergedacht wurde. Für die technische Umsetzung der oft organisch anmutenden, aber mathematisch begründeten Formensprache mussten neue Wege beschritten werden: So beruht die Statik auf dem Prinzip der Umkehrung von Druck- in Zugkräfte, indem ihr Baumeister sich den Bau als ein kopfüber hängendes Modell dachte. Die Kirche Sagrada Família (UNESCO-Weltkulturerbe) ist das Lebenswerk des Architekten Antoní Gaudí (1852–1926). Sein Name steht für den katalanischen Jugendstil oder Modernisme. Im Jahr 1883 übernahm er die Planung, ohne dass das Riesenbauwerk mit seinen geplanten 18 spindelförmigen Türmen bislang fertiggestellt wurde.

Eine ganz eigenständige Ornamentik entwickelte der katalanische Architekt Antoní Gaudí: Die Fassade der Sagrada Família (links) erinnert an Gebilde aus getropftem Sand, die Säulen im Inneren symbolisieren Bäume. Deshalb ließ Gaudí das Deckengewölbe mit riesigem Blätterschmuck verblenden. Auch die Fenster der Apsis mit ihrem gotischen Maßwerk und den kräftigen Farben weisen Naturmotive auf (Bilder unten).

Der katalanische Musikpalast Palau de la Música Catalana birgt den bedeutendsten Konzertsaal Barcelonas, den Domènech i Montaner 1908 für den Chor »Orfeo Catalá« ausgestalten ließ. Die Stahlkonstruktion dieses Jugendstilbaus ist mit leuchtenden, farbenfrohen Materialien wie bunter Keramik und gefärbtem Glas verkleidet. Namhafte Künstler des katalanischen Jugendstils, wie zum Beispiel Pablo Emilio Gargallo, wirkten an der Gestaltung des Innenraums mit. Besonders beeindruckend zeigt sich die harmonische Verbindung von Licht und Raum. Auffallend sind außerdem die allgegenwärtigen äußerst üppigen Blumen- und Rankenornamente an den Decken, Wänden und Säulen des Saales sowie Drachenköpfe und andere Skulpturen. Die Bühne des zum UNESCO-Weltkulturerbe gekürten Konzertsaales dominieren riesige Orgelpfeifen, gebaut von Eberhard Walcker.

PALAU DE LA MUSICA CATALANA

Der Palau de la Musica Catalana mit seinen allegorischen Darstellungen der Musik sowie der katalanischen Welt zu beiden Seiten der Bühne (unten, Detailaufnahme links) ist das eigenwilligste Werk von Lluís Domènech i Montaner, dem zweiten wichtigen Vertreter des katalanischen Modernisme. Herausragend sind die riesigen Buntglasfenster sowie die harmonische Verschmelzung von Zuschauerraum und Bühne.

MONTSERRAT

POBLET

KLOSTER

Auf halbem Weg zum 1236 Meter hohen Gipfel des Monserrat entdeckt man die weitläufigen Gebäude des legendären Klosters von Montserrat (Monestir de Montserrat), das berühmteste Heiligtum Kataloniens. Besonders sehenswert sind die Basilika aus dem 16. Jahrhundert, das Museum und die Plaza de Santa María mit dem gotischen Kreuzgang, der sich zum Kloster hin öffnet. Hauptattraktion ist La Moreneta (»die kleine Dunkle«), eine hölzerne Madonnenstatue aus dem 12. Jahrhundert. Der Legende nach wurde bereits Ende des 9. Jahrhunderts eine Marienfigur in einer Höhle aufgefunden, die den Anlass zum Bau einer ersten Kapelle gab und damit den Wallfahrtsort begründete. Mönche vom Orden der Benediktiner verwalten den Komplex seit dem Jahr 1409. Besonderen Ruhm genießt die Escolania de Montserrat, der bereits im 14. Jahrhundert begründete Knabenchor des Klosters.

Das Kloster Montserrat, am gleichnamigen Berg gelegen, zieht als bedeutendster Wallfahrtsort Spaniens alljährlich Hunderttausende von Pilgern und Besuchern an. Die auf das 16. Jahrhundert zurückgehende, im 19. und 20. Jahrhundert erneuerte Basilika (links) birgt die berühmte Madonnenstatue.

ABTEI SANTA MARÍA

Die durch den Herzog von Barcelona 1151 gegründete Abtei in Poblet (UNESCO-Weltkulturerbe) diente den Herrschern von Aragón über Jahrhunderte als Rückzugsort. Das Zisterzienserkloster wird von drei Mauerringen umschlossen. Den Übergang vom ersten in den zweiten Ring markiert die Puerta Daurada, genannt das »Goldene Tor«, aus dem 15. Jahrhundert. Durch die Puerta Real, ein bedeutendes Beispiel der Militärarchitektur des 14. Jahrhunderts, gelangt man in den eigentlichen Klosterbereich. Wie das Hauptgebäude mit seinem romanisch-frühgotischen Kreuzgang stammt auch die zugehörige Kirche Santa Catalina aus dem 12. Jahrhundert; die ursprünglich romanischen Gebäude wurden im gotischen Stil erweitert. Die Klosterkirche erhielt um das Jahr 1670 eine barocke Fassade. In den überaus reich verzierten Steinsärgen liegen die Herrscher von Aragón begraben.

Nachdem Katalonien 1137 durch Heirat mit Aragón vereint worden war, begann man mit dem Bau des wichtigsten Königsklosters, der Abtei Santa María de Poblet (unten). In der Vierung der Kirche: Die Herrschergräber (links) und das Altarretabel von Damian Forment, ein wichtiges Werk der katalonischen Renaissance.

EL ESCORIAL

Die Schloss- und Klosteranlage Real Sitio de San Lorenzo ist der Mittelpunkt des Städtchens Escorial, ungefähr 60 Kilometer nordwestlich von Madrid gelegen, das den spanischen Königen als Sommerresidenz diente. Als Ausdruck seines Machtwillens gab Philipp II. 1561 den Auftrag zur Errichtung des gewaltigen Bauwerks, das er als Einheit von Kloster, Kirche und Palast geplant hatte. Baumeister war Juan Bautista de Toledo, gefolgt von Juan de Herrera, der die Beendigung des Baus im Jahr 1584 beaufsichtigte. Die Anlage, die eine Fläche von mehr als 30 000 Quadratmetern bedeckt und 16 Innenhöfen Platz bietet, wird von neun Türmen überragt. Die Architektur wurde vom Tempel in Jerusalem inspiriert und stellt den Auftakt zum spanischen Barock dar. Im Mausoleum ruhen seit Philipp II. die Gebeine der spanischen Monarchen. Neben den Prachträumen beeindruckt die umfangreiche Bibliothek.

Die Kloster- und Schlossanlage Real Sitio de San Lorenzo (UNESCO-Weltkulturerbe) gilt als größter Renaissancebau der Welt (großes Bild). Unter den 40 Altären der Basilika (1575) fällt der aus rotem Marmor und Jaspis gestaltete Hochaltar (ganz links) besonders auf. Prunkvoll ausgestattet ist die Sakristei (links), in der sich Gemälde großer spanischer Meister, darunter auch Werke von Tizian und El Greco, befinden.

Wir haben es hier mit einem Kirchenbau der Superlative zu tun, der seinen Platz auf der Weltkulturerbe-Liste der UNESCO hat. Es ist durchaus glaubhaft, dass das viel zitierte »Bauen wir eine Kirche, damit sie uns für verrückt halten« wirklich fiel, als man sich entschloss, 1401 eine Kathedrale zu errichten, dort, wo im 12. Jahrhundert noch die Große Moschee gestanden hatte. Das Minarett des maurischen Baus wurde zum Glockenturm aufgestockt in die Kathedrale integriert und ist unter dem Namen Giralda bis heute das Wahrzeichen Sevillas. Bis 1519 wurde so die größte gotische Kathedrale Europas auf einem rechteckigen Grundriss errichtet, der in fünf – zum Teil mit Netzgewölben geschlossene – Schiffe mit einem wahren Pfeilerwald und zwei Kapellenreihen unterteilt ist. Das Altarretabel der Capilla Mayor ist ein Hauptwerk der gotischen Holzschnittkunst in Spanien.

Von der einstigen Moschee in Sevilla blieb nur das Minarett La Giralda (großes Bild) erhalten, das nun als reich verzierter Glockenturm die Kathedrale überragt. Wertvolle Schätze finden sich auch im Kircheninnern, wie der Sarkophag mit den Gebeinen Kolumbus' (ganz links), das Altarretabel der Capilla Mayor (links ein Detail) – eines der weltweit größten Retabeln – sowie die schöne alte Orgel im Hauptschiff (unten).

Ab dem Jahr 1364 entstand auf den Resten eines maurischen Forts der königliche Alcázar (UNESCO-Weltkulturerbe), die Palastburg der Almohaden. Nach der Reconquista wurde der Bau zur Residenz der christlichen Könige. Pedro I. (1334–1369), der den Beinamen »der Grausame« trug und die Geliebte seines Vaters sowie vermutlich auch seine Frau »beseitigen« ließ, trieb den Bau voran, um sich mit seiner Geliebten Maria de Padilla hierher zurückziehen zu können. In der Renaissance wurde der Palast erweitert, im 19. Jahrhundert restauriert. Heute gilt er als eines der am besten erhaltenen Beispiele für den Mudéjar-Stil, bei dem Elemente islamischer Architektur wie Hufeisenbögen, Stalaktitgewölbe, Stuckdekor und Kacheln mit gotischen Einflüssen verschmelzen. Am prächtigsten ist die Sala de Embajadores, der Thronsaal mit seinem vergoldeten Stuck und dem Kuppelgewölbe aus Lärchenholz.

Ein Juwel mudéjarer Baukunst ist der »Reales Alcázares de Sevilla«, der »Königspalast von Sevilla« (großes Bild). Die Wände schmücken arabische Ornamentik und Kalligrafie, aber auch christliche Symbole wie die Jakobsmuschel begegnen einem in den prachtvoll ausgestatteten Räumen. Um die Palastbauten herum gruppieren sich zahlreiche, prachtvolle, in verschiedenen Stilen angelegte Gärten (links).

Die ehemalige Mezquita aus maurischer Zeit ist einer der größten Sakralbauten weltweit und besitzt architektonischen Weltrang (UNESCO-Weltkulturerbe). 785 begonnen und in den folgenden zwei Jahrhunderten mehrfach erweitert, gliedert sie sich wie alle Moscheen in einen Vorhof mit Waschraum, den Haram (Gebetsraum) und den Mihrab (Gebetsnische). Im Inneren verliert sich der Blick fast richtungslos in einem unendlichen Säulenwald mit rot-weiß-gestreiften Doppelbögen in Hufeisenform. Künstlerischer Höhepunkt ist der Mihrab (961–976), ein flächendeckend mit Mosaiken aus kalligrafischen und ornamentalen Elementen geschmückter Achteckraum mit muschelförmigem Gewölbe. Nach der Reconquista wurde die Moschee 1236 zur christlichen Kirche geweiht. Ab 1523 mussten die Säulen im mittleren Teil des Gebäudes einer römisch-katholischen Kathedrale weichen.

Die von außen eher schlichte Mezquita von Córdoba (links) beeindruckt innen mit 860 Säulen aus Jaspis, Onyx, Marmor und Granit, die in Doppelarkaden angeordnet sind und zweifarbige Hufeisenbögen tragen (unten). Nach 1236 baute man in die einstige Moschee ein riesiges Kirchenschiff, dessen Gewölbe im Lauf der Jahrhunderte mit Elementen der Gotik, der Renaissance und des Barock ausgestattet wurden.

GRANADA

Der Süden Spaniens stand auch nach dem Ende des Kalifats unter arabischer Herrschaft. Nachdem Granada 1238 zu einem selbstständigen islamischen Königreich geworden war, ließen die Mauren die großartige Anlage der Alhambra (UNESCO-Weltkulturerbe) errichten. 1492 wurde die Stadt als letzter arabischer Besitz von den katholischen Herrschern zurückerobert. Seit dem 16. Jahrhundert verfiel die Alhambra, bis schließlich im 19. Jahrhundert ein größerer Teil restauriert wurde. Die Pavillons, Hallen und Höfe des Komplexes sind mit Mosaiken und Kacheln geschmückt. Die einzelnen Paläste umgeben schattige Gänge; Brunnen und Wasserspiele sorgen für Kühlung. Die Terrassengärten und Wasserbecken des Palacio del Generalife gelten als besonders gelungen. Im Bezirk der Alhambra liegt der unvollendete Palast Karls V., der 1526 ohne Rücksicht auf den maurischen Bau begonnen wurde.

Im 13. bis 14. Jahrhundert entstand die Alhambra hoch über der Altstadt von Granada. Der berühmteste Teil der Alhambra ist der Patio de los Leónes, der Löwenhof. Im Mittelpunkt dieses von reich verzierten Arkaden umgebenen Hofes steht ein von zwölf Löwenfiguren getragener Brunnen (links). Die Skulpturen, die in der islamischen Kunst eher selten auftauchen, verleihen dem Ensemble einen eigenen Charakter.

PALMA DE MALLORCA

Schlicht »La Ciutat«, die Stadt, nennen die Mallorquiner die Hauptstadt der Balearen. Mit ihrem mittelalterlichen Stadtkern ist Palma eine der schönsten Städte Spaniens, überragt von der mächtigen gotischen Kathedrale La Seu. Sie gilt als eine der prunkvollsten Kirchen der Welt. Kein Wunder, denn mit der Grundsteinlegung feierte Jaume I. die Eroberung Mallorcas im Jahr 1229. Sie beendete die Herrschaft der Mauren. Deshalb steht La Seu auf den Grundmauern der größten Moschee der Insel. Das 44 Meter hohe Mittelschiff beindruckt vor allem durch seine alles überragende Höhe und die Strenge der Gotik. Die 11,5 Meter fasssende Buntglasrosette an der Apsis zählt zu den größten ihrer Art. Die Fenster sind so ausgelegt, dass zu bestimmten Tageszeiten das gesamte Kirchenschiff in buntes Licht getaucht wird. Die Fassade der Kirche spiegelt sich zudem im künstlich angelegten See.

Der Bau von La Seu, der Kathedrale von Palma de Mallorca, wurde im 13. Jahrhundert begonnen und erst im 20. Jahrhundert abgeschlossen. La Seu leitet sich vom Lateinischen »sedes« ab und bedeutet Sitz, gemeint ist oft der Bischofssitz. Die Moschee, auf deren Grundmauer die Kathedrale errichtet wurde, gehörte zum Almudaina-Palast, der einstmals die Residenz der maurischen Herrscher auf Mallorca war.

Durch ihre erhöhte Lage prägt die von außen massiv-wehrhaft wirkende doppeltürmige Kathedrale (portugiesisch: Sé) das Stadtbild von Porto. Das Bauwerk, das zum UNESCO-Welterbe gehört, gleicht einem Gang durch die Kunstgeschichte. Durch die Umbauten der ursprünglich romanischen Anlage aus dem 12. Jahrhundert kamen im 17. und 18. Jahrhundert barocke Facetten wie die Kachelbilder (Azulejos) an den Wänden des gotischen Kreuzganges oder das Hauptportal und die Turmkuppeln hinzu. Der mittelalterliche Gesamtcharakter der Doppelturmfassade mit ihrer Fensterrose blieb erhalten. Die dreischiffige Kirche ist eines der frühesten portugiesischen Beispiele für das architektonische Element der Strebebögen im Tonnengewölbe des Mittelschiffes. Im Inneren kontrastiert die Pracht weniger Einzelräume mit der sonst vorherrschenden fast kargen Schlichtheit.

Vielfach umgestaltet, hat die Kathedrale doch ihren festungsgleichen Charakter behalten (Bild unten). Sehenswert ist der von gotischen Spitzbögen getragene Kreuzgang mit den Azulejos und dem ornamentalen Steinboden (ganz unten). Das schlichte Kirchenschiff mit dem schönen Tonnengewölbe hebt die reich mit Silber und Gold verzierten Barockaltäre sowie die barockisierte Sakramentskapelle besonders hervor (rechts).

COIMBRA

KATHEDRALE SÉ VELHA

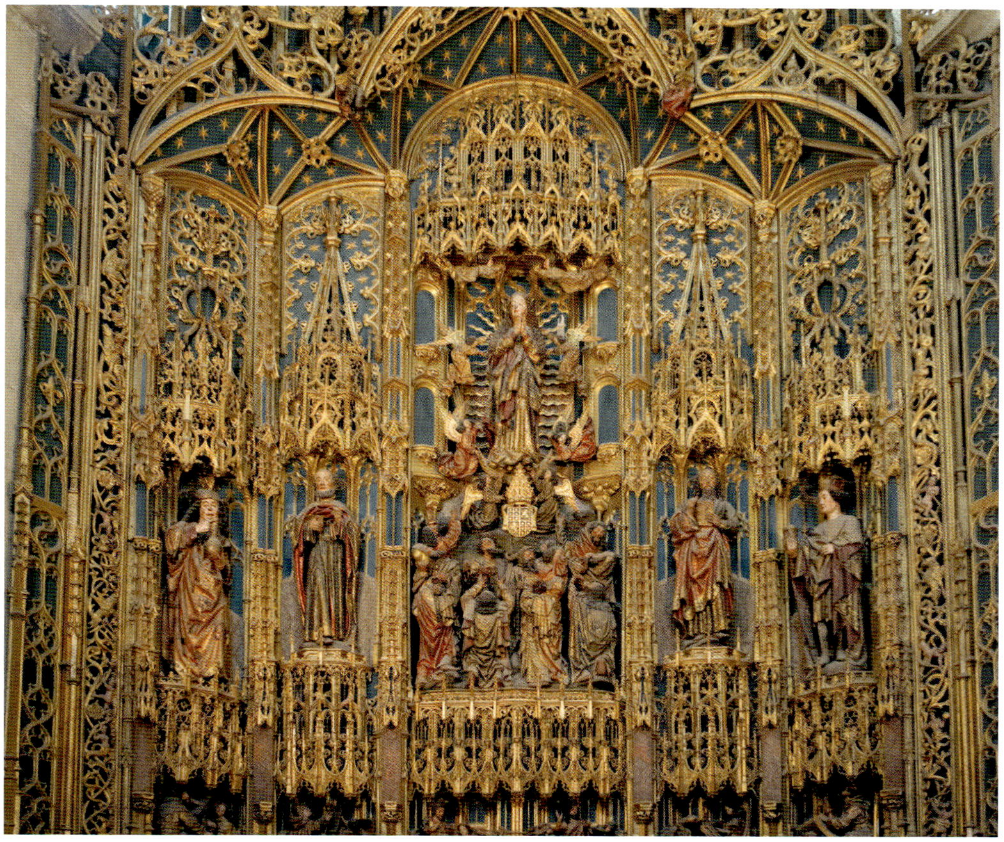

Nach dem Sieg über die muslimischen Almoraviden 1139 erklärte Afonso Henriques Coimbra zur Hauptstadt seines Königreiches und beschloss den Neubau einer Kathedrale, die um 1180 fertiggestellt wurde. Die Alte Kathedrale (portugiesisch: Sé Velha) ist die einzige bis heute relativ intakte romanische Kirche Portugals aus der Zeit der Reconquista. Das zinnenbewehrte Gebäude mit seinen geschlossenen Mauern, dem kraftstrotzenden Vierungsturm und der fast burgartigen Fassade gleicht einer Festung. Der Typus der dreischiffigen Kirche entspricht mit dem als Emporengeschoss über den Seitenschiffen ausgebildeten Triforium und dem Abschluss mit Haupt- und zwei Nebenapsiden einem Modell, das sich entlang des Jakobsweges ausprägte. Die Kathdrale ist für ihre 380 Kapitelle berühmt, die sie zu einem Höhepunkt der portugiesischen Skulptur der Romanik machten.

In der Oberstadt Coimbras liegt die ab 1170 im romanischen Stil erbaut Kathedrale Se Velha. Berühmt ist der ganz in Gold und Blau gestaltete, spätgotische Schnitzaltar (1498–1508) der flämischen Meister Olivier de Gand und Jean de Ypres, der die Himmelfahrt Mariens darstellt.

ALCOBAÇA

KLOSTER SANTA MARIA

Im Jahr 1153 gründete der portugiesische König Alfons I. das Kloster Santa Maria zum Zeichen des Danks für seinen Sieg über die Mauren in Santarém. Von der nüchternen Bauweise, die der asketischen Lebensweise des Zisterzienserordens entsprach, zeugt heute nur noch die Klosterkirche. Sie ist das größte Gotteshaus in Portugal. Die im 17. bis 18. Jahrhundert in barockem Stil ausgeführte Fassade weist ausgesprochen fein ausgearbeitete Skulpturen auf. Die dreischiffige Kirche wurde durch neun Kapellen erweitert, die zu den schönsten Beispielen der Zisterziensergotik gezählt werden. Die Säulen und Kapitelle des Chorumgangs bestechen durch ihre Leichtigkeit. Das Refektorium und die Wirtschaftsräume vermitteln heute noch einen guten Eindruck von der einstigen Bedeutung des Klosters. Heute sind in den Gebäuden verschiedene Behörden und eine Schule untergebracht.

In der Klosterkirche der ehemaligen Zisterzienserabtei von Alcobaça (UNESCO Weltkulturerbe) stehen die prächtig verzierten Sarkophage von König Pedro I. von Portugal und Inés de Castro, seiner Geliebten, die Pedros Vater, Alfons IV., im Jahr 1355 wegen Hochverrats hinrichten ließ.

TOMAR

Mitte des 12. Jahrhunderts hatte der Templerorden auf den Fundamenten einer römischen Siedlung eine Klosterburg erbaut, um die herum sich die Stadt Tomar entwickelte. Gewaltige Mauern und Wälle lassen noch heute auf den Verteidigungscharakter der Anlage schließen. Nach der Auflösung des Ordens ging das Kloster 1356 in den Besitz der neugegründeten Gemeinschaft der Christusritter über. Die Klosterkirche Santa Maria do Olival soll nach dem Vorbild der Kirche vom Heiligen Grab in Jerusalem angelegt worden sein. Ihre Innenwände sind mit Fresken niederländischer Maler ausgemalt. Die 16-seitige Rotunde ist der älteste erhaltene Teil des Klosters. In dem während der Renaissance errichteten Kreuzgang ließ sich der spanische König Philipp II. zum König von Portugal krönen. Insgesamt sieben Kreuzgänge kann das zum Weltkulturerbe der UNESCO gehörende Kloster sein Eigen nennen.

Unten links: Die Klosterburg von Tomar, der man ihre ursprüngliche Funktion als Wehrkirche noch deutlich ansieht. Die Wappen über den Fenstern (unten rechts) erinnern an die Templer. Ein Kruzifix sowie wertvolle Fresken schmücken die im Stil der Spätgotik gestaltete 16-seitige Rotunde des Christusklosters (großes Bild und rechts).

BATALHA

König Johann I. von Portugal löste ein Versprechen ein, indem er nach der gewonnenen Schlacht gegen die Truppen Kastiliens das Kloster Santa Maria da Vitória (Weltkulturerbe der UNESCO) errichten ließ. Das Gebäude wurde 1402 nach Plänen des Baumeisters Alfonso Domingues weitgehend fertiggestellt und dem Dominikanerorden übergeben. Die monumentale Hauptfassade des Gotteshauses ist mit ihren Skulpturen eines der großartigsten Beispiele portugiesischer Hochgotik. Ein Meisterstück des Emanuelstils ist das gewaltige Nordportal. Der Chor der Klosterkirche weist bemerkenswerte Glasmalereien auf, während der Kapitelsaal mit seinem Sternkuppelgewölbe durch farbige Glasfenster aus dem 16. Jahrhundert erhellt wird. Der »Königliche Kreuzgang« besticht durch seine schlanken Säulen und feinen Zierformen, die auf ursprünglich maurische Vorbilder zurückgehen.

Von außen und innen überwältigend: Kloster Batalha mit der filigran wirkenden Klosterkirche (unten links), der herrlichen »Stifterkapelle« (unten) und dem »Königlichen Kreuzgang« (Bild rechts), dessen feingliedrige Arkadenbögen den verspielten Charakter des Emanuelstils besonders eindrucksvoll zur Geltung bringen.

CHRISTUSKLOSTER

KLOSTER SANTA MARIA DA VITÓRIA

Im Lissabonner Stadtteil Belém ließ Manuel I. (1469–1521), König von Portugal und genannt »der Glückliche«, ab dem Jahr 1502 zu Ehren von Vasco da Gama das gewaltige Hieronymitenkloster (UNESCO-Weltkulturerbe) erbauen. Der Plan der gesamten Anlage geht auf Meister Boytac zurück, das säulenlose Querschiff ist ein Spätwerk von João de Castilho. Ein eindrucksvolles Zeugnis zeitgenössischer Bildhauerkunst ist der Skulpturenschmuck der Süd- und Westportale der Klosterkirche Santa Maria. Das spektakuläre Gotteshaus ist eine Hallenkirche zwischen Spätgotik und Frührenaissance. Im Kloster sind viele historisch bedeutsame Persönlichkeiten beerdigt worden. Neben König Manuel I. und seinen Nachfahren ist hier auch Vasco da Gama bestattet, dessen Entdeckung des tatsächlichen Seewegs nach Indien die Finanzierung der Ausgestaltung des Klosters sicherte.

Das Hieronymitenkloster (ganz links) gilt als bedeutendster Bau des Emanuelstils. Ein Meisterwerk der portugiesischen Steinmetzkunst sind die Verzierungen des zweistöckigen Kreuzgangs (links). Die Innenräume der Klosterkirche Santa Maria bestechen durch das spätgotische Gewölbe der Hallenkirche und den feingliedrigen Dekor (unten links). Glasfenster und Skulpturen schmücken das Querschiff (unten rechts).

SINTRA

Der Magie von Sintra konnte die UNESCO nicht widerstehen: Im Jahr 1995 nahm sie die Kulturlandschaft westlich von Lissabon in ihre Welterbeliste auf. Bereits in römischer Zeit galt der von der Serra de Sintra eingerahmte Ort als Kultplatz. Im 19. Jahrhundert wurde er zum Sommersitz portugiesischer Könige. Der Königspalast im Zentrum stammt zum Teil aus dem 14. Jahrhundert, wurde in den folgenden Jahrhunderten jedoch erweitert und stark verändert. Am auffälligsten sind die eigentümlich geformten Kamine, die islamische Einflüsse erkennen lassen. Wappensaal, Schwanensaal und Kapelle sind Zeugnisse aus dem 14. Jahrhundert. Den Palácio Nacional da Pena errichtete der deutsche Architekt Baron von Eschweg Mitte des 19. Jahrhunderts als Residenz des Prinzgemahls Ferdinand von Sachsen-Coburg-Gotha. Dabei wurde auch eine Klosteranlage aus dem 16. Jahrhundert in das Schloss integriert.

Den auf einem steilen Felsgipfel im unbekümmerten eklektizistischen Stilmix errichteten Palácio Nacional da Pena bezeichnete einst Richard Strauss als »Burg des heiligen Grals«, andere sehen in ihm das »Neuschwanstein Portugals« (links). Die hohen, eigentümlich geformten Kamine des Königspalastes von Sintra mit seinen üppig ausgeschmückten Zimmern sind das Wahrzeichen der Stadt (großes Bild).

Die Marienkirche in Lübeck wurde 1159 gegründet und von 1250 bis 1280 als Backsteinbasilika nach dem Vorbild des Domes errichtet. Nach einem Stadtbrand erfolgte der Umbau in eine frühgotische Halle ohne Querschiff mit einem Westturm. Vor ihrer Vollendung kam es Ende des 13. Jahrhunderts noch einmal zu einem Planwechsel. Die Kirche wurde nun zu einer Kathedrale mit dreischiffigem Umgangschor und Kapellenkranz nach französischen Vorbildern umgestaltet. Diese neue Variante übersetzte den hochgotischen französischen Kathedraltyp in den norddeutschen Backsteinbau und wurde damit zum Vorbild für den gesamten Ostseeraum. Die enorme Höhe der Kirche (fast 40 Meter) und ihr monumentales Westwerk sind ein Symbol des Wohlstandes und der Macht der Hansestadt Lübeck. Zusammen mit der Altstadt ist die Kirche Teil des UNESCO-Weltkulturerbes.

Als Gemeindekirche und Sitz des Probstes thront die Marienkirche auf dem höchsten Punkt der Lübecker Altstadt. Durch Stiftungen von Kaufleuten und Gilden erhielt sie eine reiche Innenausstattung, die bei dem Luftangriff auf Lübeck 1942 weitgehend zerstört wurde. Beim Wiederaufbau konzentrierte man sich auf die ursprüngliche gotische Raumwirkung. Rechts: Blick ins Hauptschiff mit einer Höhe von 38,5 Metern.

Die Benediktiner-Klosterkirche St. Michael wurde 1010–1033 unter Bischof Bernward auf einer Anhöhe in Hildesheim errichtet und gilt als Schlüsselwerk der mittelalterlichen Baukunst. Die doppelchörige flachgedeckte Basilika mit ihren zwei Querhäusern ist streng symmetrisch aufgebaut und besticht durch ihre harmonische Schönheit. Im Langhaus wechseln sich vier Eckpfeiler mit paarweise gekoppelten Rundstützen ab, die erstmals mit Würfelkapitellen geschmückt sind. Dieser sogenannte Stützenwechsel bestimmt Rhythmus und Aufbau der gesamten Kirche und ist eine besondere Erfindung der ottonischen Baukunst. Die Kirche hat eine Reihe bedeutender historischer Ausstattungsstücke: eine bemalte Holzdecke von 1230, die Wurzel Jesse darstellend, Teile der Chorschranken aus dem 12. Jahrhundert und hervorragende Werke der Gießkunst (Bronzesäule und Bronzetüren), die im Dom aufbewahrt werden. St. Michael gehört zum Weltkulturerbe der UNESCO.

Das Prunkstück in St. Michael ist die bemalte Holzdecke über dem Mittelschiff, die den »Jesseboom«, den Stammbaum Christi, darstellt (großes Bild). Das um 1230 angefertigte Werk besteht aus 1300 Einzelstücken und gilt als einzigartiges Beispiel romanischer Monumentalmalerei. Die erste Bildtafel (unten) zeigt den Sündenfall.

STRALSUND

NIKOLAIKIRCHE

Die Nikolaikirche ist die Hauptpfarrkirche in Stralsund und liegt direkt neben dem Rathaus. Das macht ihre Bedeutung als Bürger- und Ratskirche deutlich. Eine erste Pfarrkirche wurde nach ihrer Zerstörung 1249 durch eine mächtige Hallenanlage mit Turm ersetzt. Bereits nach 1270 erfolgte der Baubeginn der heutigen Backsteinkirche, die in enger stilistischer Verwandtschaft zur Lübecker Marienkirche steht. Die querhauslose hochgotische Basilika mit Umgangschor und Doppelturmanlage wurde 1350 vollendet. Der geringe Unterschied zur Lübecker Marienkirche, auch bezüglich der Dimensionen, macht den Anspruch Stralsunds auf Gleichrangigkeit im Städtebündnis deutlich. Die Kirche mit einem zweigeschossigen Wandaufbau gehört zu den qualitätvollsten Architekturschöpfungen des Mittelalters im Ostseeraum und wurde zum Vorbild für nachfolgende Bautätigkeit in der Region.

Neben dem Rathaus am Alten Markt liegt die älteste der drei Pfarrkirchen Stralsunds, die als Teil der Altstadt zum Welterbe der UNESCO gehört. Die Bischof Nikolaus von Myra, dem Schutzheiligen der Seefahrer, gewidmete Basilika birgt in ihrem Innern wertvolle Kunstschätze.

NAUMBURG

DOM ST. PETER UND PAUL

Der Naumburger Dom gilt als bedeutendes Bauwerk von europäischem Rang. Von einem frühromanischen Vorgängerbau sind Fundamente bekannt. Ab 1213 wurde ein großer Neubau von Ost nach West begonnen. Der Westchor sollte zunächst die ältere Marienkirche am Ort ersetzen, doch dann wurden Teile der Osttürme dieser Kirche in die Westtürme des neuen Domes mit einbezogen. Dadurch ergab sich eine kreuzförmige Basilika mit drei Doppeljochen, je einem Chor und einem Turmpaar im Osten und im Westen. Am Westchor lassen sich Einflüsse der französischen Gotik nachweisen. Von besonderer Bedeutung ist hier der bauplastische und figürliche Schmuck, der – zusammen mit dem ältesten Lettner auf deutschem Boden – als eines der wichtigsten Denkmale der deutschen Plastik des 13. Jahrhunderts gilt. Berühmt sind auch die beiden Stifterfiguren Uta und Ekkehard.

Im Zentrum des um 1330 erbauten Ostchors mit dem ältesten erhaltenen Hallenlettner befindet sich ein Altar aus dem 19 Jahrhundert. Die Glasmalereien der Fenster zeigen die Figuren der klugen und törichten Jungfrauen sowie Propheten, menschliche Tugenden und Passionsszenen.

MAGDEBURG DOM

Der Dom St. Mauritius und St. Katharina hatte einen bedeutenden Vorgängerbau, der unter Otto I. mit großem Aufwand nach 937 zur künftigen Erzabtei ausgebaut wurde. Nach einem Brand im Jahr 1207 erfolgte der Wiederaufbau der Kirche nach dem Vorbild der französischen Gotik unter Erzbischof Albrecht II. Zum ersten Mal entstand in Deutschland ein gotischer Kathedralchor mit Umgang und Kapellenkranz. Während das Untergeschoss mit seiner reichen Bauplastik noch spätromanisch geprägt ist, folgt die Chorumgangsempore (1230–35), der sogenannte Bischofsgang, bereits dem Vorbild von Chartres und ist mit monumentalen Standbildern ausgestattet. Der hochgotische Obergaden des Chors wurde zwischen 1240 und 1270 in steileren Proportionen vollendet. Die Fertigstellung des reich ausgestatteten Magdeburger Domes erfolgte mit Unterbrechungen bis ins 16. Jahrhundert.

Die ehemalige Kathedrale des Erzbistums Magdeburg, ist zugleich Grabkirche Kaiser Ottos I. und wurde in der Reformationszeit zur protestantischen Kirche gewandelt. Seitdem gilt die Pfarr- und Bischofskirche als Wahrzeichen Magdeburgs. Links: Blick über die Elbe auf den Ostchor.

HALBERSTADT DOM

Der Dom St. Stephanus in Halberstadt hatte einen mächtigen ottonischen Vorgängerbau, der bis 1239 bestand. In Rivalität zum Erzbistum Magdeburg wurde nach 1209 die Errichtung eines neuen gotischen Domes in Angriff genommen. Um den gerade gewölbten Vorgängerbau noch möglichst lange nutzen zu können, begann man mit den Umbauarbeiten im Westen. Der spätromanische Westbau und die ersten drei Joche des hochgotischen Langhauses wurden im 13. Jahrhundert fertiggestellt. Die Umgestaltung im Osten wurde um 1350 begonnen. Noch immer stand das ottonische Langhaus zwischen den beiden gotischen Bauteilen. Erst 90 Jahre später wurde die Kathedrale eingeweiht. Der Dom in Halberstadt gilt als einer der wenigen Sakralbauten in Deutschland, bei dem das Prinzip der französischen Kathedralgotik konsequent und systematisch umgesetzt wurde.

Das Idealbild eines im Stil der Hochgotik gestalteten Kircheninnenraums vermitteln die beeindruckenden Hallen des Halberstädter Doms. Über der Chorschranke befindet sich mit der Kreuzigungsgruppe eines der wichtigsten Werke mittelalterlicher Skulptur in Deutschland.

Einen triumphalen Abschluss der Prachtstraße Unter den Linden ließ Friedrich Wilhelm II. 1788 mit dem von Carl Gotthard Langhans geschaffenen Brandenburger Tor errichten. Es war nicht nur das Tor zur historischen Stadt, sondern auch ein Monument der Stärke Preußens. Vorbild waren die Propyläen der Akropolis von Athen. Ein strenger, 26 Meter hoher und 65,5 Meter breiter, wuchtiger Sandsteinbau entstand. Zwölf dorische Säulen teilen den doppelten Portikus in fünf Gänge. Der mittlere mit 5,5 Metern Breite war den königlichen Equipagen vorbehalten, die schmaleren Gänge nutzte das Fußvolk. Das Relief auf der Attika zeigt den Einzug der Götter des Friedens in die Stadt, Reliefs in der Durchfahrt künden von den Taten des Herkules, in den Seitenhallen wachen die Götter Mars und Minerva. Die Quadriga wurde 1789 bis 1791 ebenfalls nach Entwürfen von Johann Gottfried Schadow geschaffen.

Wie das Brandenburger Tor (rechts) erlebte die fünf Meter hohe, aus Kupfer getriebene Quadriga (unten), gelenkt von der Siegesgöttin Viktoria, eine wechselvolle Geschichte: 1806 wurde sie von Napoleon nach Paris entführt, um 1814 – nach dem Sieg der Alliierten – nach Berlin zurückzukehren. Seitdem heißt sie »die Retourkutsche«.

BERLIN

Verkehrsschilder weisen zum Bundestag im alten Reichstagsgebäude, vor dem jeden Tag Hunderte Besucher Schlange stehen. Als es von 1884 bis 1894 nach Plänen von Paul Wallot entstand, sollte es die Größe und Stärke des Deutschen Reiches symbolisieren. Kaiser Wilhelm II. sah in dem Bau jedoch den »Gipfel der Geschmacklosigkeit«. Die Inschrift »Dem deutschen Volke« wurde deshalb erst im Kriegsjahr 1916 angebracht. Im Zweiten Weltkrieg beschädigt, wurde das Gebäude ab 1961 wieder als Tagungsort genutzt. 1995 bannten Christo und seine Frau Jeanne Claude mit einer kunstvollen Silberhülle die Gespenster der Vergangenheit und 1999 hatte Sir Norman Foster einen ökologischen und modernen Parlamentsbau hinter der historischen Fassade des alten Reichstagsgebäudes geschaffen. Umstritten, wie beim Wallot-Bau vor mehr als 100 Jahren, war wieder die Glaskuppel.

Wallot erbaute den Reichstag im Stil der italienischen Hochrenaissance, ließ aber regionale Baustile der deutschen Staaten einfließen (rechts). Die Glaskuppel über dem Plenarsaal bezeugte die technische Überlegenheit Deutschlands. Forster ging einen Schritt weiter und öffnete die Kuppel über dem Plenarsaal »für das Volk« (unten).

BRANDENBURGER TOR

REICHSTAG

BERLIN

Mit dem Ensemble aus Schauspielhaus, Deutschem und Französischem Dom sowie der Marmorstatue Schillers gilt der Gendarmenmarkt als einer der schönsten Plätze Berlins und zugleich als Inbegriff des romantischen Klassizismus. Bereits 1776 hatte Friedrich II. auf dem nach den Gens d' Armes, einem Kürassierregiment, benannten Platz ein Komödienhaus errichten lassen. Die Kirchen haben ihre Namen nach den Kuppeln ihrer Türme erhalten. Friedrich II. hatte Carl von Gontard beauftragt, den zu Beginn des 18. Jahrhunderts schon bestehenden Kirchen die repräsentativen Kuppeltürme aufzusetzen. Die Schiller-Statue von Reinhold Begas vor der Freitreppe, sechs Meter hoch und von den Künsten Lyrik, Dramatik, Philosophie und Geschichte umringt, war 1935 entfernt worden und kehrte 1987 wieder zurück an ihren Platz.

Der 1701 erbaute deutsche Dom (links im Bild) wurde 1881 größtenteils abgerissen und im Neobarock wieder aufgebaut. Karl Friedrich Schinkel ersetzte das Komödienhaus durch das Schauspielhaus (Bildmitte). Der Turm des französischen Doms (rechts im Bild) wurde dem Panthéon in Paris nachempfunden.

BERLIN

Das 1824 bis 1930 entstandene Ensemble von Museen im klassizistischen Stil brachte Berlin den Namen »Spree-Athen« ein. Seit 1999 zählt die »Museumsinsel« zum UNESCO-Weltkulturerbe. Das »Alte Museum« entwarf Karl Friedrich Schinkel zwischen 1824 und 1828. Nach Plänen des Schinkel-Schülers Friedrich August Stüler wurde von 1843 bis 1855 das »Neue Museum« geschaffen, das die Entwicklung ägyptischer Kunst zeigt. Als dritter Bau folgte 1876, ebenfalls nach Entwürfen Stülers, die »Alte Nationalgalerie«, die Malerei des 19. Jahrhunderts ausstellt. Ein Münzkabinett sowie das Museum für Byzantinische Kunst vereinigt das »Bode-Museum« mit seinem kuppelüberwölbten Treppenhaus. Als letzter Bau kam zwischen 1912 und 1930 das neoklassizistische Pergamonmuseum hinzu, das erste Architekturmuseum der Welt.

Das Alte Museum – einer der ältesten Museumsbauten Deutschlands–zählt zu den bedeutendsten Bauwerken des Klassizismus. Mit einer klar gegliederten Fassade, 18 ionischen Säulen sowie einer präzisen inneren Struktur setzte Karl Friedrich Schinkel Wilhelm von Humboldts Idee vom Museum als Bildungseinrichtung für das Volk um.

GENDARMENMARKT

MUSEUMSINSEL

»Sanssouci«, »ohne Sorge«, wollte Friedrich der Große in seiner Sommerresidenz in Potsdam leben. Teils nach eigenen Entwürfen ließ er ab 1745 auf den Weinbergterrassen von Georg Wenzeslaus von Knobelsdorff einen eingeschossigen Bau errichten. Mit seinem plastischen Schmuck und der reichen Ausstattung gilt Schloss Sanssouci als eines der Hauptwerke des deutschen Rokoko. Vom selben Architekten stammt auch der Entwurf für die Parkanlage. Weitere Bauwerke kamen hinzu: die Bildergalerie, die Neuen Kammern und das gewaltige Neue Palais. Unter der Regentschaft von Friedrich Wilhelm IV. wirkten die bedeutendsten Baumeister und Landschaftsarchitekten seiner Zeit. Nach Plänen Schinkels wurde ein Gutshaus zum Schloss Charlottenhof umgebaut, den Park gestaltete Lenné im romantischen Sinn. Bis zum Jahr 1860 folgten Römische Bäder, Orangerie und Friedenskirche.

Die Schlösser und Parks bei Potsdam (UNESCO-Weltkulturerbe) überzeugen durch historische und künstlerische Einzigartigkeit, wie das »Neue Palais« mit seiner Tambourkuppel (unten). Die Fassade von Sanssouci wird von Karyatiden und Atlanten geziert, die an den Weinberg erinnern, den Friedrich der Große hier angelegt hatte (ganz links). Goldene Figuren schmücken das »Chinesische Teehaus« aus dem Jahr 1757 (links).

DRESDEN

DRESDEN

ZWINGER

Der Name scheint so gar nicht zu dem anmutigen Bauwerk zu passen. Ein sogenannter »Zwinger« war Teil der Stadtbefestigung, die sich an eben dieser Stelle befand. Ab 1709 ließ August der Starke hier – als glanzvollen Rahmen für höfische Festlichkeiten – ein Ensemble aus Pavillons und Galerien errichten. Der Architekt Matthäus Daniel Pöppelmann schuf eine spiegelbildlich um einen Hof angeordnete Anlage, die zu einem der herausragendsten Zeugnisse barocker europäischer Festarchitektur werden sollte. Der plastische Schmuck stammt aus der Werkstatt von Balthasar Permoser. 1847 bis 1855 wurde der bis dahin zur Elbe offene Zwingerhof mit einem Galeriebau von Gottfried Semper geschlossen. Dieser beherbergt heute die Gemäldegalerie Alte Meister, der eigentliche Zwinger die Porzellansammlung und den Mathematisch-Physikalischen Salon.

In den Morgen- und Abendstunden wirkt das Ensemble des Zwingers besonders feierlich. Eingerahmt vom Mathematisch-Physikalischen Salon und dem französischen Pavillon liegt im Scheitel der westlichen Bogengalerien der prächtige Wallpavillon, geschmückt mit griechischen Göttern.

RESIDENZSCHLOSS

Bis zur Abdankung des letzten sächsischen Königs im Jahr 1918 war das Dresdner Schloss die Residenz des Herrschergeschlechts der Wettiner. 1289 als »Castrum« erstmals urkundlich erwähnt, wurde die Burg im 15. und 16. Jahrhundert zu einem Renaissanceschloss umgebaut. August der Starke ließ seine herrschaftlichen Räume im zweiten Obergeschoss dem Geschmack der Barockzeit entsprechend gestalten und auf einem Nachbargrundstück für seine Mätresse, die Gräfin Cosel, das Taschenbergpalais errichten. Die letzten großen Umbauten fanden Ende des 19. Jahrhunderts aus Anlass des 800-jährigen Wettin-Jubiläums statt. Damals erhielten die Fassaden ihre Neorenaissancegestaltung. Im Zweiten Weltkrieg wurde das Schloss zerstört. Der Wiederaufbau begann noch zu DDR-Zeiten, erlebte nach 1990 einen Aufschwung und soll bis 2013 vollendet sein.

Ganz links: Abends ist der Theaterplatz mit seiner barocken Hofkirche, dem Residenzschloss, der klassizistischen Alten Wache und dem Reiterstandbild König Ludwigs von Sachsen hell erleuchtet. Links: Der barocke Pretiosensaal des Historischen Grünen Gewölbes in der Residenz.

Der Ratszimmermeister George Bähr hatte bereits ein gehöriges Maß an Erfahrungen im Kirchenbau gesammelt, als er 1722 mit dem Entwurf der Dresdner Frauenkirche beauftragt wurde. Er schuf einen dem protestantischen Gottesdienst angemessenen Zentralbau mit einer gewaltigen, an italienischen Vorbildern orientierten Kuppel – der »Steinernen Glocke«. Während des Bombenangriffes auf Dresden in der Nacht des 13. Februar 1945 brannte die Frauenkirche aus. Zwei Tage hielt sie noch stand, dann stürzte die Kuppel und mit ihr das gesamte Gotteshaus ein. In den DDR-Jahren galt die Ruine als Mahnmal gegen den Krieg, zuletzt als Symbol der Friedensbewegung. Nach der politischen Wende mobilisierte der von den Bürgern der Stadt ausgesandte »Ruf aus Dresden« Kräfte und Mittel für den Wiederaufbau des für die Identität der Stadt so wichtigen Bauwerks.

2005 wurde die neue Frauenkirche in Dresden geweiht. Menschen aus aller Welt hatten sich mit Spenden am Wiederaufbau beteiligt und das Gotteshaus zu einem Sinnbild der Versöhnung werden lassen. Der überraschend große Innenraum mit den fünf festlich übereinandergestaffelten Emporen, den Ausmalungen der steilen Innenkuppel (links) sowie Altar und Orgelprospekt wurde originalgetreu rekonstruiert.

DESSAU

»Architekten, Bildhauer, Maler, wir alle müssen zum Handwerk zurück«, schrieb 1919 Walter Gropius, der neue Direktor des Staatlichen Bauhauses zu Weimar. Die geforderte Einheit von künstlerischer Gestaltung und handwerklichem Können spiegelt sich im Namen wider: »Bauhaus« erinnert an die Tradition der Bauhütten der großen Kathedralen des Mittelalters. Künstler wie Paul Klee und Wassily Kandinsky folgten dem Ruf nach Weimar. Doch die politischen Umstände zwangen 1925 zum Wechsel ins liberalere Dessau, wo Gropius das Bauhausgebäude errichtete, ein Denkmal des frühen Industriedesigns. Hier entstanden die Meisterhäuser, die ebenfalls zum Welterbe zählen. Das Haus am Horn in Weimar wurde 1923 als ein Modell des Wohnhauses der Zukunft vorgestellt. 1933 wurde das Bauhaus von den Nationalsozialisten geschlossen, viele Künstler emigrierten in die USA.

Von den sieben Gropius-Meisterhäusern in Dessau sind noch fünf erhalten, wie das Haus Muche (rechts). Weitere Dessauer Bauten von Walter Gropius sind das Bauhausgebäude, das ehemalige Städtische Arbeitsamt, das Konsumgebäude und die Siedlung Dessau-Törten. Unten: Treppenaufgang des Dessauer Bauhausgebäudes.

EISENACH

»Wart', Berg, du sollst mir eine Burg werden!«, soll Ludwig der Springer im Jahr 1067 beim Anblick des Wartberges ausgerufen haben. Tatsächlich wird 1080 die Wartburg erstmals erwähnt. In ihrem Schutz entwickelte sich Eisenach, das so zum Zentrum der Landgrafschaft Thüringen wurde. Landgraf Hermann I. baute die Wehrburg zu einem repräsentativen Sitz aus. Der »Sängerkrieg« – eine Sammlung mittelhochdeutscher Gedichte um einen angeblichen Dichterwettstreit auf der Wartburg – inspirierte viele Dichter und Musiker, so auch den Komponisten Richard Wagner zu seiner Oper »Tannhäuser«. Martin Luther lebte 1521/22 als »Junker Jörg« unter dem Schutz des Kurfürsten Friedrich der Weise auf der Burg. Zur Zeit des Wartburgfestes, als sich die deutschen Burschenschaften für einen Nationalstaat einsetzten, war die Burg verfallen. Erst Ende des 19. Jahrhunderts wurde sie restauriert.

Außenansicht der hoch über Eisenach thronenden Wartburg (unten links). Ihre Hauptattraktionen sind der spätromanische Palas mit Rittersaal sowie die original erhaltene Lutherstube (unten). Der Raum, in dem der große Reformator 1521/22 die Bibel übersetzte, befindet sich in der Vogtei mit dem Nürnberger Erker (rechts).

BAUHAUS-STÄTTEN

WARTBURG

Der Kölner Dom (Weltkulturerbe der UNESCO) gehört zu den größten Kirchen im gotischen Baustil. Das Gotteshaus wurde nach dem Vorbild französischer Kathedralen entworfen, Umgänge und Raummaße jedoch auf die große Zahl der Pilger ausgerichtet, die die Reliquien der Heiligen Drei Könige aufsuchen. Die Pläne für die monumentale Westfassade stammen von 1310. Seine heutige Gestalt erhielt der Dom zwischen 1842 und 1880. Einschließlich Umgangschor und Kapellenkranz misst der Innenraum der fünfschiffigen Basilika 6000 Quadratmeter. Mit dem Dreikönigsschrein von Nikolaus von Verdun beherbergt der Kölner Dom ein Meisterwerk der rheinischen Goldschmiedekunst. Der Chorumgang birgt das berühmte Dombild von Stephan Lochner (1440) und das romanische Gerokreuz aus dem 10. Jahrhundert. Der Dom besitzt eine der reichsten Schatzkammern Deutschlands.

Die Doppeltürme des Kölner Doms und die romanische Kirche Groß St. Martin dominieren die Silhouette der Altstadt (links). Unten: Blick in das Innere mit seinen hohen Gewölben, die von einer Flut filigraner Strebepfeiler und Bögen getragen werden. Bei Sonnenschein ist der Raum durch die 10 000 Quadratmeter großen Fensterflächen lichtdurchflutet. Unten links: Außenansicht mit dem Reiterstandbild Kaiser Wilhelms II.

Köln war im Mittelalter die größte Stadt Deutschlands, ab dem 5. Jahrhundert entstanden hier auf römischen Fundamenten umfangreiche Neusiedlungen. Im 9. Jahrhundert wurde Köln Erzbistum, im 15. Jahrhundert hatte die Stadt 50 000 Einwohner. Noch heute kann Köln zwölf bedeutende romanische Kirchenbauten vorweisen. Groß St. Martin wurde zwischen 1150 und 1230 auf römischen Fundamenten errichtet. Charakteristisch sind der große Vierungsturm und die Dreikonchenanlage. St. Maria im Kapitol baute auf den Grundmauern eines römischen Kapitols auf. Die hier zwischen 1040 und 1065 errichtete dreischiffige Basilika mit ihrem dreitürmigen Westbau ist einer der bedeutendsten Kirchenbauten der Salier. Bei St. Gereon wurde ein römischer Ovalbau integriert. Zwischen 1219 und 1227 entstand ein außergewöhnlicher Zehneckbau mit einzigartigem Raumgefüge.

Links: Der als Kleeblatt gestaltete Chor von St. Aposteln wurde 1980 von Hermann Gottfried ausgemalt. Großes Bild: Von rund 34 Metern Höhe herab fällt der Blick in den Kirchenraum, des im 13. Jahrhundert errichteten Dekagons von St. Gereon. Unten links: Groß St. Martin mit seinem Kreuzrippengewölbe und den farbigen Rundbogenfenstern markiert den Übergang vom romanischen zum gotischen Baustil.

AACHEN

Den Grundstein für den Dom (Weltkulturerbe der UNESCO) legte Kaiser Karl der Große mit dem Bau der im Jahr 800 geweihte Pfalzkapelle. Sie wurde nach Plänen von Odo von Metz auf oktogonalem Grundriss erbaut. Unter der später mit Mosaiken versehenen Kuppel zieht sich ein zweigeschossiger Umgang um den Innenraum. Die Ausgestaltung des Doms orientierte sich an römischen ebenso wie an byzantinischen Vorbildern und ist Ausdruck des umfassenden Machtanspruchs Kaiser Karls des Großen. In den folgenden Jahrhunderten wurden Umbauten nötig, um Platz für die Krönungszeremonien wie für die Pilger zu schaffen, die zum Grab Karls des Großen drängten. Beeindruckend sind die Fenster des gotischen Hallenchors. In der Mitte des Chorraums steht der von 1200 bis 1215 entstandene Karlsschrein. Der Aachener Domschatz birgt das wertvollste Reliquiar nördlich der Alpen.

Der Aachener Dom ist nicht nur ein bedeutendes Denkmal karolingischer Baukunst, sondern auch ein Symbol deutscher Geschichte. Eindrucksvoll ist besonders die Innenausstattung, etwa der byzantinisch beeinflusste Mittelbau (unten) oder der gotische Chor (links: Blick durch das Oktogon). Auf dem Kaiserthron auf der westlichen Empore über dem Oktogon wurden seit 936 die deutschen Könige gekrönt (ganz links).

Die unweit der Stadt Münstermaisfeld im – das Maifeld von der Vordereifel trennenden – Tal der Eltz gelegene Burg zählt zu den wenigen deutschen Burgen, die niemals zerstört wurden. 1157 wird die auf drei Seiten vom Elzbach umflossene Burg erstmals urkundlich erwähnt: Rudolf von Eltz bewohnte damals die auf einem rund 70 Meter hohen, elliptischen Felsen thronende Burganlage. Teile der romanischen Bebauung sind heute noch erhalten. Seitdem befindet sich die Anlage ohne Unterbrechung im Besitz der Familie Eltz, einer Adelsdynastie, aus der Domherren und Kurfürsten hervorgegangen sind. Nach einem Streit unter drei Eltz-Brüdern wurde Eltz ab 1268 als sogenannte Ganerbenburg geführt, in der jede Familienlinie ihren eigenen Haushalt führte und separate Trakte der Burg bewohnte und erbaute. Dabei kam jene verschachtelte Burganlage heraus, die mit ihren über 100 Räumen sämtliche Stilrichtungen von der Romanik bis zum Barock in sich vereint.

Wie der Fantasie entsprungen wirkt die über dem Elzbachtal himmelwärts strebende Burg Eltz (rechts). Innen zeigt sich ein Querschnitt durch acht Jahrhunderte Kulturgeschichte: kostbar gestaltete Erker und Kamine wie im Rübenacher Schlafgemach (unten), oder wertvolle Glasmalereien mit passendem Wandschmuck (ganz unten).

MOSELTAL

BURGEN

Wie in der Eifel sicherten sich auch die Grafen und Edelherren der Mosel ihre Besitztümer durch mächtige Festungen. Das enge Tal der Mosel mit seinen steilen Hängen bot sich zur Anlage imposanter Burgen geradezu an. Die meisten Wehrtürme an der Mosel wurden im Lauf der wechselhaften Geschichte des Tals zerstört, manche dienten gar als Steinbruch. Während der Romantik wurden im 19. Jahrhundert mehrere Burgen nach altem Vorbild wieder aufgebaut – ein Trend, der sich im 20. Jahrhundert fortsetzte. Zu den schönsten Anlagen dieser Art zählt die Reichsburg in Cochem, die um1100 auf einem Hügel oberhalb der Stadt errichtet wurde. Hier kann auch ein Museum besichtigt werden. Auf Burg Pyrmont können Brautpaare in historischer Kulisse den Bund fürs Leben schließen. Als schauriges Mahnmal haben Ruinen, wie Burg Metternich oder Burg Landshut, ihren besonderen Reiz.

Sinnbild deutscher Burgenromantik: die Reichsburg bei Cochem. Auch sie, wie viele Burgen der Gegend, ist mit ihren Türmchen und Erkern eine Neuschöpfung der Romantik, errichtet über der mittelalterlichen Burgruine, die im 17. Jahrhundert von den Franzosen zerstört worden war.

MITTELRHEINTAL

BURGEN

Als Kulturlandschaft von großer Vielfalt und Schönheit (UNESCO-Welterbe) präsentiert sich das Obere Mittelrheintal. Zum Gesamteindruck trägt nicht nur die malerische Flusslandschaft bei, sondern auch ein außerordentlicher Reichtum kulturhistorischer Zeugnisse aus vielen Jahrhunderten. Höhepunkte sind sowohl die kleine Stadt Bingen mit dem Mäuseturm, die Loreley sowie die ehemalige Reichsstadt Boppard mit dem am besten erhaltenen Römerkastell Deutschlands, als auch die Burgen: Rheinstein, Reichenstein, Marksburg, Rheinfels, Katz, Stolzenfels und die auf einer Rheininsel bei Kaub erbaute Burg Pfalzgrafenstein. Während Letztere niemals bewohnt und daher niemals zerstört wurde, wurde Burg Stolzenfels im Dreißigjährigen Krieg besetzt und 1689 von den Franzosen zerstört. So entstand um 1840 auf der Ruine das heutige Schloss Stolzenfels unter der Mitwirkung Karl Friedrich Schinkels.

Oberhalb von Bacharach wacht Burg Stahleck. Ihre genaue Entstehungszeit ist nicht bekannt, doch ist nachgewiesen, dass sie schon im Jahr 1095 bewohnt war. Heute residieren Kinder und Jugendliche in der zu Beginn des 20. Jahrhunderts als Jugendherberge restaurierten Burg.

SPEYER

Der unter Kaiser Konrad II. Anfang des 11. Jahrhunderts als Grablege der Salier errichtete Dom von Speyer, war zur Zeit seiner Erbauung das größte Gotteshaus des christlichen Abendlandes. Als Begräbnisstätte vieler salischer, staufischer und habsburgischer Herrscher kommt der romanischen Basilika eine hohe symbolische Bedeutung zu. Der heute sechstürmige Dom wurde 1061 im Todesjahr von Konrads Enkel Heinrich IV. geweiht. Dieser hatte das Gotteshaus erweitern lassen, um gegenüber dem Papst seinen politischen Machtanspruch zu demonstrieren. Während des Pfälzischen Erbfolgekrieges kam es 1689 zu schweren Zerstörungen. Im Jahr 1772 begann man mit dem Wiederaufbau der Kathedrale. Doch erst die Renovierungen nach dem Zweiten Weltkrieg gaben dem Dom seine strenge Würde zurück.

Der Kaiserdom von Speyer (UNESCO-Weltkulturerbe) beeindruckt durch seine strengen romanischen Formen. Die bereits im Jahr 1039 fertiggestellte Krypta (großes Bild) präsentiert sich als Säulenhalle mit imposantenKreuzgratgewölben aus gelb-roten Sandsteinquadern. Sie gilt als außergewöhnlich schön.

MAINZ

DOM

Der Mainzer Dom gehört zu den deutschen Kaiserdomen und wurde kurz nach 975 durch den Erzbischof und Kanzler Willigis (gest. 1011) begonnen. Die groß angelegte doppelchörige Basilika sollte die Bedeutung des Erzbistums Mainz repräsentieren und als »Staatsdom« im Heiligen Römischen Reich fungieren. Sie war das erste Gebäude dieser Größenordnung nördlich der Alpen. Im Jahr 1009 brannte die Kirche ab und konnte nach ihrem Wiederaufbau 1036 in veränderter Form eingeweiht werden. In den folgenden Jahren wurde der Dom mehrfach beschädigt und wieder aufgebaut, bis 1239 die Einweihung des Westwerks erfolgte. Durch die lange Bauzeit sind unterschiedliche Phasen ottonischer und staufischer Romanik ablesbar. Weitere Überformungen in der Zeit der Gotik und im Barock folgten. Prägend für das Erscheinungsbild ist der 1679 entstandene steinerne Turmhelm.

Im Zentrum von Mainz ragt der sechstürmige, rötlich schimmernde Dom St. Martin und Stephan empor – ein Höhepunkt romanischer Baukunst. Hier ein Blick auf das Ostwerk mit seinen zwei Treppentürmen. Fraglich ist, ob der ursprüngliche Bau überhaupt einen Ostchor besaß.

WORMS

DOM

Der Dom St. Peter in Worms liegt auf einer Anhöhe in der Stadt und ist der kleinste Kaiserdom am Rhein. Im Bereich eines römischen Forums entstand im 7. Jahrhundert eine schlichte dreischiffige Basilika. Unter Bischof Buchard (gest. 1025) erfolgte der Abriss und die Errichtung einer größeren dreischiffigen Kirche mit zwei halbrunden Chören, die 1018 in Anwesenheit des Kaisers eingeweiht wurde. Aufgrund von Bauschäden musste dieser Bau ab 1130 teilweise abgetragen werden. Es folgte der Wiederaufbau der dreischiffigen Basilika mit Querschiff, die 1181 vollendet war. Durch die kurze Bauzeit ist die Kirche in ihrer Wirkung sehr einheitlich und trägt früh- und spätromanische Züge. Sie wurde im 17. Jahrhundert durch Kriege stark zerstört, um 1700 wieder aufgebaut und erhielt eine barocke Innenausstattung. Ab 1889 erfolgte die Renovierung, die erst 1935 abgeschlossen wurde.

Der Dom St. Peter zu Worms gilt als Schlüsselbau für die Entwicklung der Kirchenbaukunst am Oberrhein. Mittelpunkt und prachtvolles Glanzstück der Vierungskuppel ist der von Balthasar Neumann 1749 gestaltete Hochaltar aus vergoldetem Holz und verschiedenfarbigem Marmor.

BIRNAU

Die Wallfahrtskirche Birnau steht etwas erhöht auf einem Hügel am Nordufer des Bodensees. Das Ensemble aus Architektur und Skulptur, aus barocken Formen und Farben wurde in den Jahren 1746 bis 1750 unter der Leitung des Vorarlberger Baumeisters Peter Thumb erbaut und reich ausgestattet. Der Vorgängerbau, eine Wallfahrtskirche mit dem Gnadenbild einer wundertätigen Madonna, war vermutlich bereits um 1222 ein frequentiertes Pilgerziel. Das saalartige Innere der heutigen Kirche gilt als einer der bedeutendsten Barockräume Deutschlands und beeindruckt durch Gewölbemalereien von Gottfried Bernhard Göz sowie Stuckdekorationen und Altäre von Joseph Anton Feichtmayr. Die Kirche wurde nach der Säkularisation aufgegeben und diente zeitweise als Ziegenstall, bis sie im Jahr 1919 von Zisterziensern vom Kloster Mehrerau in Bregenz wieder übernommen wurde.

Barock zwischen Weinreben – die malerisch in einem Weinberg über dem See gelegene Wallfahrtskirche Birnau (oben) mit ihrem prachtvollen Innenraum (rechts ein Blick durch den Hauptraum auf Chor und Hochaltar). Ganz rechts am Seitenaltar ist der berühmte »Honigschlecker« Feichtmayrs, ein Juwel des Rokoko, zu finden.

INSEL REICHENAU

Mit ihren drei gut erhaltenen Klosteranlagen ist die Insel Reichenau im Bodensee ein einzigartiges Zentrum monastischer Kultur des frühen Mittelalters. Das Mittelzeller Marienmünster wurde um das 816 unter Abt Heito geweiht und bis ins 11. Jahrhundert umgebaut. Die Pfeilerbasilika mit doppelten Querhäusern besitzt einen imposanten Westbau aus dem 11. Jahrhundert. Die spätkarolingische Abteikirche St. Georg in Oberzell ist eine schlichte Säulenbasilika mit kostbaren ottonischen Wandmalereien. Der Freskenyklus basiert auf antiken und karolingischen Vorlagen und ist ein einzigartiges Dokument frühmittelalterlicher Kunst in Europa. Die 1080 bis 1134 errichtete Abteikirche St. Peter und Paul in Niederzell ist eine dreischiffige Säulenbasilika, deren Apsis mit Fresken aus dem 12. Jahrhundert bemalt ist. Die Klosterkirchen von Reichenau gehören zum Welterbe der UNESCO.

Farbige Fresken schmücken das Langhaus von St. Georg in Oberzell (großes Bild). Sie illustrieren die Wundertaten Christi und werden auf das Jahr 1000 datiert. Rechts: Auch die Chorapsis von St. Peter und Paul in Niederzell ist reich mit Fresken bemalt. Unten: Das Marienmünster in Mittelzell mit seinem hohen gotischen Chor.

WALLFAHRTSKIRCHE

MARIENMÜNSTER, ST. GEORG, ST. PETER UND PAUL

Initiiert wurde der Bau, der 1981 in die Liste des UNESCO-Weltkulturerbes eingetragen wurde, 1720 vom Fürstbischof Johann Philipp Franz von Schönborn. Für Konzeption und Ausführung zeichnete Balthasar Neumann (1687–1753) verantwortlich, an der Ausgestaltung waren eine Reihe weiterer bedeutender Baumeister und Künstler wie Johannes Zick beteiligt. Das Herzstück ist der Kaisersaal. Dessen Fresken und das monumentale Deckengemälde im Treppenhaus wurden von Giovanni Battista Tiepolo angefertigt. Das insgesamt 18 mal 30 Meter messende Gemälde gehört zu den größten einteiligen Fresken, die je gemalt wurden. Eine besondere Kostbarkeit ist der restaurierte Spiegelsaal. Im Keller lagerten die Fürstbischöfe bis zu 1,4 Millionen Liter Wein. Den schönen Hofgarten der Würzburger Residenz legte im ausgehenden 18. Jahrhundert der Hofgärtner Johann Prokop Mayer an.

Ein rundes Wasserbassin mit einem Monolithen aus Tuffstein beherrscht den Südgarten, der ein Teil des Hofgartens ist (links). Zu den glanzvollsten Aufgängen des Barock zählt das von Balthasar Neumann in den Jahren 1737 bis 1743 geschaffene Treppenhaus der Residenz (großes Bild). Putten und Stuckmarmor schmücken den Innenraum der Hofkirche mit ihrer geschwungenen Empore und den fünf Ovalkuppeln (unten).

BAD STAFFELSTEIN

WALLFAHRTSKIRCHE VIERZEHNHEILIGEN

Die Wallfahrtskirche Mariä Himmelfahrt ist den vierzehn Nothelfern geweiht und liegt auf einer Anhöhe gegenüber dem Kloster Banz. Unter Abt Mösinger (1697–1751) begannen die Planungen für einen Neubau, bei dem verschiedene Architekten in Konkurrenz zueinander standen. Balthasar Neumann erhielt schließlich den Auftrag für die Realisierung einer Säulenbasilika mit Doppelturmfassade. Unter der Bauleitung eines Konkurrenten wurde die Kirche nach Osten versetzt, so dass die Gnadenstätte nicht wie geplant in der Vierung sondern im Langhaus umfasst werden musste. Neumann, über diese Veränderung entsetzt, entwickelte einen Plan für einen vollständig kurvierten Kirchenraum. So entstand aus einer Notlösung heraus eine baukünstlerische und bautechnische Meisterleistung, die den Höhe- und Endpunkt der fränkisch-böhmischen Barockarchitektur darstellt.

Der Standort von Vierzehnheiligen geht auf ein Wunder zurück: Um 1445 war das Christuskind in Begleitung der 14 Nothelfer hier wiederholt einem Schäfer erschienen. Unmittelbar über dem Ort der Erscheinung befindet sich heute der Rokoko-Gnadenaltar der Brüder Feichtmayr.

BAMBERG

DOM

Der Bamberger Dom Peter und Paul gehört zu den deutschen Kaiserdomen und ist herausragender Bestandteil des UNESCO-Weltkulturerbes Bamberger Altstadt. Ab 1004 entstand der erste Dom, eine dreischiffige doppelchörige Pfeilerbasilika. Nach einem Brand erfolgte im 13. Jahrhundert die Errichtung eines großartigen Neubaus, in dem sich die Wende von der Spätromanik hin zur Gotik in mehreren Bauabschnitten nachvollziehen lässt. Der bildnerische Schmuck des Domes gehört zu den bedeutsamsten Schöpfungen der deutschen Plastik im 13. Jahrhundert. Auch hier sind spätromanische, byzantinische und französische Einflüsse nachzuweisen. Noch immer ungesichert ist die Deutung des berühmten »Bamberger Reiters«. Die Kirche wurde ab 1611 barockisiert und ab 1829 auf Wunsch König Ludwigs I. im Sinne einer romantisierenden Mittelaltervorstellung purifiziert.

Zu den herausragenden Werken der deutschen Plastik des 13. Jahrhunderts gehören die ab 1220 entstandenen Bildwerke des Bamberger Doms. Der »Bamberger Reiter« am Nordpfeiler des Georgenchors ist vermutlich das früheste erhaltene Reiterstandbild seit der Antike.

NÜRNBERG — ST. SEBALD

St. Sebald ist die älteste und bedeutendste Pfarrkirche Nürnbergs und liegt in der Nähe des Rathauses unterhalb der Kaiserburg. Als Peterskirche 1050 gegründet, entstand ab 1230 bis 1274 eine dreischiffige Pfeilerbasilika mit Kreuzrippengewölbe, zwei Chören und Krypten sowie einer Doppelturmanlage. Der anspruchsvolle Bau orientierte sich am Bamberger Dom und zeigte Einflüsse der Ebracher Zisterzienserbauhütte. Im 14. Jahrhundert erfolgte der Umbau zur Hallenkirche. Ab 1361 entstand ein Hallenumgangschor, der in stilistischer Nähe zu Schwäbisch Gmünd steht. In der Zeit der Reformation erfuhr St. Sebald eine außergewöhnlich wertvolle Innenausstattung, die auf den Einfluss der Nürnberger Bürgerschaft zurückgeht und die Bedeutung als Ratskirche widerspiegelt. Im Zweiten Weltkrieg wurde die Kirche weitgehend zerstört und konnte 1957 wieder eingeweiht werden.

Der Innenraum von St. Sebald beeindruckt durch eine Fülle mittelalterlicher Kunstwerke, die Wände und Pfeiler zieren. Altäre, Grabmäler und Figuren machen die Kirche zum Ausstellungsraum. Darunter befinden sich sogar einige Stücke des großen Holzschnitzers Veit Stoß.

ULM — MÜNSTER

Das Ulmer Münster ist die größte protestantische Pfarrkirche und hat mit 161 Metern den höchsten Kirchturm der Welt. Eine vor den Stadtmauern gelegene Kirche wurde 1377 zugunsten eines Neubaus innerhalb der Stadtmauern abgebrochen. Es entstand eine ungewöhnlich große, fünfschiffige Basilika, in der 29 000 Menschen Platz fanden. In den folgenden 200 Jahren wurde diese Kirche unter der Leitung verschiedener Baumeister im Stil der Prager und Straßburger Hochgotik erweitert. Im Zuge der Reformation traten die Ulmer Bürger zum evangelischen Glauben über. 1543 führten innenpolitische Konflikte und Geldmangel zum Baustopp. Erst 1844 wurde die Münsterbauhütte neu gegründet und die Vollendung der Kirche bis zum Jahr 1890 vorangetrieben. Sie ist Ausdruck eines reichstädtischen Selbstbewusstseins und kann als »Bürgerkathedrale« bezeichnet werden.

Sechs der Buntglasfenster des Chors stammen noch aus dem Mittelalter. Das Älteste wurde 1390 von der Zunft der Weber gestiftet und zeigt Szenen aus dem Leben Jesu und Marias. In der Mitte befindet sich der »Hutzaltar« von 1521, der nach Laux Hutz, seinem Stifter, benannt ist.

MÜNCHEN

Die Residenz ist das historische Machtzentrum Münchens. Hier regierten Bayerns Herzöge, Kurfürsten und Könige. Das Stadtschloss wurde im 16. Jahrhundert anstelle der Neuveste (seit 1385) gebaut, die den Alten Hof als herzöglichen Sitz abgelöst hatte. Von 1568 bis 1619 entstand ein Renaissance-Gebäudekomplex, der später in den Stilen des Barock, Rokoko und Klassizismus erweitert wurde. Nach den Zerstörungen im Zweiten Weltkrieg besteht die Residenz heute aus zehn Höfen und 130 Räumen. Die Allerheiligen-Hofkirche sowie das einstige Residenztheater (heute Cuvilliés-Theater), ein herrlicher Rokoko-Bau, gehören dazu. Heute beheimatet die Residenz diverse Museen – die Porzellan-, Silber- und Schatzkammer im Königsbau, das Miniaturenkabinett, die Staatliche Münzsammlung sowie die Sammlung Ägyptischer Kunst – und bietet Repräsentationsräume für Empfänge und festliche Anlässe.

Das Antiquarium (1568–1571) ist der älteste erhaltene Raum der Münchner Residenz und der größte Renaissancesaal nördlich der Alpen. Der Name leitet sich von den Skulpturen ab, die den Saal schmücken (großes Bild). Das Cuvilliés-Theater (links) gilt als das schönste Logentheater des Rokoko. Neben den »Reichen Zimmern« und der »Amalienburg« gehört es zu den großen Bauwerken von François de Cuvilliés d. Ä.

1733 errichtete Egid Quirin Asam, innovativer Stuckateur und Bildhauer, eine Kirche, die er dem heiligen Nepomuk weihte. Zusammen mit seinem Bruder Cosmas Damian Asam, der als bester Maler Süddeutschlands galt, gestaltete er sie als »theatrum sacrum« – als heiliges Theater, in dem sich Architektur, Malerei, Skulptur und Licht zu einem Gesamtkunstwerk vereinen. Das Kirchenschiff verjüngt sich Richtung Chor. Abgerundete Ecken, Seitennischen sowie gedrehte Säulen heben die architektonische Strenge des Raumes auf. Das Erdgeschoss ist dunkel gehalten. Die hellere Galerie des Emporengeschosses zieht den Blick nach oben. Dort lag einst der Zugang zu Egid Quirins Wohnhaus. Über dem Gebälk setzt das indirekt beleuchtete Tonnengewölbe an, dessen Deckenmalereien eindrucksvolle Szenen aus dem Leben des heiligen Johann Nepomuk zeigen.

Als prachtvolles spätbarockes Gesamtkunstwerk aus Formen, Farben und detailreichem Figurenschmuck (Bilder links) zeugt die Asamkirche von der fast heiteren Religiosität ihrer Erbauer. Vier Säulen in Anlehnung an die Säulen über dem Petrusgrab im römischen Petersdom fassen den Hochaltar mit dem Kruzifix ein (großes Bild). Über dem Portal der Fassade erhebt sich die Statue des heiligen Nepomuk (unten rechts).

Als Kurfürstin Henriette Adelaide ihrem Gemahl Kurfürst Ferdinand Maria von Bayern anno 1662 den lang ersehnten Thronfolger Max Emanuel gebar, schenkte der Herrscher seiner Frau ein Schloss. Die Fertigstellung im Jahre 1757 hat sie freilich nicht mehr miterleben dürfen. Die barocke Front von Schloss Nymphenburg misst 700 Meter, und sie bietet einen wahrhaft majestätischen Anblick. Dahinter erstreckt sich ein wundervoller, drei Quadratkilometer großer Schlosspark mit Gewächshäusern, der Baden-, Pagoden- und Amalienburg von François de Cuvilliés. Die Sommerresidenz des Hofes der Wittelsbacher beherbergt neben zahlreichen Prachtsälen die galante Schönheitengalerie, eine weltberühmte Ausstellung von Nymphenburger Porzellan sowie das Marstallmuseum, die bedeutendste Sammlung königlicher und kurfürstlicher Kutschen, Wagen, Schlitten und Geschirren der Welt.

Links: Spiegelsaal der Amalienburg. Sie wurde von François Cuvilliés d. Ä. von 1734 bis 1739 als Jagdschlösschen für die Fasanenjagd entworfen. Ihr Spiegelsaal sollte die umgebende Natur in den Raum hineinholen. Unten: Die Gartenfassade des Schlosses. Sie leugnet ihr französisches Vorbild – Versailles bei Paris – nicht: Wie das Schloss von Ludwig XIV. ist Nymphenburg von ausgedehnten Gartenanlagen mit Wasserspielen umgeben.

Die weltberühmte Zeltdachkonstruktion ist die wohl schönste deutsche Nachkriegsarchitektur. Für die Olympischen Spiele 1972 in München vollbrachte das Architekturbüro Behnisch und Partner ein zeitgenössisches Gesamtkunstwerk unter dem Olympiaturm (290 m) mit Stadion, Mehrzweck-, Eissport- und Schwimmhalle sowie einem Hügelpark mit künstlicher Seenlandschaft und Theatron. Dieses einzigartige Ensemble liegt an einem begrünten Schuttberg, der aus den Trümmern des Zweiten Weltkrieges aufgetürmt wurde. Nachdem der FC Bayern wie auch 1860 München aus dem Olympiastadion ausgezogen sind, dient das Gelände weitgehend der Unterhaltung: Pop- und Klassikkonzerte, Feste und Festivals jeglicher Art sowie das Sea Life Center, eine Unterwasser-Show mit heimischen und mediterranen Fischen, haben das Olympiagelände zur größten Bühne Münchens gemacht.

Vom Olympiaturm mit seinem guten Drehrestaurant hat man nicht nur einen tollen Blick über das gesamte Gelände, sondern auch über die Stadt bis hin zu den Alpen (unten links und ganz links). In der Olympiahalle finden nach wie vor hochkarätige Sportveranstaltungen wie die Tour de Ski statt. Sehr beliebt ist übrigens eine Wanderung über das Dach des Olympiastadions (oben und unten rechts).

STEINGADEN

1730 stellten die Mönche des Prämonstratenserklosters Steingaden für die Karfreitagsprozession ein Christusbildnis her, das später auf einem Bauernhof beim zum Kloster gehörenden Weiler Wies unter den Bittgebeten der Bauernfamilie plötzlich Tränen vergoss. Bald zogen Pilgerströme nach Wies und so erteilte der Abt des Klosters den Auftrag zum Bau der vielleicht schönsten Rokokokirche Deutschlands. Man übertrug das Projekt dem Architekten Dominikus Zimmermann und seinem Bruder Johann Baptist, der den Innenraum ausmalte. Der Laienraum und der sich anschließende Chor wirken vor allem durch die gelungene Verbindung von Architektur und Dekoration, die eine gewaltige Licht- und Raumwirkung entfaltet. Von außergewöhnlicher Schönheit sind die Deckenfresken, die mit den Stuckarbeiten den zweigeschossigen Hochaltar mit dem Gnadenbild rahmen.

Von Weitem sichtbar liegt die Wieskirche (Weltkulturerbe der UNESCO) auf einer Anhöhe im Pfaffenwinkel unweit von Füssen im Allgäu (ganz links). An der Kuppeldecke ein Trompe l'oeil-Gemälde von Johann Baptist Zimmermann (links). Die Stuckaturen im Chorraum stammen von seinem Bruder Dominikus Zimmermann (großes Bild), der dabei fast ausschließlich die Rocaille, ein muschelförmiges Ornament, verwendete.

Oberhalb von Hohenschwangau, in dem König Ludwig II. zeitweilig seine Jugend verbracht hat, wacht das Schloss Neuschwanstein über Füssen: »Ich habe die Absicht, die alte Burgruine Hohenschwangau bei der Pöllatschlucht neu aufbauen zu lassen im echten Stil der alten deutschen Ritterburgen, und muss Ihnen gestehen, dass ich mich sehr darauf freue, dort einst (in 3 Jahren) zu hausen«, schrieb König Ludwig II. im Mai 1868 an den von ihm verehrten Richard Wagner. Doch der Bau dieser »Neuen Burg« zog sich hin (Grundsteinlegung war am 5. September 1869), und so erlebte der König die Fertigstellung nicht mehr. Schon sieben Wochen nach seinem Tod wurde Neuschwanstein 1886 dem Publikum geöffnet, und heute drängen sich im Durchschnitt täglich mehr als 6000 Besucher durch die Räume, die der König ganz für sich allein gedacht hatte – im Jahr rund 1,3 Millionen Menschen.

In 1240 Meter Höhe liegt im Münstertal das Kloster St. Johann Baptist, das von Karl dem Großen um 785 als Männerkonvent gegründet wurde und als eines der schönsten Beispiele karolingischer Baukunst gilt. Um zwei Innenhöfe herum gruppieren sich die meist aus dem Mittelalter stammenden Klostergebäude. Kernstück ist die 1200 Jahre alte Stiftskirche St. Johann, die Ende des 15. Jahrhunderts in eine spätgotische Hallenkirche umgebaut wurde. In ihrem Innern verbirgt sich der Schatz, der sie in den Rang des Weltkulturerbes der UNESCO erhebt: 90 originale Fresken ziehen sich in fünf Friesen um den Innenraum herum und zeigen Szenen aus dem Leben König Davids und Jesu Christi; an der Westwand wird das Jüngste Gericht dargestellt. Drei Apsiden und die Ostwand wurden um 1180 von einem unbekannte Meister übermalt, der das Programm der karolingischen Fresken übernahm.

Zwischen Haupt- und Südapsis der Klosterkirche bewacht eine Statue (12. Jahrhundert) des Konventsstifters Karl der Große die einzigartigen Bilderzyklen aus der Zeit um 800 (großes Bild). Das Fresko in der Hauptapsis stellt das Gastmahl des Herodes und die tanzende Salome mit dem Haupt Johannes des Täufers dar (ganz unten). Von außen erwecken die Bauten des Klosters einen wehrhaften Eindruck (unten).

Der Stephansdom, Wiens wichtigstes, gut 750 Jahre altes Gotteshaus, wird von den Einheimischen liebevoll »Steffl« genannt und gilt als ein Wunderwerk der Steinmetzkunst. Die Westfassade des aus rund 20 000 Kubikmetern Sandstein errichteten Bauwerks stammt noch vom romanischen Vorgängerbau, der Rest ist hochgotisch. Herausragend im buchstäblichen Sinn ist der Südturm – mit 136,7 Metern der dritthöchste Kirchturm Europas. Von seiner über 343 Stufen erreichbaren Türmerstube genießt man ein Stadtpanorama, dessen Pracht schon Adalbert Stifter zu Elogen inspirierte. Die weihevoll-düsteren Innenräume des Stephansdoms beherbergen eine Vielzahl kostbarer Kunstschätze. An erster Stelle zu nennen: das marmorne Hochgrab Kaiser Friedrichs III., der Wiener Neustädter Altar, die sogenannte Dienstbotenmadonna sowie die Domkanzel und der Orgelfuß.

Das Wahrzeichen Wiens ist der weit über die Häuser der Altstadt (UNESCO-Weltkulturerbe) hinausragende Stephansdom, dessen Dach mit rund 230 000, in farbigen Zickzackmustern angeordneten Ziegeln bedeckt ist (Bilder links). Großes Bild: Ein Blick durch das reich ausgestattete Mittelschiff auf den barocken Hochaltar von Tobias und Johann Jakob Pock, der die Steinigung des heiligen Stephan zeigt.

Die im Auftrag Karls VI. nach einer Pestepidemie errichtete Karlskirche ist die bedeutendste Barockkirche in Wien. Sie entstand ab 1716 nach den Plänen des Barockarchitekten Fischer von Erlach und wurde durch seinen Sohn 1739 vollendet. Fischer von Erlach zitierte in seinem Buch zur »Historischen Architektur« verschiedene Architekturelemente, die sowohl die kirchliche als auch die kaiserliche Macht symbolisieren sollten. Die auf Fernwirkung zur Hofburg hin orientierte Westfassade vereint einen griechischen Tempelportikus, flankiert von zwei Triumphsäulen nach dem Vorbild der Trajanssäule in Rom und zwei Turmpavillons im römischen Barockstil. Ein besonderer Akzent wird durch die hohe Mittelkuppel gesetzt, die sich über einem ellipsoiden Grundriss erhebt. Bedeutsam ist das Kuppelfresko von Michael Rottmayr, das die Fürbitte des Pestheiligen Karl Borromäus zeigt.

Die barocke Karlskirche war einst kaiserliche Patronatskirche. Der Eingang wird von Engeln flankiert. Der eine zeigt die Erhöhung der ehernen Schlange als Symbol des Alten Testaments, der andere das Kreuz Christi stellvertretend für das Neue Testament (großes Bild). Im Innern, über dem Hochaltar, schwebt der heilige Borromäus der Apotheose entgegen (unten rechts). Auschnitte aus den Kuppelfresken (Bilder links).

Wien war bis zum Jahr 1918 Reichshaupt- und Residenzstadt des österreichischen Kaiserstaates. Dessen politisches Herz schlug mit kurzen Unterbrechungen über 600 Jahre lang in der Hofburg. Trakt für Trakt haben die Herrscher im Laufe der Zeit hinzugefügt und auf diese Weise aus dem gotischen »castro Wienennsi« jenen heutigen, rund 240 000 Quadratmeter großen Gebäudekomplex geschaffen, den die Wiener gerne verkürzend als »die Burg« bezeichnen. Aus der Frühzeit stammen der Schweizerhof und die Burgkapelle. Zweitältester Bauteil ist die Stallburg, ein kostbarer Renaissancebau. Nach der Amalienburg im Westen entstanden zunächst der Leopoldinische und der Reichskanzleitrakt, später kamen Zeremoniensaal und Heldenplatz hinzu sowie schließlich, unter Kaiser Franz Joseph, als letzte Erweiterung der Michaelertrakt und die Neue Burg.

In einem Graben vor dem Eingang zur Hofburg auf dem Michaelerplatz (ganz links) kann man Siedlungsreste aus römischer Zeit besichtigen. Den Prunksaal der Hofbibliothek und heutigen Nationalbibliothek schmückt eine Statue ihres Gründers, Kaiser Karl VI. (links). Die im abendlichen Glanz erstrahlende Neue Burg (großes Bild) zeugt von der Pracht, mit der die Kaiser der Habsburgermonarchie ihre Stadt umgaben.

Die Ikone des imperialen, barocken Wien schlechthin ist das draußen im westlichen Villenbezirk Hietzing gelegene Schloss Schönbrunn. Als Schöpfung des frühen 18. Jahrhunderts spiegelt es die Lust am architektonischen Überschwang, die nach dem Triumph über die Türken die aristokratischen Bauherren beflügelte. In seiner heutigen Form ist der sonnengelb getünchte Schlosskomplex das Ergebnis eines massiven, 1744 bis 1749 von Nikolaus Pacassi und Fischer von Erlach d. J. geleiteten Umbaus. Bis 1918 war Schönbrunn Sommerresidenz der Habsburger. Heute besichtigen in der Hochsaison bis zu 11 000 Schaulustige täglich die prunkvollen Kaiserappartements, die historischen Kutschen in der Wagenburg, das Palmenhaus, den Tiergarten und durchwandern den weitläufigen, mit einer Vielzahl von Rondellen, Hecken, Teichen, Springbrunnen und Statuen kunstvoll gestalteten Park.

Von den Arkadengängen der »Gloriette« (großes Bild) im Schlosspark aus lässt sich die immense Größe des abends stimmungsvoll illuminierten »österreichischen Versailles« (links) gut überblicken. Der Park beherbergt neben unzähligen Brunnen und Skulpturen einen der ältesten noch bestehenden Tiergärten sowie ein Palmenhaus. Schloss und Park Schönbrunn wurden 1996 zum Weltkulturerbe der UNESCO erklärt.

Schloss Hellbrunn, rund fünf Kilometer südlich des historischen Zentrums von Salzburg (UNESCO-Weltkulturerbe) gelegen, wurde um 1613 von dem Salzburger Erzbischof Markus Sittikus von Hohenems in Auftrag gegeben. Nach Plänen des berühmten Baumeisters des Frühbarock Santino Solari entstand das im Stil einer römischen »villa suburbana« errichtete Schloss, das vor allem durch seinen prachtvoll angelegten Park hervorsticht. Die Gartenanlage gleicht einem Gesamtkunstwerk, bestehend aus dem geometrisch angelegten Lustgarten im Norden und dem sakralen Wildnisgarten im äußersten Süden der Anlage, der das enge Verhältnis des heiligen Franziskus zur Natur darstellt. Die im ganzen Park verteilten Wasserspiele gelten mit ihren zahlreichen Springbrunnen, skulpturengeschmückten Grotten und Wasserscherzen als die am besten erhaltenen ihrer Zeit.

Zu den Hauptattraktionen des Lustschlosses gehören der weitläufige Park mit Wasserspielen, Grotten und Brunnen (ganz links) sowie dem im römischen Stil errichteten Theater samt Fürstentisch (links). In dem »Oktagon« genannten Musikzimmer – von Donato Mascagni prachtvoll ausfreskiert – soll eine der Wandmalereien den Erzbischof Markus Sittikus IV. von Hohenems als Nelkenkavalier darstellen (großes Bild).

MELK

Als Höhepunkt barocker Architektur und als ein Inbegriff klösterlicher Prachtentfaltung nach den Notzeiten der Reformation, der Bauern-, Böhmen- und Türkenkriege gilt das Benediktinerstift Melk, das am Westeingang zur Wachau so unvergleichlich majestätisch über die Donau wacht. Seine herausragende Stellung verdankt das Stift freilich nicht nur dem imposanten Äußeren (die Südfassade misst 362 Meter), sondern ebenso sehr seiner über 900-jährigen Geschichte. Zur Zeit seiner Gründung im Jahr 1089 wurde es zum Ausgangspunkt für die Erschließung der donauabwärts gelegenen Länder, im Spätmittelalter verfassten führende Denker hier wegweisende theologische und wissenschaftliche Werke. Heutige Besucher bestaunen vor allem die prachtvoll ausgestatteten Stiftsgebäude wie den Marmorsaal und das Kaiserzimmer oder die Bibliothek und die Stiftskirche.

Auf einem Felsen über der Donau erhebt sich Kloster Melk, das als Wahrzeichen der Wachau Teil des Weltkulturerbes der UNESCO ist. Im Zentrum des vergoldeten Hochaltars der Stiftskirche (unten rechts) steht der Abschied der Apostel Petrus und Paulus vor dem Martyrium. Bilder links: Die reich mit Stuck verzierte »Kaiserstiege« sowie die in dunklem Holz gehaltene Bibliothek mit Deckenfresken von Paul Troger.

»Welches Wunder er ist! So großartig, so ernst, so riesengroß! Und noch so fein, so luftig, so anmutig! Eine Welt des festen Gewichts, und doch scheint das ... eine Wahnvorstellung einer Eisskulptur ...«: Worüber Mark Twain hier 1867 staunte, erklärt, warum der Dom eines der bekanntesten Bauwerke Italiens ist. Die fünfschiffige Kathedrale mit einem dreischiffigen Querhaus und einem polygonalen Chor, mächtigen Strebepfeilern und Kreuzrippengewölben über Spitzbögen übernimmt und variiert die gotische Formensprache nördlich der Alpen. Durch die lange Bauzeit ab 1386 bis zu seiner endgültigen Fertigstellung 1858 sind allerdings vielfältige Formen in den Bau eingeflossen. So mischt die Fassade neogotische und neobarocke Details. Dennoch wirkt der helle Marmorbau, der außen durch Strebepfeiler mit unzähligen Fialen und Statuen gegliedert ist, harmonisch und einheitlich.

Das Wahrzeichen Mailands ist der Dom, dessen filigrane Fassade durch ihren reichen Skulpturenschmuck beeindruckt. Das Dach krönt »La Madonnina«, eine vergoldete Madonnenstatue. Zahlreiche Kunstschätze birgt auch das Innere. Links: Blick ins Hauptschiff, in dem eine Ausstellung zu Karl Borromeus gezeigt wird, der die Kirche 1572 weihte. Unten rechts: Barockaltar in der Kapelle San Giovanni Bono (1763).

Der ursprünglich romanische Dom wurde 1745 bis 1755 von dem Bozener Architekten Josef Delai radikal umgestaltet. Für den Umbau im Stil des Spätbarock des 18. Jahrhunderts wurden Tiroler Barockmeister hinzugezogen: neben Altarbauern und -malern, Bildhauern und Stuckateuren auch der virtuose Freskant Paul Troger, dessen Deckengemälde (1748–50) allerdings 1895 stark verändert wurden. Nach wie vor zählt aber seine Ausmalung des Doms zu den Spitzenleistungen barocker Kunst. Insgesamt verleihen die Malereien, Stuckaturen und die Innenausstattung dem einschiffigen, tonnengewölbten Raum eine für den Barock typische Bewegtheit, Sinnlichkeit und Farbigkeit. An den Dom grenzt ein mittelalterlicher Kreuzgang, der durch seine fast vollständige Bemalung an Wänden und Gewölben herausragt. Dieser Freskenschmuck entstand zwischen 1330 und 1510.

Von keinem Geringerem als dem berühmten Tiroler Barockmaler Paul Troger stammen die Deckenfresken des Brixener Doms (großes Bild). Umittelbar im Norden grenzt der Kreuzgang mit seinen Doppelsäulen und dem gotischen Kreuzgratgewölbe aus dem 14. Jahrhundert (unten) an, dessen einzigartige Wandmalereien aus dem 14. und 15. Jahrhundert biblische Szenen aus dem Alten und Neuen Testament zeigen.

Die Basilika entstand im 12. und 13. Jahrhundert über einem Vorgängerbau und ist eine der bedeutendsten romanischen Kirchen Oberitaliens. Die Reliquien des Namen gebenden Bischofs Zeno von Verona werden in einer Krypta aus dem 10. Jahrhundert verwahrt, über der sich bühnenartig der Hochchor erhebt. Dort befindet sich der San Zeno-Altar, ein Meisterwerk des Renaissancemalers Andrea Mantegna. Eine spätgotische farbige Holzdecke aus dem 14. Jahrhundert überwölbt das Mittelschiff. Wie die Langhauswände wechselt auch der freistehende Glockenturm (Campanile), der im 12. Jahrhundert beendet wurde, zwischen hellem Tuffstein und roten Ziegeln in Streifenlagen ab. An der Fassade findet sich eines der frühesten romanischen Beispiele für das Motiv der Fensterrose überhaupt. Als Teil der Altstadt von Verona gehört auch San Zeno zum Weltkulturerbe der UNESCO.

Zu den bedeutendsten Kirchenfassaden der Romanik gehört die Fassade von San Zeno aus dem 12. Jahrhundert, mit Marmorreliefs am Eingang, der Fensterrose und dem freistehenden Campanile (unten). Die zwischen 1100 und 1200 entstandenen Bronzetüren zeigen biblische Szenen und gehören zu den schönsten ihrer Zeit (ganz unten). Großes Bild: Blick in den Chorraum, der um 1386 im Stil der Gotik umgestaltet wurde.

Im 11. Jahrhundert wurde über den Resten zweier Vorgängerbauten mit dem Bau des Markusdoms begonnen. Sein Grundriss beschreibt in Anlehnung an die Apostelkirche in Konstantinopel die Form eines griechischen Kreuzes. Vierung sowie Längs- und Querschiffe sind mit fünf Kuppeln überwölbt. Der orientalische Eindruck der Kirche entstand in einer zweiten Bauphase nach der Eroberung von Byzanz. Vom 14. bis 16. Jahrhundert erfolgte eine Gotisierung der Kirche. Die einer Vorhalle vorgelagerte Fassade ist durch fünf Bogenportale gegliedert, die von Mosaiken im byzantinischen Stil gekrönt sind und in die Beutestücke venezianischer Kriegszüge eingearbeitet wurden. Über den Portalen befindet sich eine Galerie mit vergoldeten Pferdeskulpturen, die die Venezianer 1204 in Konstantinopel erbeuteten. Die Lagunenstadt Venedig gehört seit 1987 zum Weltkulturerbe der UNESCO.

Der Markusdom mit seinen mosaikgeschmückten Portalen bildet den östlichen Abschluss des Markusplatzes. Ganz links: Blick vom Campanile auf die Domkuppeln. Die Ausstattung gilt als Höhepunkt abendländischer Mosaikkunst, über 4000 Quadratmeter Mosaikfläche zeigen biblische Szenen. Die Überführung der Gebeine des heiligen Markus zeigt das Mosaik aus dem 13. Jahrhundert an der Porta Sant'Alipio (links).

Der Palazzo Ducale diente gleichzeitig als Wohnsitz des Dogen, Rathaus, Gericht und Gefängnis. Sein heutiges dreiflügeliges Aussehen erhielt er seit dem 15. Jahrhundert. Links der Balustrade, direkt am Dom, liegt die Porta della Carta. Das »Papier-Tor« erhielt seinen Namen, weil es einfachen Bürgern zur Abgabe schriftlicher Bittgesuche diente. Den Innenhof des Palastes schmücken der an römische Triumphbögen erinnernde Arco Foscari und die Scala dei Giganti, eine von Kolossalstatuen beherrschte Prachttreppe. Im Palast befindet sich eines der größten Ölgemälde der Welt: Tintorettos »Paradies« im »Saal des Großen Rates«. Das die Serenissima verherrlichende Deckengemälde in diesem Raum stammt von Paolo Veronese. Weitere Bilder beider Künstler schmücken die Sala del Collegio. Sehenswert ist zudem die Scala d'Oro, eine Prunktreppe mit vergoldeter Stuckatur.

In der Fassade des Dogenpalastes (links) verschmelzen gotische Bauformen mit byzantinisch und arabisch geprägten Stilelementen: Zierliche Arkaden, geschweifte Spitzbögen und Rautenmuster verleihen dem Bau eine faszinierende Leichtigkeit. Großes Bild: An der Stirnseite der Sala del Maggior Consiglio (»Saal des Großen Rates«) kann der Besucher Tintorettos 7 mal 22 Meter großes Gemälde »Paradies« bewundern.

VENEDIG

Die im Volksmund »Zanipolo« genannte, dreischiffige gotische Säulenbasilika mit Vierungskuppel ist der größte Sakralbau Venedigs (Weltkulturerbe der UNESCO). Das 35 Meter hohe Kreuzrippengewölbe des Mittelschiffs zählt zu den höchsten in Europa. San Zanipolo war die bevorzugte Grablege der Dogen. Von den Grabmälern der 27 hier bestatteten Dogen sind besonders die gotischen Wandgräber Michele Morosinis und Tomaso Mocenigos sowie die Gräber für Nicolò Marcello, Pietro Mocenigo und Andrea Vendramin von Tullio Lombardo aus der Zeit der Renaissance zu erwähnen. Sehenswert sind weiter der barocke Hochaltar von Baldassare Longhena, ein von Giovanni Bellini geschaffenes Polyptychon, die Deckengestaltung der Cappella di San Domenico von Giovanni Battista Piazetta sowie die »Anbetung der Hirten« in der Cappella del Rosario – ein Hauptwerk Paolo Veroneses.

In der gewaltigen, im Stil der Bettelordenskirchen erbauten Dominikankirche befinden sich zahlreiche Grabmäler von Dogen und Adelsfamilien. Bilder oben: Das baldachinbekrönte Grab des Dogen Tomaso Mocenigo (links) und das Marmorgrab Pietro Mocenigos (rechts) aus dem Jahr 1481 – ein Glanzstück der Renaissance.

VENEDIG

Die kurz »Frari« genannte gotische Kirche wurde vom Bettelorden der Franziskaner ab 1340 als dreischiffige Pfeilerbasilika mit hohem Querhaus, sechs kleinen und einer großen Chorkapelle sowie einem angeschlossenen Klostertrakt an der Stelle eines Vorgängerbaus errichtet. Im hallenartigen Inneren mit seinem gotischem Kreuzrippengewölbe zieht ein fast sieben Meter hoher Marmorlettner die Blicke auf sich, den Bartolomeo Bon und Pietro Lombardo mit Heiligenskulpturen krönten und hinter dem sich ein prachtvolles Chorgestühl verbirgt. Von zahlreichen herausragenden Kunstwerken verdienen zwei Altarbilder Tizians und eine Johannesstatue Donatellos besondere Erwähnung. In der Frari-Kirche wurden zugleich bedeutende Persönlichkeiten bestattet. Unter eindrucksvollen Grabmälern ruhen Canova und Tizian sowie die Dogen Nicolo Tron und Francesco Foscari.

Vom Mittelschiff der Basilika blickt man durch den Bogen des Lettners zum Hochaltar, den Tizians »Assunta« (Mariä Himmelfahrt) schmückt (ganz rechts). Ein Meisterwerk der Frührenaissance befindet sich mit Giovanni Bellinis »Madonna mit Kind« in der Sakristei (unten). Links: das Grabmal für den Bildhauer Canova.

BASILICA DEI SANTI GIOVANNI E PAOLO

BASILICA SANTA MARIA GLORIOSA DEI FRARI

Den Namen Arenakapelle erhielt der einfache Backsteinbau, da ihr Gründer Enrico Scrovegni sie zwischen 1302 und 1305 auf dem Gebiet des antiken Amphitheaters von Padua errichten ließ. Er tat dies in Gedenken an seinen Vater Rinaldo, einen Bankier, der in Dantes Göttlicher Kommödie als Wucherer zu trauriger Berühmtheit gelangt war. Der einschiffige Innenraum mit Tonnengewölbe und polygonalem Chor hat Weltruf, denn er beherbergt Giottos Hauptwerk, einen Freskenzyklus, den er 1306 vollendete: Dargestellt ist an den Seitenwänden in drei Reihen übereinander das Leben Mariens, das ihrer Eltern Joachim und Anna sowie das Leben und die Passion Christi. Darunter sieht man die Allegorien von sieben Tugenden und sieben Lastern sowie an der Eingangswand das Jüngste Gericht. Über dem als Triumphbogen gestalteten Eingang zum Altarraum thront Gottvater.

Das berühmteste Kunstwerk Paduas ist die Arenakapelle (Cappella degli Scrovegni,) deren Ausmalung ein Meisterwerk Giottos ist. Der Freskenzyklus umfasst 38 Szenen aus dem Leben Jesu und Marias. Bilder links: »Begegnung Joachims und Annas an der Goldenen Pforte« sowie ein Ausschnitt aus dem »Jüngsten Gericht«, das auch den Stifter Enrico Scrovegni bei der Übergabe der Kapelle an die Barmherzigkeit zeigt.

RAVENNA

Der zweigeschossige Oktogonalbau mit Umgang und einem Kranz aus halbkreisförmigen Nischen gehört mit anderen spätantik-frühbyzantinischen Kirchenbauten Ravennas zum Weltkulturerbe der UNESCO. Er ist eines der frühesten Beispiele sakraler Kuppelzentralbauten des Abendlandes; auf diesen Bautypus berief sich später auch Karl der Große für seine Pfalzkapelle in Aachen. Ravenna erlebte unter dem byzantinischen Kaiser Justinian (527–565) eine Blüte. In seine Regierungszeit fallen sowohl der Baubeginn von San Vitale im Jahr 532 als auch die Weihe zwei Jahre nach Fertigstellung sowie die Ausstattung mit kostbaren Mosaiken, darunter die beiden berühmten Kaiserporträts Justinians und seiner Gemahlin Theodora. Die spätantik-byzantinische Darstellungskonvention ist abstrahierend, symbolisierend, und räumt inhaltlicher Gewichtung Vorrang vor Realitätsnähe ein.

San Vitale ist von außen ein schmuckloser achteckiger Bau (unten links), überrascht innen aber durch den verschwenderischen Glanz seiner einzigartigen Mosaike. Großes Bild: Das mit biblischen Motiven versehene Gewölbe des Presbyteriums und die Kuppelwölbung der Apsis (links). Unten: Kaiserin Theodora mit ihrem Hofstaat.

RAVENNA

BASILICA DI SANT' APOLLINARE NUOVO

Zwei Reihen von je zwölf Marmorsäulen aus Konstantinopel gliedern den Innenraum der dreischiffigen Basilika mit Holzdach und polygonaler Apsis. Die Kirche, eine Gründung von Theoderich dem Großen, König der Ostgoten und Anhänger des arianischen Glaubens, wurde um die Wende zum 6. Jahrhundert geweiht. Berühmt ist die Kirche vor allem duch ihre wunderbaren Wandmosaike, die noch aus der Zeit Theoderichs stammen. In Sant' Apollinare Nuovo lässt sich der Übergang zum aufkeimenden Stil und der neuen Ikonografie von Byzanz nachvollziehen, denn mit der Rückeroberung Italiens durch oströmische Truppen wurde Ravenna unter Kaiser Justinian byzantinisch und die Kirchen der Arianer der katholischen Kirche einverleibt. Dies muss man sich vergegenwärtigen, um die Kirchenbauten von Ravenna in ihrer kulturgeschichtlichen Bedeutung einordnen zu können.

Sant' Apollinare Nuovo zeichnet sich durch seine großflächigen Mosaiken mit Szenen aus dem Leben Jesu aus. Über der Säulenreihe sind die Heiligen Drei Könige zu sehen, die sich der auf einem Thron sitzenden Maria nähern, dahinter folgt die Prozession der Jungfrauen.

RAVENNA

BASILICA DI SANT' APOLLINARE IN CLASSE

Die Grabkirche des ersten Bischofs von Ravenna, des heiligen Apollinaris aus Antiochien, ist die besterhaltene und größte der frühchristlichen Basiliken der Stadt. Der im Jahr 535 begonnene Backsteinbau erhielt seine Bezeichnung nach dem Standort der antiken römischen Stadt Civitas Classis am damaligen Hafen. Zwei Reihen antiker Säulen unterteilen den Raum mit Akzentuierung des Mittelschiffs. Die bis heute noch erhaltenen Apsis- und Triumphbogen-Mosaiken entstanden im Jahr der Weihe 549 durch den Erzbischof Massimo und in der Folgzeit. Im oberen Apsiszentrum sieht man die Verklärung Christi, symbolisiert durch ein großes Gemmenkreuz mit dem Bildnis Christi im Medaillon. In der Paradieslandschaft darunter steht der Kirchenpatron Apollinaris zwischen Gläubigen, die als zwölf Lämmer symbolisiert sind. Dies spielt auf das Gleichnis von Christus als gutem Hirten an.

Außerhalb von Ravenna im einstigen antiken Hafenbereich von Civitas Classis befindet sich Sant' Apollinare in Classe. Das Mosaik der Apsis zeigt den heiligen Apollinaris auf grüner Wiese, umgeben von den drei Lämmern als Symbole der Apostel Petrus, Jakobus und Johannes.

PISA

Als »Piazza dei Miracoli«, als Platz der Wunder, bezeichnete der Dichter Gabriele d'Annunzio das einzigartige Gebäudeensemble rund um den Duomo Santa Maria Assunta (UNESCO-Weltkulturerbe), mit dessen Bau im Jahr 1063 begonnen wurde. Als Ort für den Dombezirk suchte man nach einem festen und trockenen Grund im Schwemmland rund um Pisa, doch die Wahl fiel nicht ganz glücklich aus, wie die Neigung des Campanile, des berühmten »Schiefen Turms von Pisa«, noch heute verdeutlicht. Etwa zweihundert Jahre dauerten die Arbeiten: 1118 wurde der Dom geweiht, 1157 das Baptisterium fertiggestellt, 1173 folgte der Campanile und schließlich 1278 der Camposanto. Mittelpunkt des Ensembles ist der fünfschiffige Dom mit dreischiffigem Querhaus und Apsiden an allen Kreuzarmen. Seine mit Fresken ausgestattete Vierungskuppel war die erste dieser Art in Italien.

Zu den wertvollsten Kunstwerken des Doms zählen das Altarkruzifix von Giambologna, die Kanzel von Giovanni Pisano sowie das Mosaik im Chor mit dem thronenden Christus (links), das von Francesco di Simone entworfen und von Cimabue vollendet wurde. Da Ungetaufte keinen Zutritt zum Dom hatten, baute man ein separates Baptisterium (ganz links). Fünf Meter ist der Schiefe Turm aus dem Lot geraten (unten).

FLORENZ

Der Dom (1296–1436) prägt die Silhouette der Florentiner Altstadt (UNESCO-Weltkulturerbe). Er sollte dem Selbstbewusstsein der Stadt Ausdruck verleihen. Ein achteckiger überkuppelter Hauptbau ist kleeblattförmig an drei Seiten von Konchen umgeben, an der vierten Seite schließt das dreischiffige Langhaus an. Daneben steht der nach Entwürfen von Giotto 1334 begonnene Campanile. Wie der Dom beeindruckt auch der Turm durch seine feingestaltete polychrome Marmorverkleidung. Eine unübertroffene Meisterleistung der Ingenieurskunst war die Errichtung der enormen doppelschaligen Kuppel ab 1420, die von Filippo Brunelleschi umgesetzt wurde. Die Kunstgeschichte lässt mit diesem einzigartigen Kuppelbau die Renaissance beginnen. Dem Dom gegenüber erhebt sich ein achteckiger Zentralbau mit Marmorfassaden – das Baptisterium mit seinen berühmten Bronzetüren.

Blickfang des Doms ist die gewaltige, von Filippo Brunelleschi 1434 vollendete Kuppel (links). Ihre Innenseite ist mit Fresken von Giorgio Vasari und Federico Zuccari ausgemalt (unten rechts). Nicht minder beeindruckend sind der freistehende Campanile von Giotto und das Baptisterium mit polychromer Marmorverkleidung (großes Bild). Das Kuppelinnere wird beherrscht von der Figur des Christus als Weltenrichter (ganz unten).

FLORENZ

BASILICA DI SANTA CROCE

Die klar strukturierte Franziskanerkirche Santa Croce ist einer der bedeutenden Sakralbauten der Florentiner Gotik. Die gotische Raumauffassung in Italien mit ihren weiten Arkadenöffnungen zu den Seitenschiffen unterscheidet sich deutlich von der Stilausprägung französischer Kathedralen. Um 1294 wurde der Grundstein zu der holzgedeckten Pfeilerbasilika gelegt, die mit ihrem Hauptchor und je fünf Seitenchorkapellen an das Vorbild der Zisterzienser erinnert. Der überaus reiche Bestand an Wandmalereien (u. a. von Cimabue, Giotto, Taddeo Gaddi), mit dem diese – einzelnen Florentiner Stifterfamilien gewidmeten – Kapellen versehen sind, ermöglicht es, die Entwicklung der Florentiner Malerei ab dem späten Mittelalter zu studieren. Neben ihren Kunstschätzen beherbergt Santa Croce auch die Grabmäler großer Florentiner wie Michelangelo, Galileo Galilei und Macchiavelli.

Die Chorkapellen Santa Croces sind mit herrlichen Fresken ausgemalt. Mitte des 14. Jahrhunderts entstanden die Wandmalereien der Baroncelli-Kapelle, die von Taddeo Gaddi, einem der Nachfolger Giottos, geschaffen wurden und Episoden aus dem Leben Marias illustrieren.

FLORENZ

BASILICA DI SANTA MARIA NOVELLA

Die um 1300 im Rohbau fertiggestellte Dominikanerkirche ist der erste Monumentalbau der Gotik in Florenz und schließt mit ihrem Grundriss an den Typus der Zisterzienserkirchen in Burgund an: Ein dreischiffiges basilikales Langhaus mit Querhaus mündet in einen quadratischen Chor, der von je zwei Seitenkapellen flankiert wird. In diesen Kapellen finden sich wahre Schätze der Frührenaissance, so der Freskenzyklus von Dominico Ghirlandaio, ein Holzkruzifix von Brunelleschi, ein gemaltes Kruzifix von Giotto sowie das Trinitäts-Fresko von Masaccio. Die Renaissance-Fassade wurde um 1350 im Florentiner Inkrustationsstil der Protorenaissance begonnen und 1458 nach Entwürfen des Architekturtheoretikers Leon Battista Alberti vollendet. Dank ihrer streng geometrischen Gestaltung und der Dreiecksgiebel mit Voluten wurde sie zum Vorbild vieler weiterer Renaissance-Fassaden.

Die Dominikanerkirche Santa Maria Novella ist vor allem für ihre zahlreichen Fresken und Bilder berühmt. Die Wandmalereien der Hauptchorkapelle, die das Leben Marias und Johannes des Täufers farbig in Szene setzen, schuf Domenico Ghirlandaio in den Jahren 1485 bis 1490.

BASILICA DI SAN LORENZO

Eine der ältesten und größten Kirchen in Florenz ist die Basilica di San Lorenzo. Ihre Ursprünge reichen in das 4. Jahrhundert zurück; lange Zeit diente sie als Kathedrale. Die heutige Gestalt erhielt der Bau, dessen Fassade unvollendet blieb, seit Anfang des 15. Jahrhunderts nach Plänen Filippo Brunelleschis. Dieser verwirklichte hier erstmals seine Ideale einer Zentralperspektive und linearen Raumgliederung, deren Wirkung durch eine imposante Kassettendecke unterstrichen wird. Er schuf auch die an das Querschiff angrenzende und mit eindrucksvollen Werken Donatellos ausgestattete Alte Sakristei. Über den ersten Stock des Kreuzgangs mit der Kirche verbunden ist die nach Michelangelos Entwürfen gebaute Laurenzianische Bibliothek. Sie enthält mehr als 11 000 wertvolle Handschriften, etwa 2500 Papyri sowie rund 150 000 Bücher, darunter zahlreiche Inkunabeln.

Im Zentrum des Marktviertels erhebt sich die Basilica di San Lorenzo, eine der ältesten Kirchen von Florenz, die ab 1418 durch Brunelleschi eine radikale Umgestaltung im Stil der Renaissance erfuhr. Blick in die Kuppel über der Apsis, mit Szenen aus dem Alten und Neuen Testament.

BASILICA DI SAN MINIATO AL MONTE

Die Kirche ist ein Hauptwerk der Florentiner Protorenaissance. Sie regte mit ihren antikisierenden Formen große Renaissance-Baumeister wie Brunelleschi an. Die weiß-grün inkrustierte Marmorfassade wurde ungefähr um 1090 begonnen. Der dem Märtyrer Minias gewidmete Bau mit deutlicher formaler Verwandtschaft zum Florentiner Baptisterium wurde wahrscheinlich um 1207 vollendet. In der dreischiffigen Säulenbasilika mit ihrem offenen Holzdachstuhl erhebt sich die durch einen Triumphbogen abgetrennte Chorpartie bühnenartig über einer Hallenkrypta. Für einen Bau der mittelitalienischen Romanik ist die strukturierende Rhythmisierung des Langhauses besonders. Von der überaus reichen Ausstattung seien zwei Kapellen hervorgehoben: die Cappella del Crocifisso von 1448 (Entwurf: Michelozzo) und die Cappella del Cardinale del Portogallo (Entwurf: Antonio Manetti).

Eine breite Teppe führt hinauf zu der hoch über Florenz gelegenen Kirche San Miniato al Monte, die innen wie außen mit weißen und grünen Marmorinkrustationen überzogen ist. Das Mosaik im Apsisgewölbe stammt aus dem 13. Jahrhundert und zeigt den heiligen Miniato zur Rechten Christi.

Das Wechselspiel aus weißem und schwarzem Marmor verleiht der im 12. Jahrhundert begonnenen dreischiffigen romanischen Basilika mit gotischen Elementen ein besonderes Gepräge. Imposant ist die von Giovanni Pisano nach französischen Vorbildern gestaltete Westfassade mit drei hohen Portalen und zahlreichen Fassadenskulpturen. Neben dem Campanile schließt sich der Torso des Neuen Doms mit der freistehenden großen Fassade an. Im Inneren der Kathedrale – eine der am reichsten mit Bildwerken ausgestatteten Kirchen der Welt – fallen die gestreiften Pfeilerbündel sowie 56 einzigartige Fußbodenbilder in Intarsientechnik ins Auge. Hinter der Vierung steht mit Niccolò Pisanos achteckiger Kanzel (1266–1268) ein Meisterwerk der Bildhauerkunst. In der Johanneskapelle, ausgestattet mit Fresken von Pinturicchio, befindet sich Donatellos Bronzestatue des Täufers.

An einen Sternenhimmel erinnert die sechseckige Kuppel des Doms (unten), der als Teil des historischen Zentrums von Siena zum Weltkulturerbe der UNESCO gehört. Die Kuppel ist einer der wenigen romanischen Bauteile im ansonsten gotischen Bau. Ganz links: das mit weißem und grün-schwarzem Marmor verkleidete Hauptportal. Zu den kostbarsten Ausstattungsstücken gehört die Kanzel von Niccoló Pisano (links).

ORVIETO

Der Dom von Orvieto (1290–1370) ist ein Meisterstück der umbrischen Spätgotik. Seine Ausstattung machte ihn zu einem wahren Kompendium der italienischen Kunst des 14. und 15. Jahrhunderts. Die Fresken der Apokalypse und des Jüngsten Gerichts von Luca Signorelli (ab 1499) in der Cappella Nuova sind ihrerseits ein Höhepunkt der Renaissancemalerei. Die Grundsteinlegung erfolgte unter Papst Nikolaus IV. in Erinnerung an das Blutwunder im nahegelegenen Bolsena, das sich im Jahr 1499 ereignet haben soll. Besonders prägend war die Phase unter dem gotischen Baumeister Lorenzo Maitani aus Siena (1308–1330). Ihm wird die dem dreischiffigen basilikalen Bau mit offenem Holzdachstuhl vorgeblendete Fassade zugeschrieben. Die gestreiften Wände und Säulen bestehen, wie bei der Kathedrale von Siena, aus wechselnden Schichten schwarzen Basalts und hellen Kalksteins.

Die Wirkung des gewaltigen Innenraums wird durch die farbigen Steinmuster bestimmt, die an den Dom von Siena erinnern. Ein Meisterwerk der Renaissancemalerei ist der Fresken-Zyklus von Luca Signorelli aus dem Jahr 1499, der die Capella Nuova schmückt und Weltende und Krönung der Auserwählten darstellt. Reliefs eines unbekannten Künstlers schmücken die Fassade. Links: Ein Ausschnitt aus dem Jüngsten Gericht.

Mit dem heiligen Franziskus und dem Franziskanerorden begann für Assisi im 13. Jahrhundert eine Epoche, in der es für ein Jahrhundert zu einem der wichtigsten Kunstzentren Italiens werden sollte. Das Jahr der Heiligsprechung, 1228, zwei Jahre nach seinem Tod, ist auch das Gründungsdatum der Basilica di San Francesco (UNESCO-Weltkulturerbe), in deren Gruft die Gebeine des heiligen Franziskus im Jahr 1230 überführt wurden. Als Grablege und als Wallfahrtsort der zahlreichen Pilger wurde die 1253 geweihte Abteikirche mit prächtigen Freskenzyklen von Cimabue, Giotto, Simone Martini und den Brüdern Lorenzetti ausgestattet. San Francesco, die größte »Bilderkirche« Italiens, ist eine Doppelkirche, bestehend aus einer noch im romanischen Stil ausgeführten Unterkirche und einer gotischen Oberkirche. Anhand der Basilika wird der Übergang der Romanik zur Gotik evident.

Während das Äußere der Oberkirche von San Francesco (links) schlicht wirkt, entfaltet der Innenraum eine außergewöhnliche Pracht: Höhepunkt des einschiffigen Raums (großes Bild) ist der Zyklus von 28 Bildern zur Franziskuslegende, den Giotto und seine Schüler ab 1296 ausführten und zu dem auch die Szene »Franziskus predigt vor Papst Honorius III.« (ganz unten) gehört. Unten: Wandmalereien in der Unterkirche.

CERVETERI UND TARQUINIA

Die auf das 9. bis zum 1. Jahrhundert v. Chr. zurückgehenden Nekropolen von Cerveteri und Tarquinia (UNESCO-Weltkulturerbe), die in den heutigen Provinzen Rom und Viterbo liegen, gehören zu den berühmtesten Fundstätten etruskischer Kultur. Mehrere Grabformen können unterschieden werden: aus dem Tuff geschlagene Grabkammern, unterirdische Gräber und Felsgräber. Allen Grabformen gemeinsam ist das menschliche Bestreben, sie wie ein Wohnhaus einzurichten. Die Steinmetze schlugen Säulen, Tische und Betten aus dem Tuff. Die Gräber gleichen einer unterirdischen Stadt mit Straßen und Höfen und geben somit Einblick in die etruskische Wohnkultur. Vom griechischen Einfluss zeugen die in den rund 200 ausgemalten Gräbern zu besichtigenden Fresken von Tarquinia. Dargestellt ist oft das heitere Leben der etruskischen Oberschicht: Bankette, Tanzspiele und Jagdszenen.

Die Einflüsse griechischer Kultur auf die Kunst der Etrusker spiegeln sich in den Wandmalereien der Grabanlagen von Tarquinia und deren Beigaben wieder: Das »Grab der Priester« (große Bilder unten) und das »Grab der Leoparden«, so benannt nach den in den Giebeln dargestellten Raubkatzen (links), sind vollständig mit Fresken bemalt, die Szenen aus dem Alltag sowie Ausübung von Religion, Handwerk und Tanz zeigen.

Auf dem Kapitol stand im Altertum ein Jupitertempel, den man vom Forum Romanum aus erreichte. Heute erklimmt man die Anhöhe über eine von Michelangelo entworfene Freitreppe und erreicht so die ebenfalls von Michelangelo entworfene Piazza, auf der das Reiterstandbild von Marc Aurel steht, das im Mittelalter dem Eingeschmolzenwerden entging, da man den Reiter für Konstantin I., den Wegbereiter des Christentums, hielt. Zwischen Kapitol und Palatin erstreckt sich das Forum Romanum. Seit dem 6. Jahrhundert v. Chr. wurden hier Gebäude errichtet, in denen religiöse Zeremonien und politische Versammlungen stattfanden, Reden wurden gehalten und Waren angeboten. Tagsüber wimmelte es dort von Menschen. Mit dem Niedergang des Römischen Reichs verfielen auch die Bauten des Forums, das mit dem historischen Zentrum von Rom zum Weltkulturerbe der UNESCO gehört.

Michelangelos Piazza del Campidoglio auf dem Kapitol ziert eine Kopie der Reiterstatue des römischen »Philosophenkaisers« Marc Aurel (Bilder links). Hinter dem dort gelegenen Senatorenpalast eröffnet sich der Blick auf das Forum Romanum, einstiges Zentrum des antiken Roms. Großes Bild: Saturntempel (Bildmitte) und Triumphbogen des Septimus Severus vor der barocken Kirche Santi Luca e Martina.

Dort, wo heute die Ruine des größten Amphitheaters der Antike aufragt, stand einst ein hölzerner Vorgängerbau, den Nero gestiftet hatte – im Jahr 64 fiel er dem großen Brand zum Opfer. Beim Neubau seines Palastes bezog Nero das Gelände mit ein und ließ dort einen künstlichen Teich anlegen. Um das Jahr 72 gab sein Nachfolger Vespasian die dreistöckige steinerne Arena in Auftrag. Finanziert wurde der Bau unter anderem mit dem Goldschatz, der den Römern bei der Plünderung des Tempels in Jerusalem in die Hände gefallen war. Zur Einweihung wurden hunderttägige Spiele veranstaltet, bei denen zur Erheiterung der schaulustigen Massen Scharen von Menschen und Tausende von Tieren getötet wurden. Der Dichter Martial (40–102) huldigte Kaiser Vespasian mit den Zeilen: »Rom ist sich wiedergeschenkt, und unter deiner Regierung, Kaiser, vergnügt sich das Volk.«

»Lebendiger als alle geschlossenen Historien erzählt das Kolosseum die Geschichte von Roms Größe und Verfall«, meinte einmal der Schriftsteller Mark Twain. In römischer Zeit war das Kolosseum eine geniale Bühne für die Lust des Volks am bizarren Schauspiel. Kaiser, Magistrat und Vestalinnen saßen auf einem Podium, für Senatoren gab es Sessel aus Elfenbein. Links: Der Triumphbogen Kaiser Konstantins I. von 312.

An der westlich von der Via del Corso gelegenen Piazza della Rotonda ragt einer der eindrucksvollsten Bauten aus antiker Zeit auf: Das Pantheon war, wie sein griechischer Name besagt, ein allen Göttern geweihter Tempel. Der Kuppelbau hat ein wechselvolles Schicksal hinter sich: 27 v. Chr. angelegt, wurde er 80 n. Chr. durch ein Feuer zerstört und während der Regierungszeit von Kaiser Hadrian (117–138) wieder aufgebaut. Im 5. Jahrhundert wurde die »heidnische« Kultstätte geschlossen, aber von Bonifaz IV. vor der Zerstörung gerettet und dann in eine christliche Kirche umgewandelt. Die runde Öffnung in der Kuppel, der »Oculus« (Auge), hatte mystische Bedeutung: Sie stellte die Verbindung zur Welt der Götter her. Im Inneren des ehemaligen Tempels befinden sich unter anderem die Gräber von Raffael und dem ersten König des geeinten Italien, Viktor Emanuel II.

Das Pantheon – auch »La Rotonda « genannt – diente ursprünglich als Tempel in dem eine Vielzahl römischer Gottheiten verehrt wurden. Einzige Lichtquelle des kreisrunden Inneren ist die fast neun Meter breite Öffnung im »Himmelsgewölbe« des Pantheons. Berühmte Künstlerpersönlichkeiten Italiens fanden hier ihre letzte Ruhestätte, darunter Raffael, Taddeo Zuccari sowie der Komponist Arcangelo Corelli.

Über die Dächer Roms erhebt sich die Peterskirche, deren ältester Bau – eine unter Kaiser Konstantin um 324 begonnene fünfschiffige Basilika – über dem mutmaßlichen Grab des Apostels Petrus angelegt worden war. Den Grundstein zur heutigen, unter Papst Julius II. von Bramante begonnenen Kirche legte man 1506. Der Petersdom (UNESCO-Weltkulturerbe) ist in Form eines lateinischen Kreuzes angelegt, mit einer zentralen Kuppel über der Vierung, durch die das Licht hereinfällt. Seine Dimensionen sind enorm: Mit der Vorhalle ist er 211,5 Meter lang, die Höhe beträgt 132,5 Meter, der Kuppeldurchmesser 42 Meter. Auf 15 000 Quadratmetern finden hier 60 000 Gläubige Platz. Bei der Gestaltung des Petersdoms wirkten Renaissancekünstler wie Bramante, Raffael und Michelangelo mit. Unter der Kuppel, unmittelbar über dem Grab von Petrus, befindet sich der Papstaltar.

Zentrum der Christenheit und Ziel der Pilger aus aller Welt – der Petersdom, an dessen Bau und Ausstattung berühmte Künstler von der Renaissance bis zum Barock mitwirkten. Michelangelo entwarf die Kuppel, die Giacomo de la Porta 1593 vollendete. Bernini bekrönte den Papstaltar mit einem barocken Bronzebaldachin. Berninis größtes Werk jedoch ist der Petersplatz mit seinen Kolonnaden, die den Platz einfassen (links).

Die von Papst Sixtus IV. 1477 in Auftrag gegebene Kapelle war nicht nur ein Andachtsort, sondern auch eine Festung: Ihre Mauern sind drei Meter dick. Sie dient den Kardinälen zudem bis heute für das Konklave, wenn ein neuer Papst zu wählen ist. Nach Vollendung des Baus im Jahr 1480 schickte Lorenzo I. de'Medici, der Herrscher von Florenz, einige führende Maler seiner Stadt nach Rom, um die Kapelle innen mit Fresken schmücken zu lassen. Damit wollte er, der in den Jahren zuvor Krieg gegen den Papst geführt hatte, ein Friedenszeichen setzen. Unter den Künstlern waren Pietro Perugino, Sandro Botticelli und Domenico Ghirlandaio. Die Wände wurden mit Szenen aus dem Leben Jesu und Moses geschmückt, die Decke des Tonnengewölbes in einen leuchtend blauen Himmel mit goldenen Sternen verwandelt. Erst später (1508–1512) wurde dieser von Michelangelo übermalt.

Besondere Berühmtheit erlangte die Sixtina durch Michelangelos Fresken: Zwischen 1508 und 1512 schuf er im Auftrag von Papst Julius II. die Deckenmalereien mit Szenen aus der Genesis, von der Schöpfungsgeschichte bis zur Sintflut (links: die Erschaffung Adams); von 1536 bis 1541 führte er unter dem Pontifikat Pauls III. mit über 60 Jahren auf der Altarwand das gewaltige Jüngste Gericht mit seinen fast 400 Figuren aus.

POMPEJI UND HERCULANEUM

Am 24. August 79 brach der Vesuv aus. Innerhalb von sechs Stunden deckte er die Vesuvstadt Pompeji vollständig mit Asche zu. Glühende Lava erstickte den Ort Herculaneum. Die Städte wurden nicht wieder aufgebaut und gerieten in Vergessenheit. Aber Plinius der Jüngere (ca. 61–113), dessen Onkel und Adoptivvater bei dem Ausbruch ums Leben kam, hatte das Ereignis beschrieben und führte so die Archäologen auf die richtige Spur. 1748 wurde mit den ersten Ausgrabungen begonnen, heute geben sie uns eine Vorstellung vom Leben in der Antike. Da stehen noch Reste von Läden und die bemalten Mauern prächtiger Villen. In den Bäckereien fand man versteinerte Brote. Man entdeckte eine Mühle, eine Latrine sowie »Graffiti« an den Wänden, ebenso Thermen, Theater und Weinschenken. Seit 1997 gehören die Ausgrabungsstätten zum Weltkulturerbe der UNESCO.

Seit Beginn der Ausgrabungsarbeiten um 1748 wurden Straßen samt Villen sowie das Forum (ganz links) freigelegt. Unter den Schichten der Lava haben sich die Wandbilder erstaunlich gut erhalten, wie etwa das Wandmosaik »Neptun und Amphitrite« (großes Bild) oder das Porträt des Terentius Neo und seiner Gemahlin (unten). In der Villa dei Misteri in Pompeji zeigt ein Fresko eine Initiation in den Mysterienkult (links).

ANDRIA

Das um 1250 errichtete Kastell des Stauferkaisers liegt unweit von Andria in der Terra di Bari in Apulien. Es besteht aus einem Achteck mit acht gleichen oktogonalen Türmen und einem achtseitigen Innenhof. Das purpurfarbene Portal unter einem antiken Giebel ist mit arabischen Ornamenten verziert. Ein Abglanz der einst prächtigen Innenausstattung sind die Alabaster- und Marmorsäulen sowie die teilweise noch erhaltenen Mosaikböden. Auffällig ist das Fehlen christlicher Motive. Ob der Kaiser die »Krone Apuliens« bewohnt hat, ist nicht geklärt. Unklar ist auch der Bestimmungszweck. Die außergewöhnliche Form des Bauwerks gibt Anlass zu Spekulationen. So hat die Zahl acht im altorientalisch-arabischen Kulturkreis magische Bedeutung – Friedrich könnte durch islamische Gelehrte dazu angeregt worden sein. In jedem Fall ist der Bau als Symbol seiner Macht zu begreifen.

Ein von Zahlenmystik umwobenes Bauwerk ist das Kastell Kaiser Friedrichs II., der als König von Sizilien über Süditalien herrschte. Das achteckige Gebäude vereint unterschiedliche Elemente aus Antike, islamischer Architektur und Gotik und ist Teil des UNESCO-Weltkulturerbes.

CASERTA

Macht und Selbstbewusstsein der Bourbonen, die Neapel 1734 bis 1860 beherrschten, sollte der 1752 bis 1775 errichtete Palast von Caserta bezeugen. Eine Ironie der Geschichte ist es, dass er nach seiner Fertigstellung kaum mehr benutzt wurde. Die Ausmaße der Anlage sprengen alle Dimensionen: Der Grundriss des Schlosses erstreckt sich über 253 mal 202 Meter, über fünf Stockwerke verteilen sich auf 45 000 Quadratmetern 1217 Räume. Hauptattraktionen sind die monumentale Treppe, die Schlosskapelle und das Hoftheater mit dem Park als Bühnenhintergrund. Der rund 80 Hektar große Schlosspark beeindruckt vor allem durch seine Wasserspiele. Auf den Wasserbecken entlang der drei Kilometer langen Mittelachse wurden damals aufwendige Seeschlachten inszeniert. Bewässert wurden die Kanäle und Kaskaden über den von Vanvitelli konstruierten Acquedotto Carolino.

»Versailles des Südens« wird der monumentale Palazzo Reale von Caserta auch genannt. Das Treppenhaus (großes Bild) und der Thronsaal (ganz rechts) vermitteln einen Eindruck von den gewaltigen Dimensionen der Schlossanlage, die seit 1997 zum UNESCO-Weltkulturerbe gehört.

CASTEL DEL MONTE

PALAZZO REALE

Das Königsschloss (Palazzo reale) wurde bereits im 9. Jahrhundert als Sommerresidenz des arabischen Emirs von Palermo erbaut. Aber weil es von den normannischen Königen, die von 1071 bis 1198 Sizilien beherrscht haben, zu der heutigen Form ausgebaut wurde, ist es unter dem Namen »Normannenpalast« bekannt. Aus dieser Zeit stammt auch die Capella Palatina (Palastkapelle, 1132 bis 1140 erbaut), die arabische, byzantinische und normannische Stilelemente vereint. Weltberühmt ist sie für die Goldgrundmosaiken, mit denen alle Wände und Kuppeln verkleidet sind (2003–2008 restauriert). Im 16. Jahrhundert wurde der Palast von den Vizekönigen Siziliens übernommen, für die er im Renaissancestil umgebaut wurde, mit einem Innenhof mit dreistöckigen Arkaden. Seit 1947 ist er der Sitz des sizilianischen Regionalparlaments, das in einem Saal aus dem späten 16. Jahrhundert tagt.

Einer der kostbarsten Schätze Palermos ist die Capella Palatina im Palazzo dei Normanni (links eine Außenansicht). Byzantinische Mosaiken und arabisches Schnitzwerk prägen die Ausstattung. Auf Säulen ruhende Arkaden begrenzen das Mittelschiff, in dem Szenen aus dem Alten Testament zu sehen sind. In den Seitenschiffen sind Begebenheiten aus dem Leben von Petrus und Paulus dargestellt.

MONREALE

Auf dem Hang des Monte Caputo, rund acht Kilometer von Palermo entfernt, liegt das Bischofsstädtchen Monreale, dessen Hauptsehenswürdigkeit die weltberühmte Kathedrale ist. 1174 hatte Wilhelm II. von Sizilien hier in luftiger Höhe eine Benediktinerabtei gestiftet, um die sich alsbald eine Stadt bildete. In ihrem Zentrum ließ er die dreischiffige Basilika bauen, die den Triumph des Christentums über den Islam symbolisieren sollte . Normannische sowie sarazenische und byzantinische Stilelemente sind hier zu einer Einheit verschmolzen. In ihrem Innern befinden sich die Sarkophage der Könige Wilhelm I. und II. sowie herrliche Bronzeportale und Marmorfußböden. Berühmt ist die Kathedrale für ihre mit byzantinischen Fresken aus dem 12. Jahrhundert bedeckten Wände und Apsiden. Sehenswert ist auch der romanische Kreuzgang mit seinen 216 Säulenpaaren.

Die Mosaiken der Kathedrale erzählen auf einer Fläche von rund 6300 Quadratmetern biblische Geschichten in beispielloser Pracht. Die Mosaiken des Mittelschiffs zeigen Szenen aus dem Buch Genesis (unten). In der Apsis ist Christus als Pantokrator (Weltenherrscher) dargestellt (ganz links). Südlich der Kirche schließt der sarazenisch-romanische Kreuzgang mit seinen teils reich verzierten Doppelsäulen an (links).

Der Bau wurde als Hauptkirche des römisch-katholischen Ritterordens der Malteser errichtet. Diese 1099 gegründete Gemeinschaft wurde damit nach der Mittelmeerinsel Malta benannt, die von 1530 bis zur Vertreibung durch Napoleon im Jahr 1798 einer der Hauptsitze des Ordens war. Der Kalksteinbau, ein Entwurf des Militärarchitekten Gerolamo Cassar, der von außen Anklänge an ein militärisches Fort hat, wurde als Klosterkirche zwischen 1573 und 1578 errichtet. In scharfem Kontrast zum strengen Äußeren steht die hochbarocke Innengestaltung und -dekoration. Hierzu gehört auch Caravaggios Meisterwerk »Die Enthauptung des heiligen Johannes« von 1608. Um ihre kulturelle Bedeutung zu unterstreichen, wurde die Kirche 1820 Ko-Kathedrale, also Zweitsitz des Erzbischofs in Valetta, das 1980 als Gesamtmonument, zum Weltkulturerbe der UNESCO erklärt wurde.

Die dem heiligen Johannes geweihte Kirche mit ihren zwölf Seitenkapellen wurde prächtig ausgeschmückt. Die Malereien der Gewölbe und die Steinschnitzereien schuf der aus Kalabrien stammende Malteserritter Mattia Preti. Auf dem Boden der Kirche erstrecken sich fast 400 Grabplatten verstorbener Ritter des Ordens. Links: Caravaggios »Enthauptung des heiligen Johannes«; unten rechts: ein kostbares Marienbild.

INSELN MALTA UND GOZO

Die aus Korallenkalkstein errichteten Steinmonumente Maltas (Weltkulturerbe der UNESCO) sind älter als die ägyptischen Pyramiden und waren vermutlich der »Magna Mater« geweihte Heiligtümer. Noch im 20. Jahrhundert rechnete man die Megalithbauten der phönizischen Kultur zu, bis neue Datierungsmethoden das Alter der ältesten Steintempel der Welt enthüllten. Von den sieben großen Tempelanlagen gilt diejenige von Gigantija auf Gozo als die älteste (ca. 6000 Jahre). Die beiden von einer Mauer umgebenen Tempel bestehen aus mehreren Kammern mit einer Länge von über zehn Metern, die um einen Innenhof herum gruppiert sind. Auch die Tempelanlagen auf der Hauptinsel Malta folgen diesem Grundriss. Orakelzellen und gefundene Opfergaben aus fernen Ländern verweisen darauf, dass die Tempel einst ein Wallfahrtsziel im Mittelmeerraum waren.

Die rund 6000 Jahre alte Megalithtempelanlage von Mnajdra befindet sich an der Südküste von Malta (großes Bild) auf einer Terrasse im Felshang. Die hufeisenförmige Struktur der beiden Haupttempel ist deutlich zu erkennen. Nur 500 Meter entfernt liegt der Kultort Hagar Quim, der aus vier zwischen 3600 und 2500 v. Chr. entstandenen Tempelanlagen besteht. Hier wurde die Kultplastik der »Venus von Malta« gefunden.

MALBORK

Die Ritter des Deutschen Ordens bauten ab dem Jahr 1276 rund 60 Kilometer südöstlich vom heutigen Gdansk (Danzig) eine alte preußische Burganlage aus. 1280 wurde die Marienburg Konventssitz. Von diesem Standort aus begannen die Ritter die Eroberung und Bekehrung Pruzzens (Preußens), ausgestattet mit diversen päpstlichen und kaiserlichen Privilegien. Als 1309 der Sitz des Hochmeisters von Venedig auf die Marienburg verlegt wurde, reichte das Territorium der Deutschritter bereits weit ins Baltikum und bis nach Süd- und Mitteldeutschland hinein. Im Zeitalter der Reformation wurde es in ein erbliches Herzogtum unter polnischer Lehnshoheit umgewandelt. Nach Zerstörungen im Zweiten Weltkrieg gelang der Wiederaufbau in den 1960er- und 1970er-Jahren mithilfe alter Aufzeichnungen. Die Hallen beherbergen heute Museen mit Schätzen aus dem Mittelalter.

In ihrer 700-jährigen Geschichte wurde die Marienburg (UNESCO-Weltkulturerbe), oft umgebaut und erweitert. Als Sitz des Hochmeisters der Deutschen Ordensritter bildete die im polnischen Malbork (Marienburg) gelegene Burganlage einen Staat im Staat.

JAWOR UND ŚWIDNICA

Der Westfälische Frieden besiegelte 1648 das Ende des Dreißigjährigen Kriegs. Danach durften die Protestanten in dem von den Habsburgern regierten Schlesien ihre Kirchen nur noch aus Holz, Lehm, Sand oder Stroh bauen – und zwar außerhalb der Stadtmauer. Auch Glockentürme waren verboten. Umso reichhaltiger schmückten die Neugläubigen dann ihre Gotteshäuser im Innern aus. So verbergen sich hinter der schlichten Fassade der Friedenskirche von Świdnica wertvolle Deckenmalereien aus dem 17. Jahrhundert. Der Fachwerkbau mit Platz für 7500 Menschen beherbergt außerdem eine Orgel und einen barocken Hochaltar. Auch die Friedenskirche von Jawor, entfaltet mit ihren bilder- und wappengeschmückten Emporen eine atemberaubende barocke Pracht. Die Kirchen sind Teil des Weltkulturerbes der UNESCO.

Die Gemälde an den Emporen der Kirche von Jawor (großes Bild) zeigen Szenen aus Altem und Neuem Testament. Die Deckenmalereien in der Friedenskirche in Świdnica (rechts) schufen Christoph Kalicki und Christian Süßenbach 1696 (rechts). Im Jahr 1752 erhielt die Kirche in Świdnica einen barocken Hochaltar (oben rechts).

DEUTSCHRITTERORDENSBURG MARIENBURG

FRIEDENSKIRCHEN

An der Nordostecke des Krakauer Hauptmarktes ragen die beiden asymmetrischen Türme der Marienkirche auf, die als Teil der Krakauer Altstadt zum UNESCO-Weltkulturerbe gehört. Die dreischiffige gotische Basilika aus dem 13. bis 15. Jahrhundert enthüllt ihre wahre Größe erst innen: Da ist zunächst das über bunt bemalten Pfeilern, Streben und Bögen von Mittelschiff und Chor schwebende Gewölbe als dunkelblauer Nachthimmel mit goldenen Sternen, vor allem jedoch, unter den vielfarbigen Glasfenstern des Chorabschlusses, der Altar des Nürnberger Meisters Veit Stoß, eines der bedeutendsten Schnitzwerke der Spätgotik mit rund 200 vergoldeten, bis zu 2,70 Meter großen Figuren. Auch die dreischiffige Fronleichnamskirche, im 14. Jahrhundert im jüdischen Viertel Kazimierz errichtet, ist äußerlich ein gotischer Bau; innen überrascht sie jedoch mit prächtiger Barockausstattung.

FRONLEICHNAMSKIRCHE UND MARIENKIRCHE

Eines der schönsten Gotteshäuser Krakaus ist die Fronleichnamskirche im ehemals jüdischen Viertel Kazimierz. Ihre Innenausstattung ist barock mit kunstvoll geschnitztem Chorgestühl und vergoldeten Altären, die die Säulen des Hauptschiffs schmücken (links). Glanzstück der Marienkirche (großes Bild) ist der verzierte Hochaltar von Veit Stoß mit Predella, Hauptschrein, beweglichen Flügeln und Gesprenge (unten rechts).

Die dreischiffige, auf 28 Pfeilern ruhende St.-Veits-Kathedrale auf dem Prager Burgberg, dem Hradschin, ist die größte Kirche des Landes. Auf eine romanische Rundkapelle aus dem 10. Jahrhundert zurückgehend, wurde das Juwel der Gotik erst 1872 bis 1929 fertiggestellt; letzter Bauabschnitt war der neugotische Westteil. Der mächtige, 109 Meter hohe Südturm (mit Renaissancehelm von 1560–1562) stammt größtenteils aus der Ära der Baumeisterfamilie Parler, die 1353 bis 1420 den Chor mit dem ersten großen Netzgewölbe Mitteleuropas und dem Kapellenkranz vollendete. Auf Peter Parler, ihren berühmtesten Vertreter, geht das Triforium mit seinen realistischen Porträtbüsten, das prächtige Südportal (»Goldene Pforte«) mit Mosaiken und die Kapelle (1358–1367) für den böhmischen Schutzheiligen Wenzel zurück. Als Teil der Prager Altstadt gehört der Veitsdom zum UNESCO-Weltkulturerbe.

Anlässlich der Erhebung Prags zum Erzbistum wurde ab 1344 auf Geheiß des späteren Kaisers Karl IV. der gotische Veitsdom (ganz links) errichtet, Krönungskirche und Grablege der böhmischen Könige. Mittelschiff und Chor (unten links) mit den bunten Glasfenstern (links) ruhen auf 28 Pfeilern. Reich mit Edelsteinen und vergoldetem Stuck geschmückt ist die Wenzelskapelle, ein Werk des Baumeisters Peter Parler (großes Bild).

Die Karlsbrücke, eine der ältesten erhaltenen Steinbrücken Europas und eines der Wahrzeichen Prags, wurde ab dem Jahr 1357 erbaut und ersetzte die durch eine Flut zerstörte Vorgängerbrücke aus romanischer Zeit. Sie führt von der Kleinseite, dem Stadtteil unterhalb des Hradschin, über die Moldau in die Altstadt. Nach dem Vorbild der Regensburger Brücke wurde sie als Bogenbrücke mit 16 Bögen konzipiert. Geschmückt wird sie, nach dem Vorbild der Engelsbrücke in Rom, von 30 barocken Heiligenfiguren, die von den bedeutendsten Bildhauern Böhmens geschaffen wurden. Die bekannteste und älteste von ihnen ist die bronzene Nepomukstatue aus dem Jahr 1683, die an den Prediger und späteren Heiligen Johannes Nepomuk erinnert, den König Wenzel IV. foltern und an dieser Stelle in die Moldau werfen ließ. Benannt wurde die Brücke 1870 nach Karl IV. (1316–1378).

Mit der Errichtung der Karlsbrücke begann man unter Karl IV. im Jahr 1357. Als Vorbild diente Baumeister Peter Parler die Steinerne Brücke in Regensburg. Die Karlsbrücke weist bei einer Länge von über 500 Metern 16 Brückenbogen auf, die auf 15 Pfeilern ruhen. Passierbar ist sie nur für Fußgänger. Heiligenfiguren schmücken die steinernen Geländer – darunter auch die Statue des Brückenheiligen Johannes Nepomuk.

PRAG

Ein markantes Erkennungszeichen der Silhouette der Prager Altstadt sind die spitzen Doppeltürme der Teynkirche mit ihren Ecktürmchen. Obwohl durch die Teynschule vom Platz getrennt, überstrahlt das dreischiffige gotische Gotteshaus (1365–1511) die Ostseite des Altstädter Rings. Das Innere der Kirche wurde nach einem Brand im Jahr 1679 im Stil des Barock umgestaltet. Von der gotischen Ausstattung erhalten blieben die Kanzel, das Taufbecken sowie Holzschnitzereien, darunter eine Pietà. Über dem gotischen Nordportal zeigt ein Tympanon aus der Werkstatt Peter Parlers die »Leiden Christi« (1390). In der Kirche, einst Zentrum der Hussiten, einer Reformbewegung, die das Abendmahl in beiderlei Gestalt, also auch mit Laienkelch, feierte, wurde der goldene Kelch König Georg Podiebrads (1458–1471) aufbewahrt, der allerdings 1620 durch ein Marienbild ersetzt wurde.

Im Zentrum der Prager Altstadt ragen unmittelbar hinter der Kuppel der Franziskuskirche die Doppeltürme (unten) der Teynkirche auf. Innen weist das in der Anlage gotische Gotteshaus, übrigens Grablege des dänischen Astronomen Tycho Brahe, eine reiche barocke Ausstattung mit Altären und Figurenschmuck auf (rechts).

PRAG

Wer von der Prager Burg über die Karlsbrücke geht, trifft auf der anderen Seite auf einen Gebäudekomplex, den die Jesuiten zwischen 1653 und 1726 in den Mauern eines alten Klosters errichteten. Sie hatten von Kaiser Ferdinand (1503–1564) den Auftrag bekommen, dort eine Universität als Konkurrenz zur staatlichen Karls-Universität zu errichten. Das »Klementinum« sollte ein Bollwerk gegen die Hussiten sein und wurde entsprechend großzügig angelegt. Der Name geht auf die St.-Klemens-Kapelle aus dem 11. Jahrhundert zurück. Der etwa zwei Hektar große Baukomplex umfasste außer den Unterrichtsräumen, dem Bibliothekssaal und dem Studentenwohnheim auch zwei Kirchen und einen astronomischen Turm für Stern- und Wetterbeobachtungen. Nach der Auflösung des Jesuitenordens 1773 wurden die Gebäude unter staatlicher Regie neu genutzt, unter anderem mit der im Jahr 1781 gegründeten Nationalbibliothek.

Unten links Außenansicht: Zwei Hektar umfasst der Gebäudekomplex des Klementinums. Unten: Hier wurde die erste Mozartgedenkstätte, das Mozarteum, erbaut. Rechts: Mit seiner umlaufenden Empore zählt der Bibliothekssaal des Klementinums zu den schönsten Barocksälen Prags.

TEYNKIRCHE

KLEMENTINUM

SPIŠSKÁ NOVÁ VES

Die mittelalterliche Zipser Burg (Weltkulturerbe der UNESCO), eine der größten Mitteleuropas, entstand über einer frühslawischen Festung in Zips, einer Landschaft und historischen Verwaltungseinheit in und an den Ausläufern der Hohen Tatra. Der Wohnturm aus dem 13. Jahrhundert wurde nach seinem Einsturz durch einen zweistöckigen romanischen Palast und einen neuen Rundturm ersetzt. Die Burgkapelle geht auf das 13. Jahrhundert zurück, nachdem die Burg den Mongolensturm fast ohne Schäden überstanden hatte. Im 15. Jahrhundert erbaute man unterhalb der Burg eine weitere Befestigung. 1540 wurden beide Anlagen im Stil der Renaissance verändert. Mit der Eroberung durch habsburgische Truppen 1710 verlor die Zipser Burg ihre Bedeutung. Aus ihr gingen die nur wenige Kilometer entfernten beiden Gründungen Spišské Podhradie und Spišská Kapitula hervor.

Die Zipser Burg, eine der größten Burganlagen Europas, thront in 630 Metern Höhe auf einem Kalksteinfelsen. Aus der Vogelperspektive lässt sich das starke Befestigungssystem besonders gut erkennen. Mehrere Gräben, Tore, die mit Fallgittern geschlossen werden konnten, sowie Festungsmauern schützen die obere Burg – den ältesten Teil der Anlage. Im Inneren befindet sich heute ein Waffenmuseum.

BUDAPEST

MATTHIASKIRCHE

Die 1255 bis 1269 als romanische Basilika entstandene Kirche auf dem Burgberg von Buda wurde als Liebfrauenkirche geweiht. Ihr inoffizieller Name geht auf Matthias I. Corvinus (1458–1490) zurück, den glanzvollsten ungarischen König; ihm verdankt das im 14. Jahrhundert zur dreischiffigen gotischen Hallenkirche umgebaute Gotteshaus den 80 Meter hohen Südturm (1470). So scheint die Matthiaskirche mit ihrem Dach aus bunten Keramikziegeln unversehrt die Zeiten überdauert zu haben. Weit gefehlt: Ihre heutige Gestalt geht auf eine umfassende Restaurierung (1874–1896) im Stil der Neogotik zurück. Eine echte Wiedergeburt – denn die Türken hatten aus der Kirche eine Moschee gemacht und die Jesuiten aus dem, was die Rückeroberung Budapests durch die Österreicher 1686 übriggelassen hatte, eine Barockkirche. Heute ist sie Teil des UNESCO-Weltkulturerbes der Stadt.

Unter der Türkenherrschaft wurde die Matthiaskirche als Moschee genutzt. Die Verzierungen im Innern, darunter auch wertvolle, in den Altar eingearbeitete Holzskulpturen, erhielt sie im 19. Jahrhundert beim Umbau im neugotischen Stil durch den Architekten Frigyes Schulek.

BUDAPEST

PARLAMENT

Obwohl Ungarn nicht zu den großen Ländern Europas zählt, besitzt das Land eines der größten Parlamentsgebäude der Welt. Mit einer Länge von 268 Metern und einer Breite von 123 Metern zählt es auch zu den größten Gebäuden der Welt. Der Palast am östlichen Donauufer beeindruckt aber auch durch den einheitlich neugotischen Baustil mit einer perfekten Symmetrie. Damit sollte wenige Jahre nach der Vereinigung der Städte Buda und Pest (1873) die ungarische Nation ein repräsentatives Parlamentsgebäude bekommen. Es dauerte jedoch fast 20 Jahre, bis der Bau nach dem Entwurf des Architekten Imre Steindl 1904 fertiggestellt wurde. Besonders prächtig sind die Sitzungssäle und der Kuppelsaal, die alle reichlich mit Gold verziert sind. Durch alle Staatsformen des 20. Jahrhunderts, von der Monarchie bis zur demokratischen Republik, hat das Parlamentsgebäude seine Funktion behalten.

Das seinem Pendant in London nachempfundene Parlamentsgebäude mit seinem prachtvollen Treppenhaus wurde 1885 bis 1904 nach Plänen Imre Steindls erbaut. In den im Stil des Klassizismus gestalteten Innenräumen erzählen Bilder und Fresken die Geschichte Ungarns.

ESTERHÁZY SCHLOSS

Wenige Kilometer südöstlich vom Neusiedler See gelegen, am Rand des Städtchens Fertőd und eingebunden in den Nationalpark Fertőd-Hanság, wurde Schloss Esterházy ursprünglich zu Beginn des 18. Jahrhunderts als kleines Jagdschloss errichtet und später von Fürst Nikolaus I. ausgebaut, der sich dabei von seinem Besuch in Versailles inspirieren ließ. 1764 beauftragte er die Wiener Hofbaumeister Ferdinand Mödlhammer und Melchior Hefele mit dem Umbau, der fast ein halbes Jahrhundert lang dauerte. Berühmt ist Esterházy auch für den mehrjährigen Aufenthalt des Komponisten Joseph Haydn, dessen Sinfonie Nr. 45 in fis-Moll – die legendäre »Abschiedssinfonie«, an deren Ende ein Musiker nach dem anderen das Orchester verlässt – im Jahr 1772 im Konzertsaal des Rokokoschlosses uraufgeführt wurde. Der mittlere Schlosstrakt von Esterházy dient heute als Museum.

»Ungarisches Versailles« wird Esterházy, eines der schönsten Rokokoschlösser des Landes, oft genannt. Teile davon erinnern aber auch an Schloss Schönbrunn in Wien. Als Teil des Fertőd-Hansag-Nationalparks gehört Schloss Esterházy zum Weltkulturerbe der UNESCO.

PANNONHALMA ABTEI

Die alte Benediktinerabtei St. Martin in Pannonhalma (Weltkulturerbe der UNESCO) rund 30 Kilometer südöstlich von Győr ist eine der Keimzellen der Christianisierung in Ungarn. Sie wird bis heute von Mönchen bewohnt. Die Gründung des Klosters geht auf Fürst Géza (940–997) zurück. Unter König Stephan I. wurde es Erzabtei und ist seitdem das Zentrum des Benediktinerordens in Ungarn. Der älteste Teil des Klosters ist die im Jahr 1225 geweihte Stiftskirche, die trotz der umfangreichen Umbauten durch ihre streng gegliederte Bauweise beeindruckt. Die Krypta unter dem Chor wurde wahrscheinlich auf den Grundmauern der Urkirche erbaut. Außer barocken Stuckaturen und klassizistischen Elementen birgt die Stiftskirche auch zahlreiche Kunstwerke aus romanischer und gotischer Zeit, darunter die Tugenden und Laster symbolisierenden Skulpturen im Gewölbe des gotischen Kreuzgangs.

Ein besonders kostbares Kleinod dieser Epoche ist der Prunksaal der klassizistischen Bibliothek aus den Jahren 1824 bis 1832. Hier werden wertvolle Handschriften und Inkunabeln aufbewahrt. Im Bibliothekssaal sind die Statuen von Franz I. und István dem Heiligen auf Sockeln postiert.

POREČ

Christen gab es in Poreč an der Westküste von Istrien im heutigen Kroatien schon im 3. Jahrhundert. Im 4. Jahrhundert errichteten sie eine Kapelle, in die sie die Gebeine des heiligen Maurus – ihr erster Bischof und Märtyrer spätrömischer Christenverfolgung – betteten. Von ihr sind nur Reste geblieben. Im 5. Jahrhundert wurde eine erste große Basilika erbaut, die unter Bischof Euphrasios im 6. Jahrhundert ihre heutige Form und Ausstattung erhielt. Da sie später kaum Veränderungen erfuhr, ist die Basilika mit ihren reichhaltigen Boden- und Wandmosaiken eines der wichtigsten und schönsten Zeugnisse antiker und byzantinischer Baukunst in Europa. Ebenfalls aus dem 6. Jahrhundert stammen das Baptisterium und das Atrium, einer der wenigen erhaltenen Vorhöfe aus frühchristlicher Zeit. Die Euphrasios-Basilika ist seit 1997 Bestandteil des UNESCO-Weltkulturerbes.

Prächtig vergoldet sind die auf das 6. Jahrhundert zurückgehenden Mosaiken an der Stirnwand der Apsis in der Euphrasios-Basilika (großes Bild und unten). Die Marmorsäulen des dreischiffigen Kirchenraums und des Atriums (ganz rechts) stammen übrigens von der Insel Prokonnesos bei Konstantinopel.

ŠIBENIK

ST.-JAKOB-KATHEDRALE

Mit der Kathedrale des heiligen Jakob (Sveti Jakov) in der dalmatinischen Adriastadt Šibenik wurde im 15./16. Jahrhundert am Übergang von der Gotik zur Renaissance ein Bauwerk geschaffen, in dem sich lokale, norditalienische und toskanische Einflüsse vereinen. Als dreischiffige Basilika mit Apsiden und Vierungskuppel folgt es einem italienischen Grundmuster. Juraj Dalmatinac errichtete ab 1441 Seitenschiffe, Baptisterium und Apsiden. Niccolò di Giovanni Fiorentino, ein Donatello-Schüler, erbaute ab 1477 das freitragende Tonnengewölbe aus Steinplatten – damals eine Pionierleistung. Außerdem schuf der Florentiner die an den Dom seiner Heimatstadt erinnernde Kuppel und die ein dreiblättriges Kleeblatt nachzeichnende Westfassade. Den Bau vollendeten ab 1505 Bartolomeo und Giacomo del Mestre, unterstützt von Ivan Masticevi. Die Kathedrale ist Teil des UNESCO-Weltkulturerbes.

Das 32 Meter hohe Tonnengewölbe aus Steinplatten, die auch die Außenseite bilden, überragt die beiden niedrigen Seitenschiffe deutlich (links: Blick vom leicht erhöhten Altarbereich auf die gotischen Arkadenreihen sowie die Westfassade mit der Rosette von Ivan Masticevi).

EUPHRASIOS-BASILIKA

SPLIT

ST.-DOMNIUS-KATHEDRALE

Der Dom des heiligen Domnius (Sveti Duje) in der Altstadt von Split (UNESCO-Weltkulturerbe) an der kroatischen Adriaküste wurde im Mittelalter in den vier Hektar großen Palastkomplex (295–305) von Kaiser Diokletian hineingebaut. Um 650 wurde das achteckige kaiserliche Mausoleum an der Ostseite des Palasthofes (Peristyl) zur christlichen Kirche geweiht, an die eine Eingangshalle und ein 59 Meter hoher Glockenturm angefügt wurden. Die kostbaren Mosaiken und Reliefs in dem auf 24 antiken Säulen ruhenden zentralen Kuppelbau blieben erhalten. Ihr heutiges Aussehen erhielt die Kathedrale im 13. Jahrhundert; aus dieser Zeit stammen die geschnitzten Portalflügel, die Kanzel und das Chorgestühl. Im 16. Jahrhundert wurde der romanische Campanile vollendet. Aus dem früheren Jupitertempel westlich des Peristyls wurde ab dem 8. Jahrhundert das Baptisterium Sveti Ivan.

Zur Ausstattung des kuppelüberwölbten Doms gehören prächtige Mosaiken, eine spätromanische Kanzel und der barocke Seitenaltar. Die Wände sind gegliedert durch zwei kreisförmig übereinander liegende Reihen korinthischer Säulen mit reich verziertem Gebälk.

Im 15. und 16. Jahrhundert haben der Moldauer Fürst Stephan III. der Große (1457–1504) und seine Nachfolger – vor allem Petru Rareş – in der südlichen Bukowina im heutigen Rumänien rund 40 Klöster und Kirchen gestiftet. Die Außenwände der Gotteshäuser wurden dabei bis unter die ausladenden Schieferdächer kunstvoll und farbenfroh im spätbyzantinischen Stil bemalt. Die Bildnisse sollten dem einfachen Volk, das das Kirchenslawisch nicht verstand, die christliche Botschaft nahebringen. Dargestellt sind meist Heiligenlegenden, Bibelszenen und die Hymne an die Gottesmutter, aber auch politische Ereignisse. Diese nach 1530 im Örtchen Humor begründete Tradition fand mit der Bemalung der Klosterkirche von Suceviţa um 1600 ihr Ende. 1993 wurden die Kirchen von Humor, Voroneţ, Moldoviţa, Pătrăuţi, Probota, Suceava und Arbore zum UNESCO-Weltkulturerbe erklärt.

Kaum ein Zentimeter blieb an den Kirchen der Moldauklöster unbemalt, innen wie außen. Von oben links im Uhrzeigersinn: Klosterkirche von Probota mit Szenen aus der Passion Christi; Kopie eines Bildnisses von Stephan dem Großen aus Voroneț (Nationalgalerie Bukarest); Fassade der Kirche von Humor mit farbenfroher Umsetzung des Hymnos Akathistos; Kirche von Moldovița mit Darstellungen der Wurzel Jesse.

Die Gründung des Klosters geht auf den Einsiedler Iwan zurück, der sich im 9. Jahrhundert in das Rilagebirge rund 120 Kilometer südöstlich von Sofia zurückzog. Mönche begannen in der Nähe seiner Höhle mit der Errichtung des Klosters, seine Blüte erlebte es im 14. Jahrhundert. Nach zwischenzeitlichem Verfall wurde es 1816 bis 1862 in großer Pracht wiederaufgebaut und zum bulgarischen Nationalheiligtum erklärt. Die mehrstöckigen Klostergebäude stehen um einen 3000 Quadratmeter großen Innenhof, der vom fünfstöckigen Chreljo-Turm (1335) beherrscht wird. Zentrum und Schmuckstück der Anlage (UNESCO-Weltkulturerbe) ist die Mariä-Geburts-Kirche, eine dreischiffige Kreuzkuppelbasilika mit offenem Säulengang. Dieser wie auch das Innere der Kirche sind fast gänzlich von Fresken bedeckt. Strahlend schön zeigt sich auch die Ikonostase mit ihren Schnitzereien und Ikonen.

Mit farbigen Steinbändern und versetzter Anordnung der fünf Kuppeln bediente sich der Baumeister der Kirche (1834–1837), Pawel Iwanowitsch, mittelalterlicher Gestaltungselemente (ganz links). Die bunten Fresken – hier im Säulengang der Kirche (unten) – mit über 1200 Motiven sind vor allem das Werk der Malerschulen von Samokow und Bansko. Eine monumentale Ikonostase gliedert den Innenraum (links).

20 Großklöster umfasst die autonome Mönchsrepublik auf der Halbinsel Chalkidiki südöstlich von Thessaloniki. Dazu kommt noch eine fast gleiche Anzahl von Skiten, klosterähnlichen Mönchsgemeinschaften. 963 wurde das erste Kloster auf dem Hagion Oros, dem heiligen Berg, errichtet. Seit 1054 ist Athos mit seinen heute rund 1400 Mönchen ein bedeutendes Zentrum des orthodoxen Christentums. Die Athos-Schule der Ikonenmalerei beeinflusste stark die orthodoxe Kunstgeschichte, die Bauweise der Klöster hinterließ ihre Spuren bis nach Russland. Jedes Großkloster – 17 griechische und je ein russisches, serbisches und bulgarisches – verfügt in der Hofmitte über eine Kreuzkuppelkirche mit Apsiden an drei Kreuzarmen. Um den Hof befinden sich außer den Mönchszellen weitere Nebengebäude. Männern unter 21 Jahren und Frauen ist der Zutritt bis heute untersagt.

Spektakuläre Lage, Kreuzkuppelkirchen und prächtig ausgeschmückte Innenräume zeichnen die zum UNESCO-Weltkulturerbe gehörenden Athos-Klöster aus. Im Uhrzeigersinn von oben links: Kloster Hilandari mit Hauptkirche und Kapellen; Kloster Dionysiou hoch über einer Schlucht; Wandmalereien in der Skite Timiou Prodrómou und im Narthex des Katholikons von Megisti Lavra; Mönche im Kloster Agiou Pavlou.

METEORA

Der Name »Meteora« bedeutet so viel wie »in der Luft schwebend«, womit die Lage der Klöster auf den hohen Konglomeratfelsen hoch über der thessalischen Ebene in Griechenland gut beschrieben ist. Im 11. Jahrhundert ließen sich darauf Einsiedler nieder, im 14. Jahrhundert gründete ein Athos-Mönch das erste Kloster; insgesamt wurden hier 24 Klöster errichtet (UNESCO-Weltkulturerbe). Das größte und am höchsten gelegene ist das um 1360 vom heiligen Athanasios, Bischof von Alexandrien, gegründete Megalo-Meteoro-Kloster, das wertvolle Fresken von Theophanes Strelitzas aus dem 16. Jahrhundert birgt. Als bedeutendes Beispiel des spätbyzantinischen Stils gilt das um 1540 errichtete Katholikon von Kloster Vaarlam samt Fresken. Auch im besonders trutzig aufragenden Nonnenkloster Roussanou gibt es in der achteckigen Kirche reichen Freskenschmuck zu bewundern.

Kloster Roussanou (links und großes Bild) war jahrhundertelang nur per Strickleiter erreichbar, heute ermöglichen Treppen und Brücken den Zugang. Die Kirchenkuppel – wie hier in Kloster Varlaam (ganz links) – gebührt in der orthodoxen Freskenmalerei stets dem als Weltenherrscher dargestellten Jesus. Geweihte Bilder von Maria und Jesus (unten rechts) säumen die Mitteltür der Ikonostase von Kloster Agia Triada.

ATHEN

Auf der Akropolis (UNESCO-Welterbe) stehen mit dem Parthenon, den Propyläen und dem Erechtheion einige der bedeutendsten Werke der klassischen griechischen Baukunst. Die Besiedlung des Athener Burgbergs führt bis in die Jungsteinzeit zurück. Die alte Königsburg wurde bereits im 6. Jahrhundert v. Chr. in einen heiligen Bezirk umgewandelt. Nach ihrer Zerstörung durch die Perser gelang es in der zweiten Hälfte des 5. Jahrhunderts v. Chr., die Heiligtümer wieder aufzubauen. Das Bild der Akropolis Athens wird vom Parthenon beherrscht. Der in den Jahren 447–422 v. Chr. entstandene Tempel war der Göttin Athene geweiht, deren Kultbild hier aufbewahrt wurde. Das nach dem mythischen König von Athen benannte Erechtheion entstand 421 bis 406 v. Chr. Eines der ältesten Gebäude ist der zwischen 425 und 421v. Chr. von Kallikrates erbaute Tempel der Athena Nike.

Die dem Erechtheion südlich vorgelagerte Korenhalle wird von sechs Karyatiden – weiblichen Gewandfiguren – getragen (links). Das Zentrum der Akropolis von Athen bildet der Parthenon, den der Bildhauer Phidias im Auftrag des Athener Staatsmanns und Generals Perikles entwarf. Der beeindruckende Haupttempel der Anlage steht auf einem Plateau, das aus dem Schutt eines Athene-Tempels aufgeschichtet wurde.

DELPHI

Der politische Einfluss von Delphi war vor allem in den Jahren von 590 bis 450 v. Chr. enorm. In Delphi suchten die Griechen Rat, sie fanden ihn in den Weisungen des Gottes Apollon, der den Willen des Zeus durch sein Orakel übermitteln ließ. Im Apollon-Tempel verkündete Pythia, die Prophetin des Orakels, den göttlichen Willen, der dann von Priestern ausgelegt wurde,1892 begannen die Ausgrabungen der Überreste des Apollon-Heiligtums und des umgebenden Bezirks. Im Südosten der Tempelanlage (UNESCO-Weltkulturerbe) beginnt die heilige Straße, an der sich die griechischen Stadtstaaten durch prächtige Weihegeschenke und Schatzhäuser darstellten. Zu den wichtigsten Bauten und Denkmälern zählen neben dem Tempel und den Schatzhäusern das Stadion, das Theater, das Heiligtum der Athena Pronaia, die Halle der Knidier und die Säule mit der Sphinx der Naxier.

Im nördlich des Golfs von Korinth gelegenen Delphi sprach einst das Orakel des Apollon. Der Ort war daher lange das religiöse Zentrum Griechenlands. Drei der dorischen Säulen des Rundtempels im Heiligtum der Athena Pronaia (4. Jahrhundert v. Chr.) wurden rekonstruiert.

SOÚNIO

Der Poseidontempel von Soúnio, dessen 16 erhalten gebliebene dorische Marmorsäulen noch immer den Architrav tragen, auf dem einst das Dach des Tempels ruhte, markiert die Südgrenze Attikas, das im Norden bei Egósthena am Korinthischen und bei Skála Oropoú am Südeuböischen Golf beginnt. In dem in der Antike zum Teil in grellen Farben bemalten Poseidontempel dankten die Besatzungen athenischer Kriegs- und Handelsschiffe dem recht launischen Meeresgott für eine glückliche Heimkehr. Die Felsklippen um den Tempel wurden seit dem Ende des 7. Jahrhunderts v. Chr. von einer Reihe riesiger Statuen dominiert, die als Weihgeschenke gedacht waren. Der Krieger von Soúnio ist eine der berühmtesten von ihnen und befindet sich heute im Archäologischen Museum in Athen. Noch heute lassen sich einige der Schiffsanlegeplätze der Antike an der Küste erkennen.

Der in den Jahren 444 bis 440 v. Chr. erbaute Poseidon-Tempel auf dem Kap Soúnio erhebt sich weithin sichtbar an der Südspitze der Attischen Halbinsel, nur 70 km von Athen entfernt. Der Legende nach soll sich König Ägeus an dieser Stelle ins Meer gestürzt haben.

OLYMPIA

RUINENANLAGE

Die Besiedlung Olympias geht auf das 3. Jahrtausend v. Chr. zurück; seit Ende des 2. Jahrtausends war es eine dem Pelops, dem Sohn des Tantalos, geweihte Kultstätte. Im Zentrum der Verehrung des Zeus begann man ab dem Jahr 776 v. Chr. die Zeus zu Gefallen veranstalteten Spiele zu zählen und fertigte erste Siegerlisten an. 1875 wurde in Olympia mit den ersten Ausgrabungen begonnen. Der heilige Bezirk weist eine große Ansammlung von Kunstwerken des Altertums auf. Im großzügig angelegten Kultbezirk befanden sich neben Tempeln und Schatzhäusern, in denen die Weihegaben einzelner griechischer Städte verwahrt wurden, auch Sportstätten, deren Reste heute wieder zu sehen sind, so das Gymnasion und das Stadion mit seiner Wandelhalle. Der Zeus-Tempel im Zentrum des Kultbezirks entstand um 470 v. Chr. Sehenswert sind auch die Statuen der verschiedenen Gottheiten.

Bereits in vorgeschichtlicher Zeit besiedelt, wurde Olympia im 10.Jahrhundert v.Chr. ein bedeutendes kultisches Zentrum und Veranstaltungsort der nach ihm benannten sportlichen Spiele. Das älteste der Heiligtümer an der Altis, dem heiligen Hain, ist ein der Hera geweihter Tempel aus dem 7. Jahrhundert v. Chr. Die archäologische Stätte ist Teil des Weltkulturerbes der UNESCO.

TEMPEL

Die Anlagen von Epidauros (UNESCO-Weltkulturerbe), in einem engen Tal ganz im Osten des Peleponnes gelegen, erstrecken sich über mehrere Ebenen. Sie standen im Zentrum des Asklepios-Kults, der sich im 5. Jahrhundert v. Chr. im gesamten griechischen Raum ausbreitete. Der Gott der Heilkunde war in der griechischen Mythologie der Sohn Apollons, dessen heilende Macht auf ihn übertragen wurde. Epidauros galt als mythischer Geburtsort des Heilgotts und war seinerzeit ein bedeutender Kult- und Kurort, der Scharen von Pilgern und Heilungsuchenden anzog. Der zunehmende Wohlstand des Orts schlug sich in der regen Bautätigkeit nieder, die für diese Zeit belegt ist. Zur Anlage gehörten Thermen, Krankenhallen und Hospitäler, die wichtigsten Baudenkmäler sind neben dem Asklepiostempel der Artemistempel, das Tholos, das Enkoimeterion und die Propyläen.

Das eindrucksvollste Beispiel klassisch griechischer Architektur in Epidauros ist das aus dem beginnenden 3. Jahrhundert v. Chr. stammende Theater. Es ist das am besten erhaltene Bauwerk seiner Art in Griechenland und beeindruckt vor allem durch seine hervorragende Akustik.

KRETA

Als gewaltiger Riegel schiebt sich Kreta 260 Kilometer lang und 60 Kilometer breit zwischen die Ägäis und das Libysche Meer. Hier entstand vor 4000 Jahren die erste Hochkultur Europas: Dem rätselhaften Volk der Minoer gelang es über 500 Jahre lang, das östliche Mittelmeer zu befrieden und einen florierenden Handel mit Ägypten sowie den Reichen Vorderasiens zu betreiben. Der englische Archäologe Sir Arthur Evans legte von 1900 bis 1941 etwa fünf Kilometer südöstlich der Inselhauptstadt Heraklion das Kult- und Wirtschaftszentrum der Minoer frei: Knossos, einen bis zu vier Stockwerke hohen, 1400 Räume umfassenden Komplex auf 20 000 Quadratmetern Grundfläche. Die Wände vieler Korridore und Säle in Knossos waren mit kunstvollen Fresken geschmückt, Trink- und Abwasserprobleme wurden durch raffinierte Rohrleitungssysteme gelöst. Bereits in dieser Zeit verfügten die Minoer über eine eigene Schrift.

Knossos (rechts der Nordflügel des Palastes) gilt als die bedeutendste minoische Ausgrabungsstätte Kretas. Zu den berühmten Fresken gehören die drei »Damen in Blau« (unten). Die wertvollsten Fundstücke sind im Archäologischen Museum von Heraklion zu besichtigen.

MYKENE

RUINENSTÄTTE

Die mykenische Kultur, die vom 15. bis 12. Jahrhundert v. Chr. den gesamten östlichen Mittelmeerraum beherrschte, spielte eine wichtige Rolle in der Entwicklung des klassischen Griechenland. Den Namen gab die bronzezeitliche Burg Mykene im östlichen Peloponnes. Die Region war schon seit 4000 v. Chr. besiedelt, eine größere Entwicklung setzte jedoch erst in der späten Bronzezeit ein. Nach der griechischen Überlieferung wurde Mykene als Stammsitz des Geschlechts der Atriden durch Perseus gegründet, den Sohn des Gottes Zeus, und war lange Zeit eine der bedeutendsten Städte Griechenlands. Im 14. bis 13. Jahrhundert v. Chr. erlebte die Stadt ihre Blütezeit, bis sie um 500 v. Chr. durch die Einwohner von Argos erobert und zerstört wurde. Ab dem 3. Jahrhundert wurde die Stadt endgültig aufgegeben. Die archäologische Stätte ist Teil des Weltkulturerbes der UNESCO.

Eindrucksvoll ist das als »Löwentor« bezeichnete Haupttor der Burg von Mykene mit dem Relief zweier gewaltiger, heute kopfloser Löwinnen. Gleich dahinter liegt der Kreis der Königsgräber, in denen der Archäologe Heinrich Schliemann die goldene Totenmaske des Agamemnon fand.

PALAST VON KNOSSOS

ISTANBUL

Das bekannteste Bauwerk Istanbuls ist ein Monument aus oströmischer Zeit, der letzte bedeutende Bau der Spätantike: die Hagia Sophia, 532 bis 537 unter Kaiser Justinian I. als mächtige Kuppelbasilika über den Ruinen eines Vorgängerbaus errichtet. Im Byzantinischen Reich war sie die Hauptkirche des orthodoxen Christentums – deshalb und wegen ihrer Vorbildfunktion für die christliche Sakralarchitektur wird sie hier unter den Kirchen aufgeführt – und als Höhepunkt byzantinischer Prachtentfaltung der Krönungsort der Kaiser. Nach der Eroberung Konstantinopels durch die Osmanen 1453 wurde sie in eine Moschee umgewandelt. Die Osmanen zerstörten die christlichen Insignien, überdeckten die Mosaiken mit Gips und fügten zahlreiche Anbauten hinzu, darunter vier Minarette. Heute ist die Hagia Sophia ein Museum und als Teil des historischen Zentrums von Istanbul UNESCO-Weltkulturerbe.

Der imposanteste Bestandteil der Hagia Sophia ist die über ein Pendentif auf vier Säulen ruhende 55 Meter hohe Kuppel (großes Bild). Einige Säulen in der Seitengalerie des Hauptraums stammen aus Tempeln in Kleinasien, Libanon, Griechenland und Italien (links). Ein Mosaik im Kuppelhalbrund zeigt die Muttergottes mit dem Jesuskind (unten rechts), an die Nutzung als Moschee erinnern die Minarette (ganz links).

Sultan Ahmed ließ die Moschee von Mehmet Aga, einem Schüler des Baumeisters Sinan, ab 1609 errichten. 1616, ein Jahr vor dem Tod des Sultans, war sie vollendet. Sie ist heute Istanbuls wichtigste Moschee und zählt zum UNESCO-Weltkulturerbe. Weithin sichtbar sind die sechs Minarette sowie die vielen Kuppeln und Halbkuppeln. Die Verwendung von sechs statt der üblichen vier Minarette stieß auf Kritik, da damals nur die große Moschee in Mekka über sechs verfügte, daraufhin aber eines mehr erhielt, so berichtet die Legende. Der Gebetsraum ist nahezu quadratisch. Vier mächtige Pilaster tragen vier Spitzbögen und vier flache Zwickel. Auf ihnen ruht die Hauptkuppel. Darunter leuchten die weißblauen Fayencen, die der Moschee den Namen »blaue Moschee« verliehen haben. Iznik-Kacheln schmücken die unteren Wände. Sie zeigen florale Muster in Grün-, Blau- und Rosatönen.

Harmonisch ausgewogen streben die Kuppeln und Halbkuppeln der Sultan-Ahmed-Moschee der Mitte entgegen. Sechs schlanke, typisch osmanische »Bleistift-Minarette« zieren Istanbuls Hauptmoschee (links). Der Innenraum, ausgestattet mit wertvollen Iznik-Fayencen in Pflanzenmotiven, wird durch 260 bunte Glasfenster und die Lampen eines riesigen Kronleuchters in ein mystisches Licht getaucht (unten).

Im Jahr 1453 eroberte Sultan Mehmed II. Konstantinopel, die Hauptstadt des untergegangenen Reichs Byzanz. Istanbul war nun nicht mehr christlich, sondern muslimisch und wurde Hauptstadt des riesigen Osmanischen Reichs. Entsprechend grandios war der Palast der Sultane, das Topkapi-Saray, der auf den Grundmauern des byzantinischen Mangana-Palastes errichtet wurde. Über vier Jahrhunderte lang diente er als Regierungssitz, Verwaltungszentrale und Hauptresidenz des Sultans und wurde immer wieder erweitert, verschönert und umgebaut. Mitte des 17. Jahrhunderts, als die osmanische Macht ihren Höhepunkt erreichte, war das Topkapi-Saray zu einer Palaststadt für rund 40000 Bewohner angewachsen. Die Anlage erstreckt sich über eine Fläche von sechs Hektar und besteht aus zahlreichen Pavillons, die sich um vier weiträumige Innenhöfe herum gruppieren.

Das Dach des im historischen Zentrum von Istanbul (Weltkulturerbe der UNESCO) gelegenen Topkapi-Palastes bildet eine vielgestaltige Landschaft (links). Der Harem besteht aus rund 300 labyrinthartig angeordneten Räumen. Einige sind mit Kaminen und herrlichem Fließenschmuck in Form von zarten Pflanzenmotiven ausgestattet (unten links). Zentrum des Harems war der Festsaal des Padischah (großes Bild).

GÖREME

»Göreme« heißt übersetzt »du sollst nicht sehen«. Die Landschaft aus vulkanischem Tuffstein erstreckt sich vom Kizilirmak (»Roter Fluss«) im Norden bis zu den unterirdischen Städten Kaymakli und Derinkuyu im Süden. Hier suchte einst die christliche Bevölkerung der byzantinischen Provinzen Kleinasiens in der Zeit der arabischen Christenverfolgung Schutz und grub Wohnungen, Mönchszellen und Kapellen in den weichen Tuffstein, 85 Meter und noch tiefer. Riesige Mühlsteine verschlossen die Zugänge zu jedem Stockwerk, die Luft kam durch schmale Schächte. Christliche Einsiedler und Mönche meißelten nach dem Vorbild gemauerter Kirchen in mühevoller Arbeit Tonnengewölbe und Kuppeln, Bögen und Säulenkapitelle aus dem Tuff – 150 Felsenkirchen sind es insgesamt. Das Gebiet des Göreme-Nationalparks mit den Kirchen gehört zum UNESCO-Weltkulturerbe.

Die unterirdischen Städte im Tal von Göreme bergen zahlreiche aus dem Fels gehauene Kirchen und Kapellen, in denen wunderschöne Fresken zu bewundern sind (links). Die Karanlik Kilise, die »Dunkle Kirche« aus dem 11. Jahrhundert, ist berühmt für ihre Fresken mit Bibelszenen (großes Bild und rechts oben). Ebenfalls mit prächtigem Freskenschmuck versehen ist die Sandal-Kirche von Göreme (rechts unten).

NEMRUT DAĞ

Antiochos I. war in den Jahren 69 bis 36 v. Chr. Herrscher von Kommagene, einem kleinen, unabhängigen Reich, das nach dem Zusammenbruch des Imperiums Alexanders des Großen zur Zeit der Diadochen im 3. und 2. Jahrhundert v. Chr. entstanden war. Antiochos wählte den Gipfel des Nemrut Dağ in der Nähe des antiken Arsameia als seine letzte Ruhestätte. Er bestimmte den im Südosten der heutigen Türkei im Taurusgebirge gelegenen Ort zur Kultstätte und zum Göttersitz, da er sich bereits zu Lebzeiten als Gott verstanden wissen wollte. Um den Tumulus, den Grabhügel des Herrschers, sind drei Terrassen gruppiert. Der Zugang zur Nordterrasse wurde von Löwen- und Adlerskulpturen bewacht, deren Reste noch erhalten sind. Ost- und Westterrasse bildeten jeweils große »Freilufttempel«. Das monumentale Grab wurde 1987 als Welterbestätte der UNESCO ausgewiesen.

Das Gipfelplateau des 2150 Meter hohen Nemrut Dağ wählte König Antiochos I. von Kommagene bereits zu Lebzeiten als Begräbnisstätte aus. In den faszinierenden Steinköpfen auf der Westterrasse vereinen sich die griechischen und persischen Wurzeln der kommagenischen Kunst. Um den Kopf von König Antiochos versammeln sich die Häupter der Gottheiten Apollo-Mithras, Kommagene, Zeus und Herakles.

Jaroslaw der Weise legte 1037 den Grundstein für die Sophienkathedrale. Die Kreuzkuppelkirche mit 13 Kuppeln bestand ursprünglich aus fünf Schiffen mit Apsiden. Im Laufe der Zeit veränderten Umbauarbeiten das äußere Erscheinungsbild der Kathedrale, der imposante Innenraum behielt jedoch seinen byzantinischen Charakter bei. Farbige Fresken und Mosaiken aus dem 11. Jahrhundert zeigen Szenen aus dem Evangelium sowie Heiligenbildnisse.

Das Höhlenkloster am Ufer des Dnjepr wurde von Eremiten gegründet, die sich um 1050 einer monastischen Ordnung unterwarfen und bald mit dem Bau fester Klostergebäude über dem Höhlensystem begannen. Das prächtigste Gotteshaus des Komplexes ist die Mariä-Himmelfahrts-Kathedrale. Drei unterirdische Kirchen aus dem 12. Jahrhundert sind bis heute erhalten. Höhlenkloster und Sophienkathedrale sind UNESCO-Weltkulturerbe.

Äußerlich ein Barockbau (ganz links), präsentiert sich die Sophienkathedrale innen byzantinisch, mit offener Galerie, vergoldeten Säulen, Ikonostasen, Mosaiken und Fresken (links, unten rechts). Ebenfalls nachträglich barockisiert wurde auf dem Areal des Höhlenklosters die 1998 bis 2000 rekonstruierte Mariä-Himmelfahrts-Kathedrale, wo Mönche und Priester wieder die Messe feiern (großes Bild und Bildleiste unten links).

Seit dem 13. Jahrhundert sind alle historischen und politischen Ereignisse in Russland untrennbar mit dem Moskauer Kreml (UNESCO-Weltkulturerbe) verbunden, dem Sitz der Zaren und der Metropoliten. Als der Großfürst Iwan IV., genannt »der Schreckliche«, sich im Jahr 1547 zum Zaren krönen ließ, hatte der Kreml seine heutige Größe bereits erreicht. Sein Vorgängerbau war eine mittelalterliche Burg, die Ende des 15. Jahrhunderts zur Festung erweitert wurde und bis ins 20. Jahrhundert immer wieder verändert wurde. Hinter den Mauern des Kreml befinden sich prunkvolle Paläste und Rüstkammern, Senatsgebäude, Kathedralen mit vergoldeten Zwiebeltürmen und Kunstwerke von unschätzbarem Wert. Die Gewandniederlegungskirche wurde von russischen Baumeistern in den Jahren 1484 und 1485 errichtet und war die Hauskirche der russischen Patriarchen und Metropoliten.

Charakteristisch für den Moskauer Kreml ist die Einfassung des Gebäudeensembles durch eine mit 20 Türmen bestückte Befestigungsmauer. Großes Bild: Blick auf die Südfassade des Kremlpalasts von der Moskwa aus, mit Wasserzugturm, und Kremlkichen im Hintergrund. Zur überaus kostbaren Innenausstattung der Gewandniederlegungskirche gehört auch eine Ikonenwand aus dem 17. Jahrhundert (links).

Die Kathedrale am südöstlichen Ende des Roten Platzes (UNESCO-Weltkulturerbe) gehört zu diesem wie die Kremlmauer, das Lenin-Mausoleum und das Warenhaus GUM. Mit ihren zahlreichen, unterschiedlich hohen, bunten Kuppeln und Türmen ist sie aber das auffallendste Bauwerk des Platzes. Die Kathedrale Basilius des Seligen ist eigentlich ein Ensemble von acht Kirchen, die sich um die Mariä-Schutz-und-Fürbitte-Kirche gruppieren. Die acht Kirchen stehen für die acht wichtigsten Schlachten um Kasan. Die im Auftrag von Zar Iwan IV. »dem Schrecklichen« gebaute Kirche wurde 1561 fertiggestellt, ist aber stilistisch nicht mit der zu dieser Zeit in Westeuropa vorherrschenden Renaissance verwandt. Die Kathedrale ist aus einfachen Ziegeln, der märchenhafte Eindruck entstand im 17. Jahrhundert, als anstelle der ursprünglich goldenen Kuppeln die farbigen Kuppeln aufgesetzt wurden.

Links: Die Basiliuskathedrale auf dem Roten Platz ist ein Wahrzeichen Moskaus. Sie gilt als herausragendes Meisterwerk altrussischer Baukunst: Eine im Jahr 1588 errichtete Kapelle, die zu Ehren Basilius des Seligen über seinem Grab an der Ostseite errichtet wurde, gab der Kathedrale ihren Namen. Unten: Ein ganzes Ensemble von Festungs- und Kirchtürmen bestimmt das Panorama des Kremls am Roten Platz.

Seine heutige Gestalt erhielt der Winterpalast von St. Petersburg (UNESCO-Weltkulturerbe) unter Kaiserin Elisabeth, der Nachfolgerin Peters des Großen. Das Gebäude, in dem der Kaiser im Jahr 1725 starb – es befand sich an jener Stelle, wo heute das Eremitage-Theater steht – wurde dafür komplett abgerissen. Als Teil der Petersburger Eremitage – neben Louvre und Prado eines der bedeutendsten Kunstmuseen der Welt – beherbergt auch der Winterpalast heute Werke der umfassenden Sammlung klassischer europäischer Kunst. Der unmittelbar vor dem Winterpalast gelegene Schlossplatz war ein Ort bedeutender historischer Ereignisse. Hier wurden im Jahr 1905 bei einem Aufstand über 1000 Demonstranten von zaristischen Soldaten ermordet, und hier begann im Jahr 1917 die Oktoberrevolution, als die Bolschewiken den Winterpalast stürmten.

Der Winterpalast (großes Bild und oben links die prunkvolle Jordantreppe) ist eines der bedeutendsten Bauwerke des russischen Barock. Errichtet wurde er nach Plänen von Bartolomeo Rastrelli ab dem Jahr 1754 als unmittelbar an der Newa gelegene Zarenresidenz. Der Winterpalast ist der größte Bestandteil des Eremitagekomplexes. Ganz links: Der vor dem Winterpalast gelegene Schlossplatz mit Alexandersäule.

ST. PETERSBURG — PETER-UND-PAUL-KATHEDRALE

Auf dem Gelände der Peter-und-Paul-Festung in St. Petersburg befindet sich die 1712 bis 1733 von Domenico Trezzini im »Petrinischen Barock« erbaute gleichnamige Kathedrale. Äußerlich fällt sie durch die lange goldene Spitze ihres 122 Meter hohen Glockenturms mit einer Wetterfahne in Engelsgestalt auf. Bedeutend ist die Kathedrale vor allem als Grablege der russischen Zaren von Peter I. bis Alexander III., die in einer Seitenkapelle in Marmorsärgen beigesetzt sind. 1998 wurden in der Katharinenkapelle die Gebeine der letzten Mitglieder der russischen Zarenfamilie bestattet. Ungewöhnlich für eine orthodoxe Kirche ist das Vorhandensein einer Kanzel. Daneben dominieren opulente Lüster, klassizistische Deckengemälde und die Ikonostase den Raumeindruck. Als Bestandteil des historischen Zentrums gehören sämtliche der hier aufgeführten Kirchen zum UNESCO-Weltkulturerbe.

Prunkvoll vergoldet sind zahlreiche Elemente der Inneneinrichtung der Kathedrale, so etwa die Kanzel mit den sie flankierenden Figuren der Apostel Petrus und Paulus oder die große Ikonostase, die entgegen der Tradition der russischen Ikonografie plastischen Schmuck aufweist (großes Bild). Als Begräbnisstätte der Zarenfamilie ist die Kathedrale ein beliebter Pilgerort russischer Monarchisten (links).

ST. PETERSBURG — ISAAKSKATHEDRALE

Die Isaakskathedrale ist die größte und wohl auch prächtigste Kirche St. Petersburgs. 1707 wurde hier eine erste, dem heiligen Isaak von Dalmatien geweihte Kirche errichtet. Nach dem Sieg über Napoleon beschloss Zar Alexander I., die Kirche neu zu erbauen und zu einem Nationaldenkmal umzugestalten. Rund 40 Jahre, von 1818 bis 1858, wurde an dem vom neoklassizistischen Architekten Ricard de Montferrand entworfenen Bau gearbeitet. Die aus rotem Granit und grauem Marmor prunkvoll ausgeführte Kathedrale verfügt über eine monumentale, vergoldete Hauptkuppel und vier mächtige Säulenportiken, deren Giebelfelder Szenen aus der Vita des heiligen Isaak und der Heilsgeschichte zeigen. Drei Bronzetüren führen ins Innere, dessen Wände mit einer Fülle unterschiedlicher Marmorarten, Edelsteine und Mosaiken geschmückt sind – ein »Museum der russischen Geologie«.

Die markante Goldkuppel der Isaakskathedrale überragt hier eindrucksvoll den klassizistischen Gebäudekomplex der Admiralität am Ufer der Newa (unten). Auch von innen bietet die mit einem Durchmesser von 25 Metern nach dem Petersdom größte freitragende Kirchenkuppel mit roten Granitsäulen, reichem Figurenschmuck und dem monumentalen Deckengemälde einen grandiosen Anblick (unten links).

ST. PETERSBURG AUFERSTEHUNGSKATHEDRALE IM SMOLNY-KLOSTER

Der leuchtend blaue Komplex des Smolny-Klosters in St. Petersburg wurde 1748 von Zarin Elisabeth I. als Altersruhesitz geplant und von Bartolomeo Rastrelli im Stil des Barocks errichtet. Ihre Nachfolgerin Katharina die Große gliederte dem Komplex 1764 eine Bildungsanstalt für adlige Mädchen an, das spätere Smolny-Institut, an. Erst 70 Jahre später wurde das Ensemble unter Wassili Stassow vollendet. Im Mittelpunkt der Anlage, die letztlich nie als Kloster genutzt wurde, erhebt sich die prächtige Auferstehungskathedrale. Die blau-weißen Außenfassaden sind mit Säulen und Pilastern reich gegliedert, die Fenster mit üppig verzierten Stuckrahmen versehen. Der Innenraum ist jedoch streng klassizistisch. Umgeben ist der Bau mit seiner mächtigen Zentralkuppel von Zellentrakten in Form eines griechischen Kreuzes, dessen Eckpunkte durch vier Turmkirchen betont werden.

Eine Schöpfung des Hofarchitekten von Zarin Elisabeth I., Bartolomeo Rastrelli, ist die Smolny-Kathedrale, ein Barockbau mit Zentralkuppel und vier Ecktürmen (unten). Die Innenausstattung stammt vom russischen Baumeister des Klassizismus, Wassili Stassow. Der Gebäudekomplex des Klosters war übrigens 1917/18 Sitz des Rats für Volkskommissare unter Lenin. Die Kirche wird heute als Konzertsaal genutzt.

ST. PETERSBURG AUFERSTEHUNGSKIRCHE

Am Gribojedow-Kanal erhebt sich die farbenprächtige Auferstehungskirche, die an der Stelle errichtet wurde, wo Zar Alexander II. 1881 einem Attentat der revolutionären Organisation »Volkswille« zum Opfer fiel. Daher wird die Kirche auch Erlöserkirche »auf dem Blute« genannt. Sie wurde 1883 bis 1907 nach Plänen von Alfred Parland im altrussischen Stil erbaut – im Kontrast zu ihrer klassizistischen Umgebung. Als Vorbild diente die Basiliuskathedrale in Moskau, die ebenfalls reinen Denkmalcharakter aufweist. Der Hauptbau wird von fünf Kuppeln gekrönt. Daneben steht ein Glockenturm mit einer Goldkuppel. Sowohl Außen- als auch Innenwände sind großflächig mit Mosaiken, teils im Ikonenstil, gestaltet, die Giebel zieren Werke des Malers Viktor Wasnezow. 1997 wurde das nie zuvor als Kirche genutzte Gebäude als Museum der russischen Mosaiken wiedereröffnet.

Die Auferstehungskirche ist im Zentrum von St. Petersburg die einzige im altrussischen Stil mit den charakteristischen Zwiebeltürmen errichtete Kirche (großes Bild: Blick entlang des Gribojedow-Kanals). Bei den vorher erbauten, an westlichen Baustilen orientierten Kirchen hatte Peter der Große die »russischen Türme« verboten. Rund 700 Quadratmeter Fläche der Innen- und Außenwände sind mit Mosaiken bedeckt.

ST. PETERSBURG

Wer Schloss Versailles nahe Paris mag, wird auch die Palastanlage Peterhof lieben, die zusammen mit St. Petersburg zum Weltkulturerbe der UNESCO gehört. Zu Recht wird sie häufig mit ihrem französischen Vorbild verglichen. Rund 30 Kilometer von St. Petersburg entfernt schuf sich Peter der Große von 1714 bis 1723 eine Residenz, mit deren Dimensionen er seinen Machtanspruch verdeutlichte. Im folgenden Jahrhundert ließen Peters Nachfolger den Bau immer wieder erweitern. Vor dem Gebäude erstreckt sich eine Parkanlage mit den für den Barock typischen gezirkelten Rasen- und Pflanzenflächen. Zwischen Anfang Juni und Mitte Juli erscheinen Peterhof und St. Petersburg im Licht der Weißen Nächte: Da die Stadt auf dem 60. Breitengrad liegt, versinkt sie nachts nicht in Dunkelheit, sondern ist von einer Dämmerung umhüllt, die zum Flanieren und Feiern einlädt.

Die seit 1714 entstandene Residenz Peterhof (rechts) ist mit ihren kunstvoll gestalteten Gärten das eleganteste der Zarenschlösser rund um St. Petersburg. Besonderes Augenmerk wurde auf die raffinierten Wasserspiele mit Fontänen und Brunnen gelegt. Unten: Der Samson-Brunnen, der den Sieg bei Poltawa versinnbildlicht.

ZARSKOJE SELO

Aufgrund der Einmaligkeit der Palastanlagen aus zaristischer Zeit erklärte die UNESCO 1990 den Palastkomplex Zarskoje Selo zum Weltkulturerbe. Seit 1937 heißt die 25 Kilometer südlich von St. Petersburg gelegene Stadt Puschkin. Doch ihr ursprünglicher Name – er bedeutet Zarendorf – wird ihr vollauf gerecht: Im Jahre 1717 gab Katharina I. zunächst ein Schlösschen mit 16 Zimmern in Auftrag, das erst in späteren Jahren von ihrer Tochter, Zarin Elisabeth I., zum heutigen Katharinenpalast erweitert wurde und sich bei vielen Herrschern der nachfolgenden zwei Jahrhunderte großer Beliebtheit erfreute. Nach den Zerstörungen des Zweiten Weltkriegs wurde der Palast rekonstruiert. Zu weltweiter Berühmtheit gelangte das 2003 nachgebildete Bernsteinzimmer. Die zweite berühmte Residenz in Zarskoje Selo ist der Alexanderpalast, in dem Zar Nikolaus II. seinen Wohnsitz hatte.

Der nach Plänen von Bartolomeo Rastrelli errichtete Katharinenpalast mit seiner 300 Meter langen Barockfassade ist das Herzstück der Schlossanlage von Zarskoje Selo (rechts). Bei der Rekonstruktion des Bernsteinzimmers fügten russische Handwerker in mühevoller Arbeit ca. 500 000 Bernsteinteilchen zusammen (unten).

SCHLOSS PETERHOF

KATHARINENPALAST

KISHI POGOST

Auf der Insel Kishi im Onegasee, dem im russischen Karelien gelegenen zweitgrößten See Europas, sind in einem Freilichtmuseum herausragende Beispiele russischer Holzarchitektur zu bewundern, darunter zwei Kirchen und ein monumentaler Glockenturm (UNESCO-Weltkulturerbe). Die Christi-Verklärungs- oder Preobraschenski-Kirche wurde 1714 in Holzbauweise ohne Verwendung von Nägeln errichtet. Ihre 22 Kuppeln sind ein Beleg für die große Kunstfertigkeit russischer Zimmerleute. 1764 wurde die Mariä-Fürbitte- oder Pokrow-Kirche in derselben Technik erbaut. Der gewaltige achteckige Glockenturm des Ensembles stammt aus dem Jahr 1862. Die Gebäude, die an ihrem Ursprungsstandort abmontiert und im Freilichtmuseum neu zusammengefügt wurden, beeindrucken auch durch ihre harmonische Einbettung in die sie umgebende Landschaft.

Die Holzbauten von Kishi Pogost (ganz links) sind ein Glanzstück russischer Bauzimmererkunst des 18. und 19. Jahrhunderts. Spektakulärstes Gebäude ist die Christi-Verklärungs-Kirche (links und großes Bild). Über einem achteckigen Grundriss wurden bei ihr in sechs Stufen 22 zwiebelförmige Kuppeln konstruiert. Auch innen imponiert sie durch eine prunkvolle vierreihige Ikonostase (unten rechts).

WLADIMIR

MARIÄ-ENTSCHLAFENS-KATHEDRALE

Wladimir gehört ebenso wie Susdal, Sergijew Posad oder Jaroslawl zum Goldenen Ring, einer Reihe altrussischer Städte entlang einer ringförmig angelegten Reiseroute nordöstlich von Moskau. Die hier besprochenen historischen Zentren bzw. Sakralbauten sind sämtlich Bestandteil des UNESCO-Weltkulturerbes. In Wladimir, 1108 von Wladimir Monomach, dem Großfürsten von Kiew, gegründet und Hauptstadt eines Großfürstentums, errichteten Baumeister, Maler und Stuckateure prächtige Klöster und Kathedralen. Auf die Zeit um 1160 geht die unter Fürst Andrei Bogoljubski erbaute, von fünf vergoldeten Kuppeln überwölbte Mariä-Entschlafens-Kathedrale zurück. Sie birgt Ikonen von Andrej Rubljow, dem wichtigsten Ikonenmaler des russischen Mittelalters. Weitere bedeutende Sakralbauten vor Ort sind die Demetrioskathedrale und die ungewöhnliche Kirche auf dem Goldenen Tor.

Auf das 12. Jahrhundert gehen das Goldene Tor mit der Kirche auf dem Torbogen (links oben), die Mariä-Entschlafens-Kathedrale mit dem später hinzugefügten klassizistischen Glockenturm (rechts) und die mit Steinreliefs verzierte Demetrios-Kathedrale (links unten) zurück.

SERGIJEW POSAD

DREIFALTIGKEITSKLOSTER

Das 1340 vom heiligen Sergios von Radonesch gegründete Kloster 70 Kilometer nordöstlich von Moskau wird von gewaltigen Verteidigungsanlagen aus dem 15. bis 18. Jahrhundert umgeben. Bald entwickelte es sich zum Wallfahrtsort und bedeutenden Zentrum der russisch-orthodoxen Kirche im Rang einer Lawra. Das Herz des Klosters bildet die Mariä-Himmelfahrts-Kathedrale. Die älteste der zahlreichen Kirchen auf dem Areal ist die 1422 erbaute Dreifaltigkeitskathedrale mit der Grabstätte des Zaren Boris Godunow. Die Kirche beherbergt auch eine wertvolle Ikonostase mit Werken von Andrej Rubljow. Die berühmte Ikone der heiligen Dreifaltigkeit ist dort allerdings nur in Kopie zu sehen, das Original befindet sich in der Tretjakow-Galerie in Moskau. Die Sergioskirche und das Refektorium mit prächtig ausgeschmücktem Zeremoniensaal gelten als schönste Bauten des Klosters.

Der prächtige Innenraum des im Stil des Moskauer Barock erbauten Refektoriums (rechts) vermittelt einen Eindruck von Macht und Reichtum des Klosters. In dem rund 500 Quadratmeter großen und ohne Zwischenstützen errichteten Saal werden heute Gottesdienste abgehalten.

SUSDAL

MARIÄ-GEBURTS-KATHEDRALE

Susdal rund 200 Kilometer nordöstlich von Moskau war seit Ende des 11. Jahrhunderts Residenz des Kiewer Großfürsten. Nach dem Niedergang Kiews wurde Susdal das religiöse Zentrum des mittelalterlichen Russland. In seiner Blütezeit residierten hier 15 Klöster. Das altrussische Stadtbild mit zahlreichen Kirchen, Klöstern und der typischen Holzarchitektur hat sich hier noch fast vollständig erhalten. Im Kreml befindet sich die auf das 13. Jahrhundert zurückgehende Mariä-Geburts-Kathedrale, das schönste Gotteshaus der Stadt, mit goldenen Toren und darauf aufgetragenen Bibelszenen. Die reich ornamentierten Klöster – Mariä-Gewandniederlegung, Erlöser Jewfimi, Erlöser Euthymios – sind großteils restauriert. Im nahen Kidekscha blieb vom ehemaligen Fürstensitz nur die 1152 erbaute Boris-und-Gleb-Kathedrale übrig, eine der ältesten Steinkirchen Russlands.

Altrussische Zwiebelturmpracht, einmal in Blau, einmal in Grün – die Mariä-Geburts-Kathedrale im Kreml (ganz links) und die Kirche des Erlöser-Euthymios-Klosters (rechts). Beide zählen zu den schönsten der zahlreichen, aus weißem Stein errichteten Sakralbauten Susdals.

JAROSLAWL

PROPHET-ELIAS-KIRCHE

Im Jahr 1010 gründete Fürst Jaroslav am Zusammenfluss von Kotorosl und Wolga rund 300 Kilometer nordöstlich von Moskau eine befestigte Stadt. Ihre Glanzzeiten erlebte die Handelsmetropole im 17. Jahrhundert, als sie eine Hochburg der russisch-orthodoxen Kirche war und hier 50 neue Kirchen errichtet wurden. Die Sakralbauten aus dieser Epoche zählen zu den schönsten Russlands. Die prächtigste Kirche ist die des Propheten Elias von 1647; sie wurde nach den Brandkatastrophen des 18. Jahrhunderts das Zentrum der neuen Stadtanlage, von dem aus die Straßen strahlenförmig wegführen. Innen ist sie großflächig mit Fresken ausgemalt, ebenso wie die Christi-Verklärungs-Kathedrale von 1516 im gleichnamigen Kloster, das älteste erhaltene Gebäude der Stadt. Im Hinblick auf Wandmalerei spricht man in der russischen Kunstgeschichte von einer Schule von Jaroslawl.

Die Prophet-Elias-Kirche ist innen reich mit Fresken geschmückt (links). Sie wurden von reichen Pelzhändlern in Auftrag gegeben und zeigen Szenen aus dem Evangelium, Märtyrer und Heilige, enthalten aber auch profane Motive wie Alexander Newski und Schlachten.

BAALBEK

Der biblischen Überlieferung zufolge lebte schon der Stammvater Adam nahe von Baalbek. Auch Kain, Noah und Abraham werden mit dem Ort in Verbindung gebracht. Der Name »Baalbek« geht auf die phönizische Zeit zurück, als der Ort gegründet wurde, und bedeutet »Herr der Bekaa-Ebene«. Im 3. und 2. Jahrhundert v. Chr. war er als »Heliopolis«, als »Sonnenstadt«, bekannt. Aus dieser Zeit blieben verschiedene Felsengräber erhalten. Die wichtigsten Relikte sind jedoch den Römern zu verdanken, die Syrien vom Jahr 64 v. Chr. an eroberten. Sie errichteten hier eine der größten Tempelanlagen der Antike. Unter Kaiser Augustus begannen im Jahr 14 n. Chr. die Bauarbeiten am Jupitertempel, der auf den Ruinen der phönizischen Kultstätten errichtet wurde. Bekannt ist Baalbek auch für die großen Steinblöcke, die der Tempelstadt als Fundament dienen. Seit 1984 ist die archäologische Stätte Teil des Weltkulturerbes der UNESCO.

Die gigantischen Ausmaße des Jupitertempels in der einstigen römischen Kultstätte von Baalbek im Libanon lassen seine 22 Meter hohen korinthischen Säulen noch erahnen (großes Bild). Der Bacchustempel (unten) aus der gleichen Zeit gilt als ein Meisterwerk der griechischen Architektur.

PALMYRA

In der Syrischen Wüste zeugen monumentale Ruinen von der einstigen politischen und wirtschaftlichen Macht der römischen Kolonie Palmyra. Die Oasenstadt, ein Knotenpunkt nord-südlicher und ost-westlicher Karawanenwege, erlangte ihre wirtschaftlich herausragende Position, als der römische Kaiser Caracalla sie zur Kolonie erhob. Durch die Anbindung an die Seidenstraße gelangte Palmyra rasch zu großem Reichtum. Fürstin Zenobia, die ab dem Jahr 267 über das Palmyrenische Reich herrschte, baute Palmyra im 3. Jahrhundert nach römischem Vorbild zu einer prachtvollen Residenz aus und verschmolz dabei die Kultur des hellenistisch geprägten Orients mit der Kultur der Parther und Römer. Zeugnisse der palmyrenischen Kunst sind der Baaltempel von Palmyra, eine Säulenstraße, ein Theater, eine Agora sowie Turmgräber und Bestattungsanlagen im »Tal der Gräber«.

An dem zu Ehren von Kaiser Hadrian errichteten Triumphtor von Palmyra (UNESCO-Weltkulturerbe) begann einst die große Säulenstraße des antiken Syrien. Den Hintergrund zum Ruinenfeld bildet hoch auf einem Hügel die auf das 16. Jahrhundert zurückgehende arabische Burg (großes Bild). Unten: Das gut erhaltene Theater der Stadt.

RUINENSTÄTTE

RUINENSTÄTTE

Auf den Fundamenten eines römischen Tempels und einer christlichen Kirche erbauten die Omaijaden zu Beginn des 8. Jahrhunderts die Große Moschee mit ihrem dreischiffigen Gebetssaal. Sie ist eines der ältesten islamischen Gebetshäuser und nicht nur repräsentativ für den Stil der Omaijaden, sondern auch richtungsweisend für die Baukunst des Islam. Kostbare Mosaiken auf Goldgrund, Stuckreliefs und Marmor schmücken die Portalfassade mit den drei Eingangstoren. Auf dem von Arkadengängen gesäumten Hof steht das Schatzhaus, das mit herrlichem Mosaikdekor geschmückt ist. Der Brunnen im Hof stammt aus dem 19. Jahrhundert. Die Hoffassade des Querhauses ist teils mit Darstellungen üppiger Dachgärten versehen. Die Moschee beherbergt zudem einen Schrein mit dem Haupt Johannes des Täufers – sowie einen mit dem Kopf des Mohammed-Enkels Hussein.

Die mit byzantinischen Mosaiken geschmückten Arkadengänge der Großen Moschee umschließen einen großen Innenhof mit mehreren Pavillons (unten). In ihr wird nicht nur das Freitagsgebet abgehalten; hier beten auch Christen am Schrein, der das Haupt Johannes des Täufers enthalten soll (ganz links). Nach dem Brand von 1893 blieben nur Reste der prächtigen Mosaiken aus dem 11. Jahrhundert erhalten (links).

JERUSALEM

Auf dem Tempelberg erhob sich einst das heiligste Bauwerk Jerusalems, der prächtige zweite Tempel Herodes des Großen. Der von Salomo erbaute erste Tempel war schon 586 v. Chr. durch die Babylonier zerstört worden. Herodes ließ den schlichteren Nachfolgebau ab 20 v. Chr. erweitern und verschönern. Bald jedoch – im Jahre 70 n. Chr. – ging die größte Tempelanlage der Antike im Jüdischen Krieg gegen die Römer in Flammen auf. Erhalten blieb nur ein Rest der ehemaligen Umfriedung des Tempelbergs: die 48 Meter lange und 18 Meter hohe »Westmauer« (hebräisch: ha'kotel ha'ma' arawi). Sie wurde nach dem Untergang des zweiten Tempels zur wichtigsten Gebets- und Pilgerstätte für gläubige Juden aus aller Welt, die dort ihre Anliegen auf Zetteln hinterlassen, und zum Symbol für den Bund mit Gott. Als Teil der Altstadt gehört auch die Klagemauer zum Weltkulturerbe der UNESCO.

Juden aus aller Welt pilgern zur Klagemauer, um dort zu beten oder auf Zettel notierte Bitten und Danksagungen in die Mauerritzen zu stecken (Bildleiste links). Erst seit 1967 ist die Klagemauer für Juden wieder zugänglich, vorher war der große freie Platz davor noch dicht bebaut. Im Hintergrund ragen die Kuppeln der islamischen Bauten Felsendom (links) und Al-Aqsa-Moschee (rechts) auf (großes Bild).

Die Grabeskirche in Jerusalem befindet sich an der überlieferten Stelle der Kreuzigung und des Grabes Jesu. Sie gilt als eines der größten Heiligtümer des Christentums und ist heute ein Komplex aus über- und aneinander gebauten Kapellen der christlichen Konfessionen. Beim Eingang befindet sich der Salbungsstein, vor dem viele Gläubige knien. Zur rechten Seite erhebt sich die Golgothakapelle auf dem Felsen der Kreuzigung. Bedeutend ist auch die Grabkapelle, deren Marmorschrein ein Stück jenes Rollsteines enthält, der das Grab Jesu verschloss. Die St.-Anna-Kirche zählt zu den besterhaltenen Kreuzfahrerkirchen im Heiligen Land. Typisch für diese Architektur ist die romanische Wucht und Strenge mit ersten frühgotischen Einflüssen. Hier soll nach christlicher und muslimischer Tradition das Haus der Eltern Marias gestanden haben. Die Königin Alda ließ die Kirche vor 1150 erbauen.

Sechs christliche Konfessionen teilen sich die Grabeskirche (ganz links), in der sich die Grabkapelle befindet. Sie markiert den Ort der Auferstehung Christi (großes Bild und oben rechts). Links: Die Kreuzauffindungskapelle am Fundort des Kreuzes Christi. Die eindrucksvolle romanische St.-Anna-Kirche wurde neben dem Teich Bethesda über der vermuteten Geburtsstätte Marias erbaut (Bilder unten rechts).

JERUSALEM

Der Felsendom – bekanntestes Wahrzeichen Jerusalems – stellt den ältesten islamischen Sakralbau und eines der Hauptheiligtümer der Muslime dar. Er ist als Schrein konzipiert und ein Meisterwerk des frühen Omaijadenstils, der den byzantinischen Zentralbautyp übernommen hat. Mohammed trat, so der Koran, von diesem Felsen aus seine Himmelsreise an. Dieser Reise weihte Kalif Abd el-Malik den Schrein, den er 687–691 auf dem Felsen erbauen ließ, auf dem sich auch der Altar Abrahams befunden haben soll. Die Mauern des achteckigen, von einer goldenen Kuppel überragten Baus mit seinen Rundbögen sind mit blauem Schmuck verziert. Das Innere ist mit Arabesken, Mosaiken und Kalligraphien dekoriert. Von der Kuppel hängt eine Kette, die das Zentrum der Welt markiert. Unter dem Felsen soll der Brunnen der verstorbenen Seelen sein, die sich dort zum Gebet versammeln.

Byzantinische und arabische Architekten waren Ende des 7. Jahrhunderts am Bau des Felsendom-Heiligtums beteiligt. Die Fassade des oktogonalen Kuppelbaus (links und großes Bild) ist mit Ornamenten und arabischen Schriftzeichen versehen; das Innere der Kuppel ist mit goldenen Stuckarabesken auf rotem Grund verziert. Die Teppiche stiftete 1964 der marokkanische König Mohammed V. (unten rechts).

Für ihre Hauptstadt wählten die Nabatäer im Jahr 169 v. Chr. den Talkessel des Wadi Musa, der sich beinahe unzugänglich hinter der 200 Meter tiefen Schlucht des Siq befindet. Die Bauwerke von Petra sind gigantische, in den Fels geschlagene Gräber, deren Fassaden mit mächtigen Säulen, Gesimsen und Giebeln ein eindrucksvolles Wechselspiel von traditioneller arabischer Bauweise und hellenistischer Architektur offenbaren. Die geschmückten Grabmäler legen nahe, dass die Nabatäer an ein Leben nach dem Tod glaubten. Petra wurde im Jahr 106 von den Römern besetzt und im 4. Jahrhundert als Hauptstadt der Provinz Palaestina Tertia Bischofssitz. Im ehemaligen Zentrum schreitet man über eine römische Pflasterstraße und durch einen Triumphbogen. Nach Verlegung der Handelswege geriet Petra in Vergessenheit und wurde erst 1812 durch Johann Ludwig Burckhardt wiederentdeckt.

Auf halbem Weg zwischen dem Golf von Akaba und dem Toten Meer liegt die Felsenstadt Petra versteckt in den Bergen des Djebel Harun. Das eindrucksvollste Monument ist das im hellenistischen Stil errichtete »Schatzhaus des Pharao«, Khazne al-Firaun (unten), das jedoch in Wirklichkeit als Felsgrab diente. Auch die sogenannte Königswand beherbergt Gräber (links). Die Ruinenstadt ist Teil des UNESCO-Weltkulturerbes.

Die Al-Haram-Moschee birgt das Zentralheiligtum des Islam, die Kaaba (arabisch »Würfel«), und ist somit die größte und bedeutendste Moschee des Islam. Die elf Meter hohe Kaaba, die von den Gläubigen je sieben Mal umrundet wird, ist üblicherweise mit schwarzem, während der Wallfahrt (Hadjdj) mit weißem Stoff verhüllt. Im Koran heißt es dazu: »Die Menschen sind Gott gegenüber verpflichtet, die Wallfahrt zur Kaaba zu vollziehen, sofern es ihnen möglich ist.« Im Jahr 8 (630 n. Chr.) ließ Mohammed um die Kaaba eine Moschee im Hoftypus errichten, nachdem er vorislamische Verehrungssymbole aus der Kaaba hatte entfernen lassen. Nach mehreren Vergrößerungen erhielt die Moschee bis 1577 ihre heutige Form und Größe (356 800 Quadratmeter). Ihre Säulengänge sind mit weißen Kuppeln versehen. Derzeit wird die Moschee von insgesamt neun Minaretten gerahmt.

Nach islamischem Glauben soll jeder Muslim mindestens einmal im Leben die Kaaba in Mekka besuchen, die sich im Innenhof der Heiligen Moschee befindet (ganz links und unten). Ein Pilger bei der Berührung des Hadschar, des »Schwarzen Steins«, der sich in der Ostecke der Kaaba befindet (links). Der Legende nach erhielt Abraham diesen Stein vom Erzengel Gabriel als Geschenk aus dem Paradies.

MEDINA

Die Prophetenmoschee ist nach der Al-Haram-Moschee in Mekka das zweitheiligste Bauwerk des Islam. Ursprünglich befand sich an der Stelle, an der die Moschee errichtet wurde, das Haus des Propheten Mohammed. Hier wohnte nicht nur seine Familie, hier versammelte sich auch die gesamte muslimische Gemeinde, betete, sprach Recht und verkündete Gesetze. Dieses Bauwerk soll den frühesten Säulen- und Pfeilermoscheen als Vorbild gedient haben. Um die Worte des Propheten zu hören, strömten die Menschen bald so zahlreich herbei, dass man Mohammed einen erhöhten Sitz (Minbar) errichten ließ. Eine Neuerung für den Typus der Hofmoschee brachte die Einführung der apsidenförmigen Gebetsnische (Mihrab). Die Moschee wurde mehrfach beträchtlich erweitert, zuletzt 1990. Sie birgt heute, eingefasst unter einer grün gedeckten Kuppel, das Grab Mohammeds.

Die Prophetenmoschee diente vielen Säulenmoscheen als Vorbild, wie etwa der Mezquita in Córdoba. In Medina sind die unzähligen Kuppeln der diversen Nischen verschwenderisch mit goldfarbenen Mosaiken geschmückt. Nach den letzten Erweiterungen bietet die Moschee mit ihren beiden großen Innenhöfen heute Platz für 130 000 Menschen. Links: muslimische Pilger beim Fastenbrechen am Ende des Ramadans.

Die kürzlich für etwa 700 Millionen Dollar erbaute Scheich-Zayed-Moschee gilt als die drittgrößte Moschee weltweit. Sie fasst über 40 000 Gläubige. Der Prachtbau aus weißem Marmor liegt in einem Park mit künstlichen Seen. Im Inneren ist die Vielfalt der Stilrichtungen überraschend: Es finden sich maurische Hufeisenbögen ebenso wie Muqarnas-Gewölbe mit Spitzbögen und marokkanisch inspirierte vergoldete oder farbige Ornamente. Florale Jugendstil-Motive, geschmückt mit Halbedelsteinen, ranken sich entlang der Wände und der 1192 Säulen. Einzigartig ist das in die Marmorsäulen eingelassene Perlmutt. Osmanisch geprägt sind der Arkadenhof und die vier »Bleistift-Minarette«. Die zentrale Gebetshalle wird von einem riesigen Leuchter aus Swarovski-Kristallen gekrönt. Hier befindet sich auch der mit mehr als 7000 Quadratmetern größte handgewebte persische Teppich der Welt.

Der große Innenhof nimmt eine Fläche von 17 000 Quadratmetern ein und ist mit Marmorplatten und Mosaiken ausgelegt (links). Sieben mit 24-karätigem Gold und Swarovski-Kristallen geschmückte Kronleuchter besitzt die Moschee, darunter der wohl weltgrößte in der Haupthalle, der 15 Meter hoch ist und neun Tonnen wiegt. Die Innenwände der Moschee sind mit dekorativen Glasmosaiken und Gold versehen (unten).

Aus europäischer Perspektive mag es absurd wirken, in einem flachen Wüstenstaat mit viel unproduktiver Fläche Wolkenkratzer zu bauen. Hochhäuser werden aber nicht nur aus ökonomischen Gründen gebaut, sondern auch, um Symbole zu schaffen. So ist nach Plänen des US-amerikanischen Architekten Adrian Smith errichtete Burj Khalifa, der sich in zahlreichen Stufen bis zu einer Gesamthöhe von 828 Metern erhebt, auch ein Wahrzeichen der wirtschaftlichen Macht des Emirats. Das 159. Stockwerk liegt als höchstes nutzbares Stockwerk in einer Höhe von etwa 600 Metern, darüber türmen sich Technikgeschosse und Antennen. Die Bauzeit betrug sechs Jahre (2004–2010), bis zur Eröffnung hielt man sowohl die Höhe als auch die Zahl der Stockwerke des auf einem y-förmigen Grundriss errichteten Baus geheim. An den Kosten von 1,5 Milliarden US-Dollar beteiligte sich der Scheich Chalifa-bin-Zayid-Al-Nahyan, Präsident der Vereinigten Arabischen Emirate, nach dem der Bau schließlich auch benannt wurde.

Am 4. Januar 2010 wurde das Burj Khalifa in Downtown Dubai eingeweiht, das mit 828 Metern Höhe und 189 Stockwerken derzeit das höchste Gebäude der Welt ist. In seinen unteren Etagen laden Einkaufszentren und das von Giorgio Armani entworfene Luxushotel zum Verweilen ein.

Die Herrscher von Dubai verlassen sich bei der Zukunftsplanung nicht allein auf das Öl: Neben den Freihandelszonen von Djebel Ali und dem internationalen Flughafen spült der Tourismus Geld in die Kassen. Dafür werden Luxushotels wie das Burj al Arab (Turm der Araber) errichtet, das mit seiner Segel-Form den traditionellen arabischen Segelschiffen (Dhaus) ein Denkmal setzt. Das Segel des 321 Meter hohen, nach einem Entwurf des britischen Architekten Tom Wright errichteten Baus kragt so weit aus, dass der runde Hubschrauberlandeplatz nicht auf die Spitze, sondern in 210 Meter Höhe neben ihr aufgesetzt werden konnte. Auf 200 Metern hängt das Restaurant fast frei über dem Meer. Das Hotel wird in der 7-Sterne-Kategorie vermarktet, obwohl offiziell nur bis zu fünf Sterne vergeben werden. Tatsächlich sind die Suiten mit mindestens 170 Quadratmetern so groß und luxuriös, dass sieben Sterne nicht übertrieben scheinen. Zudem wurden hier 13 000 Kubikmeter Carrara-Marmor verbaut – das entspricht fast einem Fünftel des Beton-Volumens.

Das 1999 erbaute Burj al Arab in Dubai ist das bislang einzige 7-Sterne-Hotel der Welt (großes Bild). Im Foyer sorgen Wasserspiele vor Blattgold-Flächen für ein luxuröses Ambiente (unten). Mit diesem Bau legte die Herrscherfamilie Al Maktum den Grundstein für das moderne Dubai.

Die Sultan-Qabus-Moschee wurde gemäß omanischer Tradition etwas erhöht über der Hauptstadt des Oman erbaut. Sie gilt als Bau der Superlative: 2001 fertig gestellt, bietet sie auf 40 000 Quadratmetern 20 000 Gläubigen Platz. Das Hauptminarett misst über 90 Meter, die vier äußeren 45 Meter. Durch ein reich verziertes Holzportal betritt man die Gebetshalle für 6 000 Personen. Sie überspannt eine 50 Meter hohe Kuppel. Entlang der marmornen und teils vergoldeten Wände finden sich prächtige Nischen-Mosaike. Schwarze Säulen tragen die Bögen der seitlichen Arkaden. Den Abschluss bildet eine reich mit Kalligraphien und Arabesken im osmanischen Stil geschmückte Holzdecke. Farbige Fenster tauchen die Halle in ein prächtiges Licht. Der Kristall-Lüster mit seinen 1122 Lampen gilt als einer der größten der Welt. Ein Meisterwerk ist der 4 000 Quadratmeter große Teppich von Ali Chaliqi.

Die Wände der Moschee – die einzige Moschee im Oman, die auch Nicht-Muslimen offensteht – sind mit weißem und grauen Marmor sowie mit bemalten Fliesen geschmückt. Der zentrale Gebetssaal besitzt eine reich verzierte Holzdecke und einen 14 Meter hohen Kristall-Lüster, der mit über 1000 Lampen bestückt ist (links). Der indirekt beleuchtete Arkadenhof bietet bis zu 14 000 Gläubigen Platz.

BAGDAD

GOLDENE MOSCHEE

Mit den Gräbern von al-Kadhim und al-Taki al-Jawad, des siebten und des neunten Imams (von den Schiiten anerkannte Nachfolger des Propheten Mohammed), ist die im 16. Jahrhundert erbaute, im 19. Jahrhundert und ab 2007 restaurierte Khadimain-Moschee in der gleichnamigen Vorstadt von Bagdad eine bedeutende schiitische Pilgerstätte des Iraks. Bekannter ist sie unter dem Namen »Goldene Moschee«, denn mit Gold überzogen sind die beiden mächtigen Kuppeln der Schreinhalle sowie die vier Minarette oberhalb der Turmgalerie. Innengewölbe und Wände sind reich mit Mosaikschmuck bedeckt. Um den vorderen Teil des Mausoleums, in dem neben den beiden Märtyrern aus dem 8. Jahrhundert zwei schiitische Gelehrte bestattet wurden, führt eine von Marmorsäulen getragene Kolonnade mit Blüten- und Rankenornamenten auf den Fliesen der Blendbögen.

Hinter der Kolonnadenreihe der Eingangsfront (rechts) der um 950 errichteten Grabmoschee befinden sich vier Hallen für Gebetszwecke, die den eigentlichen Schrein der beiden Imame einschließen (rechts). Dessen mächtige Goldkuppeln wurden erst in jüngster Zeit renoviert.

KERBALA

HUSSEIN-MOSCHEE

Hussein, als Sohn des Kalifen Ali dritter Imam, ist der wichtigste Märtyrer der Schiiten. Sein Tod in der Schlacht von Kerbala (680) gegen die Omaijaden steht symbolhaft für die Leiden der kleineren muslimischen Glaubensgruppe bei der blutigen Verfolgung durch die meist sunnitischen Herrscher. Sein Todestag ist ein hoher Feiertag (Aschura), sein Sarkophag, zusammen mit dem seines Halbruders Abbas in der nahen Al-Abbas-Moschee, eine zentrale Wallfahrtsstätte der Schiiten mit jährlich sieben Millionen Pilgern. Die Grabmoschee mit ihrer 27 Meter hohen, im 16. Jahrhundert unter den schiitischen Safawiden vergoldeten Kuppel und den ebenfalls vergoldeten Minaretten steht in einem Hof, der von Arkaden und mit Fayencen verzierten Iwanen umschlossen wird. Die üppige Ausstattung mit Glas- und Fliesenmosaiken lässt das Mausoleum in gleichsam überirdischem Glanz erstrahlen.

Die Hussein-Moschee in Kerbala rund 100 Kilometer südwestlich von Bagdad geht in ihrer heutigen Form auf das 11. Jahrhundert zurück, musste jedoch nach Zerstörungen immer wieder erneuert werden. Auch hier erfreut eine vergoldete Kuppel das Auge (rechts).

Samarra war im 9. Jahrhundert kurzzeitig Residenz der Abbasiden. Zu den imposantesten Bauwerken dieser Epoche gehörte die unter Kalif al-Mutawakkil (847–861) erbaute, wahrscheinlich bis Ende des 11. Jahrhunderts benutzte Große Moschee. Mit ihrem 239 mal 156 Meter großen, von einer zehn Meter hohen Lehmziegelmauer eingefassten Innenhof hatte sie für die damalige Zeit riesige Ausmaße. In der Mitte des Hofes sprudelte ein Schalenbrunnen für rituelle Waschungen. Unter den Kolonnaden, die um den gesamten Hof liefen, befand sich die nach Mekka ausgerichtete Gebetsnische (Mihrab). Gegenüber, an der Außenseite der Mauer, steht das andere noch erhaltene Monument der Anlage, das Minarett. Um den 52 Meter hohen Turm windet sich eine Rampe spiralenförmig bis zur Plattform an der Spitze, die früher mit einem Holzpavillon für den Muezzin versehen war.

Aus Lehmziegeln ist das 52 Meter hohe Spiralminarett von Samarra außerhalb der Umfassungsmauer der ehemaligen Großen Moschee erbaut (unten). Der arabischen Bezeichnung für Spirale, »Maljiwa«, verdankt der Turm seine heutige Bezeichnung. Die Form des Turms, als Bestandteil der archäologischen Denkmäler Samarras UNESCO-Weltkulturerbe, greift altorientalische und antike Vorbilder auf (links).

MESCHHED

Die Grabstätte des 817 vermutlich ermordeten achten Imams Reza in der ostiranischen Handelsmetropole Meschhed gehört zu den wichtigsten Wallfahrtsstätten des schiitischen Islams. Um die weitläufige, 33 Hektar große Anlage (ab 11. Jahrhundert), in der sich Wege aus allen vier Himmelsrichtungen kreuzen, erstrecken sich freie Rasenflächen und eine Ringstraße – sie halten die profane Stadtbebauung auf Abstand zum Heiligtum. Das Schreinareal ist Mausoleum und Gebetsstätte, aber auch Museum und Universität. Direkt über dem Grabmal Rezas wölbt sich die goldene Kuppel der Grabmoschee, in der auch der Kalif Harun ar-Raschid seine letzte Ruhe fand. Später in den Komplex einbezogen wurde die im 15. Jahrhundert erbaute Gauharschad-Moschee mit ihrer doppelschaligen Kuppel, einem Juwel persisch-timuridischer Bau- und Handwerkskunst in Türkis und Kobaltblau.

Aus insgesamt sieben von Iwanen und Arkadengängen eingefassten Innenhöfen (persisch: Sahn) besteht das Areal des Schreins des Imam Reza in Maschhad, darunter der Sahn Inqilab (ganz links) und der Hof der zum Schreinkomplex gehörenden Gauharschad-Moschee (großes Bild). Die eigentliche Schreinkammer unter der goldenen Kuppel ist umgeben von 21 prunkvollen Vorhallen, Riwaq genannt (links).

ISFAHAN

Mit der 1638 vollendeten »Königsmoschee« (Masjid-i Schah), heute »Moschee des Imam«, am Meidan-i Imam (früher »Platz des Schah«) machte Schah Abbas I. (1587–1629) seine Residenzstadt Isfahan endgültig zur »Perle des Morgenlandes«. Über einen zum Platz (UNESCO-Weltkulturerbe) hin offenen Iwan (eine dreiseitig eingefasste Halle mit Raumnische und portalähnlicher Öffnung) mit Stalaktitengewölbe und zwei Türmen gelangt man in eine Moschee mit einem zentralen, von vier Iwanen eingefassten Hof. Die Harmonie des Bauwerks beruht auch auf dem Glanz und den Motiven des Keramikschmucks mit in diversen Blautönen changierenden Farben. Viele Ornamente – Inschriften und Arabesken – verdanken ihre Entstehung einer verfeinerten Fayencetechnik, bei der die Fliesenmuster nicht als Mosaike kompliziert geordnet, sondern großflächig aufgemalt oder eingeritzt wurden.

Äußerst prachtvoll ist der 27 Meter hohe Eingangsiwan mit den flankierenden Minaretten gestaltet. Als charakteristisches Stilelement schmücken Muqarnas, stalaktitartiges Dekor, die Deckenbereiche der Iwane (großes Bild und rechts ganz unten). Mit dunkel- und türkisblauen bzw. goldfarbenen Fliesenmosaiken prunken die Außen- und die Innenseite der zentralen Kuppel (oben links und rechts darunter).

Die Große Freitagsmoschee (Masjid-i Jami) von Isfahan, eine der ältesten Moscheen des Iran, prägte den Stil des islamischen Sakralbaus vor allem in Iran und Mittelasien. Zentrum des im 11. Jahrhundert entstandenen und bis ins 18. Jahrhundert immer wieder erweiterten Backsteinbaus ist ein rechteckiger, von zweigeschossigen Bauten umschlossener und von vier halboffenen Iwanen flankierter Innenhof. Die Fassaden sind rundum mit feinsten Fliesenornamenten, vor allem Linien-, Stern- und Blumenmustern, geschmückt; Grundfarbe der Keramik ist Blau. Hinter dem prächtigen südlichen Iwan erheben sich zwei Minarette. Den weitläufigen Säulen- und Bogenhallen der fast 2,5 Hektar großen Anlage schließen sich im Süden und Norden Säle mit großen Kuppeln an. Den stuckverzierten Mihrab von 1310 im nördlichen Iwan umlaufen Flechtbänder mit kufischen Schriftzeichen.

Eine Baugeschichte von rund 1000 Jahren – von der Abbasiden- über die Seldschuken- und Mongolen- bis zur Safawidenzeit – verkörpert die Freitagsmoschee von Isfahan. Baumaterial waren Ziegelsteine, die mit Fliesen verkleidet wurden (ganz unten). Die Moschee war eine der ersten vom Typus der Vier-Iwan-Anlage – auch hier sind die Gewölbe der Iwane mit Muqarnas stalaktitartig ausgestaltet (unten, großes Bild).

Der Safawidenherrscher Abbas I. (1587–1629) machte Isfahan 1598 zur Hauptstadt des Iran und entfachte dort rege Bautätigkeit. An der Längsseite des 560 mal 160 Meter großen Platzes Meidan-i Schah (heute: Imam), gegenüber seinem Gartenpalast, ließ er für seine Familie 1616 eine nach seinem Schwiegervater Scheich Lotfollah benannte »Privatmoschee« errichten. Sie besteht aus einer quadratischen Gebetshalle mit halbkugelförmiger Kuppel. Durch die 16 Fenster ihres Tambours fällt Licht, das die mit filigranen Netzmustern bedeckten Kacheln des Kuppelgewölbes je nach Tageszeit in unterschiedlichen Tönen leuchten lässt. Da die Moschee nach Mekka ausgerichtet sein musste, der Königsplatz aber diagonal dazu lag, bediente sich der Architekt eines Kunstgriffs und legte vom Gebetsraum im Winkel von 45 Grad einen Gewölbegang zum prächtigen Pischtak (Eingangsiwan) an.

Auf einem blau-grün gefliesten Tambour mit Inschriftenband ruht die Kuppel der Lotfollah-Moschee (unten). Die relativ kleine Moschee hat keinen Innenhof und besteht nur aus einem Eingangsbereich mit prunkvoll gefliestem Iwan (großes Bild) sowie einem Gebetssaal, dessen Kuppel und Wände (ganz unten) mit ockerfarbenen Fliesen und blauem Schriftband- und Floralmusterdekor verkleidet sind (ganz unten).

SCHIRAS

Eine der bedeutendsten schiitischen Wallfahrtsstätten Irans ist das Mausoleum mit dem Schrein (1344–1349) Amir Ahmads, bekannt als Schah Tscheragh, »König des Lichts«; er war der Sohn des siebten und Bruder des achten Imams. Die Begräbnisstätte im südiranischen Schiras wurde immer wieder durch Erdbeben in Mitleidenschaft gezogen. Ihr heutiges Aussehen erhielt sie mit den beiden Eingangsiwanen, dem Säulenumgang um den Innenhof und der Moschee an der Westseite unter dem Kadscharenherrscher Fath Ali Schah (1797–1834). Die markante birnenförmige Kuppel über dem von zwei Minaretten flankierten Grabmal wurde 1958 restauriert; ihr Gewölbe ist mit unzähligen fein gearbeiteten Fliesen geschmückt. Die silberbeschlagenen Türen und Millionen Kachel- und Glassplitter an Decken und Wänden verwandeln den Innenraum in ein funkelndes Spiegelmosaik.

Ungewöhnlich für islamische Architektur ist die mit Fayencen bedeckte zwiebelförmige Kuppel mit ihrem enormen Überhang (unten links und rechts). Dem Beinamen »König des Lichts« alle Ehre macht auch der überbordende Innenwandschmuck rund um den Schrein mit farbigen Spiegelmosaiken (unten und ganz rechts).

SCHIRAS

Die Masjid-i Wakil (1751–1773), die »Moschee des Regenten«, stammt ebenso wie der benachbarte Wakil-Basar aus der Zeit des Karim Khan Zand, der von Schiras aus über den Südwesten des Iran herrschte. Die Moschee hat einen arkadenumsäumtem Hof mit zwei Iwanen an Nord- und Südseite. Ihr Fliesendekor zeigt Pflanzenmotive, im nördlichen Iwan vor allem Rosenbüsche. Im Eingangsiwan wird die Wirkung der filigranen, realistischen Blumen- und Rankendarstellungen durch überhängende Zellen des Stalaktitengewölbes noch erhöht. Hinter dem südlichen Hofiwan öffnet sich der 2700 Quadratmeter große Wintergebetssaal. Sein Backsteingewölbe ruht auf 48 Säulen mit eingeritztem Spiralmuster; ihr Kapitellschmuck besteht aus Akanthusblättern. Als Meisterwerk gilt der Minbar (Predigtstuhl) aus grünem Marmor mit seiner 14-stufigen Treppe.

Eine Besonderheit der Wakil-Moschee ist der Schabestan, die Wintergebetshalle, mit seinen spiralförmig behauenen Steinsäulen (unten). Iwane und Wände sind mit bunten Kacheln ausgekleidet, die in der für Schiras typischen »Haft-Rangi«-Brenntechnik (sieben Farben) hergestellt wurden (alle übrigen Bilder).

MAUSOLEUM SCHAH TSCHERAGH

WAKIL-MOSCHEE

Die 1876 bis 1887 unter den Qadscharenherrschern vom Provinzstatthalter Mirza Hasan Ali Nasir-Al-Molk erbaute Moschee gleicht in ihrer Anlage der Wakil-Moschee. Auch hier umläuft ein offener Gewölbegang aus hellen Ziegeln einen zentralen Innenhof mit zwei einander gegenüberliegenden Iwanen, einer davon mit zwei kleinen Turmveranden. Grundfarbe des Fliesendekors an den Fassaden ist Blau; häufig wurde auch farbiges Glas verwendet. Das Innere des mehrschiffigen Gebetssaals hingegen wird vom Mosaik des vollständig gefliesten Gewölbes sowie den Glasfenstern mit ihren Blumenmotiven in rötliches Licht getaucht. Das Deckengewölbe der Halle tragen zahlreiche Säulen mit Spiralmuster und Akanthuskapitellen. Vor allem bezaubert die Moschee durch ihre variantenreiche Gewölbegestaltung, darunter Netz- und Sternmuster, Stalaktitenzellen und Halbkugeln.

Farbige Glasfenster mit floralen Motiven sorgen in den Gewölbehallen der Nasir-Al-Molk-Moschee für ganz spezifische Lichteffekte (Bildleiste links). Auch die Kacheln von Wänden, Decken, Gewölben sowie die stalaktitartigen Muqarnas überraschen mit großer Farbenvielfalt (unten). Den Rosenmotiven und den teils dominierenden rosa Farbtönen verdankt das Gotteshaus auch seinen Beinamen »Rosenmoschee«.

PERSEPOLIS

König Darius I., Herrscher der Achämeniden, legte 520 v. Chr. den Grundstein für diese prunkvolle Residenz. Obwohl er mit Pasargadae und Susa bereits zwei Hauptstädte besaß, wollte er einen Palast bauen, der die Größe seines Reichs widerspiegeln sollte. Auf einer Terrasse von 125 000 Quadratmetern Fläche entstand das herrlichste Gesamtkunstwerk der persisch-achämenidischen Kunst. Darius I. erlebte nur die Vollendung des Palastes, des Schatzhauses und des Audienzsaals, des Apadana, der 36 knapp 20 Meter hohe Säulen und wunderbare Reliefs aufwies. Sein Sohn Xerxes setzte die Pläne des Vaters fort, doch der monumentale Hundertsäulensaal wurde erst unter Darius' Enkel, Artaxerxes, fertiggestellt. Bereits 330 v. Chr. wurde »Darius' Traum« durch Alexander den Großen in Schutt und Asche gelegt. Der letzte Schah des Iran, Reza Pahlavi, ließ Teile der Stadt wiederaufbauen.

Als eines der Weltwunder der Antike gilt die Säulenhalle von Persepolis, deren Wände mit Flachreliefs geschmückt sind, die den Einfluss babylonischer Kunst erkennen lassen (links und ganz unten links). Die hier abgebildeten Abgesandten der Völker des Achämenidenreichs tragen ihrer Herkunft entsprechend die regionale Haartracht (großes Bild). Der Eingang von Persepolis, bekannt als »Tor der Völker« (links oben).

Die Kalan-Moschee – als Teil des historischen Zentrums Bucharas UNESCO-Welterbe – enthält Elemente aus dem 12. Jahrhundert und wurde 1514 im timuridischen Stil fertiggestellt. Im Innenhof finden bis zu 10 000 Gläubige Platz. Das 46 Meter hohe Minarett gilt als Wahrzeichen Bucharas. Es wurde 1127 von Arslan Khan errichtet und folgt einer für Mittelasien typischen Bauform, bei der ein sich nach oben verjüngender Schaft durch eine Laterne gekrönt wird. Er ist dekoriert durch umlaufende Bänder aus Ziegeln, die in unterschiedlichen geometrischen Mustern gesetzt wurden. Das Minarett diente auch als Leuchtturm für Karawanen, als Wachturm und als Todesturm, von dem aus die Verurteilten hinabgestürzt wurden.

Den Zugang zum Hauptgebäude der beeindruckend großen Kalan-Moschee bildet ein mit Schriftzeichen geschmücktes hohes Portal (rechts). Gebrannte Ziegelsteine bilden an der Fassade des Kalan-Minaretts (unten: Rotunde an der Spitze mit bogenförmigen Fenstern) ein schönes bänderförmiges Dekor mit rauten- und labyrinthförmigen Mustern. Mit der Mir-i-Arab-Medrese (unten links: blaue Kuppel im Hintergrund) bildet der Turm ein reizvolles Ensemble.

BUCHARA

MEDRESE CHOR MINOR

Die in Buchara gelegene Medrese Chor Minor (wörtlich: vier Minarette) wurde 1807 von dem reichen Turkmenen Kalif Nijazkul errichtet. Durch ihren für Mittelasien ungewöhnlichen Baustil ist sie zu einem Wahrzeichen der Stadt geworden. Die markanten Ecken des aus Ziegelsteinen erbauten, von einer breiten Zentralkuppel überdachten kubusartigen Bauwerks bilden vier 17 Meter hohe Türme, die so ganz anders aussehen als gewöhnliche Minarette. Ihr Mosaikdekor in Form geometrischer Muster soll sich auf unterschiedliche Religionen beziehen. Überwölbt werden die Türme von himmelblau glasierten Kuppeln. Die Anlage ist ein wenig dem Taj Mahal nachempfunden, wo ihr Erbauer angeblich weilte. Ursprünglich war sie Teil eines weitaus größeren Medresenkomplexes mit Innenhof, Wasserbecken und Sommermoschee, die heute alle nicht mehr erhalten sind.

Ein architektonisches Schmuckstück aus den Zeiten des kulturellen Niedergangs von Buchara im 19. Jahrhundert ist die Chor-Minor-Moschee am Rande der Innenstadt. Vier Eckminarette fassen einen kuppelüberwölbten Zentralbau ein und heben sich reizvoll gegen den Himmel ab.

BUCHARA

NADIR-DIWAN-BEGI-MEDRESE

Die Medrese Nadir Diwan Begi ist Teil des Lab-e-Haus-Komplexes, dreier monumentaler Bauten, die sich am Rande des Zentrums von Buchara um ein Wasserbecken gruppieren: die Kukeldasch-Medrese sowie eine weitere Medrese und eine Chanaka (Pilgerherberge), beide unter Nadir Diwan Begi um 1620 erbaut und nach ihm benannt. Die Nadir-Diwan-Begi-Medrese war als Karawanserei konzipiert, wurde dann aber umfunktioniert. Das Ensemble wurde aufgestockt und die Hauptfassade mit Loggien, einem Portal und Ecktürmen versehen. Kunsthistorische Bedeutung hat die Medrese jedoch wegen ihres ungewöhnlichen Fassadenschmucks: In den Tympana des Hauptportals sind neben den üblichen Pflanzenmotiven und Schriftbändern – entgegen dem islamischen Bilderverbot – auch Tiere dargestellt.

Als eindrucksvolles Monumentalbauwerk mit hohem Portal, spitzbogenförmigen Fensternischen und pfeilergleichen Ecktürmen dominiert die Nadir-Diwan-Begi-Medrese einen der idyllischsten Plätze Bucharas. Prächtige farbenfrohe Mosaiken auf vornehmlich blauem Grund schmücken den hohen Pischtak (Eingangstor).

Als einer der prächtigsten Plätze Mittelasiens präsentiert sich der Registan (UNESCO-Weltkulturerbe) von Samarkand in Usbekistan mit seinem großartigen Ensemble dreier Medresen. Die Medrese Ulughbek, eine der ältesten der Region, mit 35 Meter hohem Eingangsportal, wurde im 15. Jahrhundert im timuridischen Baustil errichtet. Sie war eine der besten Hochschulen des Orients. Sehr originell sind die Muster der aus farbigen Kacheln kunstvoll gestalteten Mosaiken an der Fassade. Spiegelbildlich wurde gegenüber im 17. Jahrhundert die Medrese Sher-Ddor nach bucharischem Vorbild erbaut. Eingerahmt von beiden Medresen entstand um 1650 die Medrese Tilla-Kori, deren golden glänzender Innenraum auch als Freitagsmoschee diente. Ungewöhnlich ist das Tigerdekor samt Sonne mit menschlichem Antlitz auf dem Portal der Sher-Dor-Medrese.

Drei Medresen, eine prunkvoller als die andere, bilden den großartigen Registan in Samarkand: Ulughbek, Tilla-Kari und Sher-Dor (im großen Bild von links nach rechts). Das üppige Dekor der Ulughbek-Medrese (ganz links) aus blauen, türkis- und lilafarbenen Kacheln weist geometrische Muster, Sterne, Blumenmotive und Kufi-Inschriften auf. In prächtigen Goldfarben erstrahlt die Kuppel der Tilla-Kari-Medrese (links).

JAM

Im Engtal des Hari Rud, westlich von Chaghcharan in der einsamen Gebirgslandschaft des Hindukusch, erhebt sich das 65 Meter hohe, im Jahr 1194 erbaute Minarett von Jam, ein üppig dekorierter Ziegelbau mit reicher Ornamentik sowie Inschriftenkacheln. Durch die kunstvolle Gestaltung und die gewaltigen Dimensionen markiert der schlanke Backsteinturm nicht nur einen Höhepunkt in der islamischen Baukunst des Mittelalters, sondern erhellt auch die Epoche der Ghoriden, die im 12. und 13. Jahrhundert die Region beherrschten. So wurde das Minarett von Jam zu einem Vorbild für das heute ungleich bekanntere Qutb Minar von Delhi. Nach dem Niedergang der Dynastie der Ghoriden war Jam lange vergessen, bis es 1957 durch eine archäologische Expedition wiederentdeckt wurde. Das Minarett sowie die hier entdeckte Ruinenstätte gehören zum UNESCO-Weltkulturerbe.

Aus einer achteckigen Basis wächst das Minarett von Jam sich nach oben verjüngend in die Höhe. Seine Außenseiten sind mit geometrischen Mustern auf Stuck oder Reliefkacheln und Spruchbändern aus leuchtend blauer Keramik verziert, die die 19. Sure des Korans wiedergeben.

HERAT

Die Geschichte des westafghanischen Herat reicht bis in die Antike zurück. Seit dem 7. Jahrhundert gehört die Stadt zum islamischen Kulturkreis. Die um 1200 errichtete Große Freitagsmoschee wurde nach der Zerstörung in der Mongolenzeit von den Nachfolgern Timur Lengs wiederaufgebaut und erhielt ihr heutiges Gesicht – insbesondere ihr verschnörkeltes Dekor, häufig mit Blumenmotiven – in der Safawidenzeit (16./17. Jahrhundert), als Herat zum iranischen Reich gehörte. In der Freitagsmoschee kreuzen sich persische und zentralasiatische Einflüsse; ihr ursprünglicher Grundriss mit dem zentralen Innenhof ist noch erhalten. Die kleinteiligen Fayencemosaiken an den Fassaden stehen in reizvollem Kontrast zu den hohen Gewölben der Iwane, die von runden Türmen und Minaretten mit Kuppelhauben flankiert werden. Davor erstrecken sich teils begrünte, teils gepflasterte Freiflächen.

Als Vier-Iwan-Anlage mit Arkaden und Innenhof präsentiert sich die Freitagsmoschee von Herat. Den Haupteingang an der Ostseite markiert ein von zwei Minaretten flankierter Pischtak (rechts). Glasierte Ziegel mit Pflanzenmotiven tauchen die Fassaden in ein leuchtendes Farbenmeeer.

MOSCHEE

FREITAGSMOSCHEE

LAHORE

Die Badjahi-Moschee im pakistanischen Lahore ist die fünftgrößte Moschee der Welt. Ihr Name bedeutet »Kaiserliche Moschee«, entsprechend sind ihre Dimensionen: Vier der insgesamt acht Minarette ragen jeweils fast 55 Meter in die Höhe. Der quadratische Innenhof hat eine Seitenlänge von 161 Metern und ist damit einer der größten der Welt. Im Betraum können sich 10 000 Gläubige aufhalten, gar 100 000 Menschen finden auf dem Hof und in den anderen Außenbereichen Platz. Der Bau der Moschee wurde von Großmogul Mohammed Aurangzeb Alamgir angeordnet und 1673 abgeschlossen. Während der britischen Kolonialzeit wurde das Gebäude militärisch genutzt und entsprechend vernachlässigt, 1960 erhielt es jedoch seine ursprüngliche Gestalt zurück. In einem Museum werden Reliquien Mohammeds, seines Cousins Ali und seiner Tochter Fatima verwahrt.

Eingangsportal, Marmorkuppeln und Minarette bilden den Blickfang der Badjahi-Moschee in Lahore, die innerhalb eines ummauerten, an seinen Ecken wiederum durch Minarette markierten Bezirks steht. Innen bestimmen Marmorintarsien und florale Motive das Bild (rechts).

ISLAMABAD

Die moderne Faisal-Moschee ist Pakistans Nationalmoschee. Nicht von ungefähr erinnert ihre Architektur an ein arabisches Beduinenzelt: Es war Faisal ibn Abd al-Aziz, der Herrscher Saudi-Arabiens, der 1966 bei einem Besuch der neuen Hauptstadt den Impuls zum Bau des Gotteshauses gab. Drei Jahre später wurde der türkische Architekt Vedat Dalokay mit der Verwirklichung beauftragt, die Kosten übernahm Saudi-Arabien. 1984 war die Moschee fertiggestellt, in deren Halle sich 10 000 Gläubige zum Gebet versammeln können. Für eine Moschee ungewöhnlich ist die fehlende Kuppel, die vier jeweils 90 Meter hohen Minarette sind dagegen die höchsten in Südasien. Die Wände gestaltete der pakistanische Künstler Sadequain mit Kalligrafien und Mosaiken.

An ein Beduinenzelt erinnert die von vier futuristisch wirkenden Minaretten umgebene Gebetshalle der Faisal-Moschee in Islamabad. Damit ist Vedat Dalokay ein herausragender Entwurf islamischer Architektur gelungen. Außergewöhnlich ist auch die aus goldeloxierten Röhren bestehende Lichtinstallation im Inneren, die die Form einer Kugel einnimmt (rechts).

BADJAHI-MOSCHEE

FAISAL-MOSCHEE

Seit der Wende vom 16. zum 17. Jahrhundert spiegelt sich der Goldene Tempel im Wasser des »Nektarteichs«, der ihn umgibt. Guru Arjan, der fünfte Guru der Sikhs, gab Ende des 16 Jahrhunderts den Bau des Tempels in Auftrag. Es ist die heiligste Stätte der Religionsgemeinschaft und sollte von jedem Gläubigen mindestens einmal im Leben besucht werden. Der Tempel ist Mittelpunkt einer Palastanlage aus weißem Marmor. Über einen Steg gelangt man zum dreistöckigen Tempel, dessen vier Türen darauf hinweisen, dass er für Menschen aller Glaubensrichtungen offensteht. Das Innere ist reich mit Gold und Silber, Elfenbeinintarsien und Holzpaneelen geschmückt. Seit 1604 wird hier das heilige Buch der Sikhs aufbewahrt, dessen Verse tagsüber unablässig durch Sänger und Musiker rezitiert werden. Auch Schreine, die an Gurus, Heilige und Märtyrer der Sikhs erinnern, befinden sich im Tempel.

Der Goldene Tempel, das spirituelle Zentrum der Sikhs, ist vollständig mit Blattgold überzogen, und kann über einen Steg von den Pilgern erreicht werden (großes Bild). Auch Gläubige anderer Religionen sind im Tempel willkommen (links), um an Gebeten und Gesängen (Kirtan) teilzunehmen. Am Geburtstag des ersten Sikh Gurus Nanak Devji zünden Pilger am Ufer des Nektarsees Tausende Kerzen an (ganz links).

DELHI

Shah Jahan (persisch: »Weltkönig«) war der fünfte Großmogul Indiens und ein bedeutender Bauherr (etwa des Taj Mahal in Agra). Er gab 1639 den Auftrag, einen befestigten Palast unmittelbar neben der älteren islamischen Festung Salimgarh errichten zu lassen. Neun Jahre benötigte man zur Fertigstellung dieser Palastburg, die zusammen mit Salimgarh – die Islam Shah Suri 1546 hatte errichten lassen – den Komplex des Roten Forts (UNESCO-Weltkulturerbe) bildet. Mit prächtigen Toren wie dem Lahore Gate, opulenten Wachtürmen und wehrhaften Mauern wurde es ein Machtsymbol der Großmogule. Seinen Namen verdankt dieses imposante, zweimal (im Jahr 1739 durch persische und im Jahr 1857 durch britische Truppen) geplünderte Bauwerk den massiven, rund 16 Meter hohen Außenwänden aus rotem Sandstein, der im Licht der untergehenden Sonne spektakulär leuchtet.

Im Inneren der wehrhaften Anlage (Bilder unten) verbergen sich zahlreiche Paläste. Großzügige Hallen mit detailreich verzierten Gewölben, Säulen und Fenstern sind typisch für die Bauten des Roten Forts. In den Formen und Mustern verbinden sich persisch-zentralasiatische mit indisch-hinduistischen Architekturelementen (rechts).

DELHI

Der indische Großmogul Shah Jahan (1627–1658), Erbauer des Taj Mahal in Agra, bescherte dem »Delhi-Dreieck« mit Shahjahanabad die siebte Stadtanlage seit dem 13. Jahrhundert v. Chr. Sie bildet heute die Altstadt von Delhi. Neben der Burg, dem »Roten Fort«, gehört die 1656 auf einem Hügel errichtete Freitagsmoschee (Jami Masjid) zu den zentralen Bauwerken der Anlage. Mit Platz für 25 000 Gläubige ist sie die größte Moschee Indiens. Die Hauptgebetshalle wird von drei Marmorkuppeln überwölbt und von zwei Minaretten flankiert. Mauern, Arkaden, Gewölbe und Pfeiler der Moschee sind vor allem in den Farben Rot (Sandstein) und Weiß (Marmor) gehalten. Über Treppen gelangt man zu drei von Zinnen mit Kuppelgalerien gekrönten Portalbauten, die in den kolonnadengesäumten Innenhof führen; in die Außenseite des dreistöckigen Haupteingangs ist ein Liwan eingelassen.

Die Moschee erhebt sich an der Westseite eines ummauerten Hofes und wird von zwei 40 Meter hohen Minaretten eingerahmt (rechts). Der Hof bietet 20 000 Gläubigen Platz. In der Mitte befindet sich ein Marmorbrunnen für die Reinigung vor dem Gebet (unten links). Unten: Blick in die mit langen Teppichen ausgelegte Gebetshalle.

ROTES FORT

JAMI-MASJID-MOSCHEE

FATEHPUR SIKRI

Mit der Stadt Fatehpur Sikri im heutigen indischen Bundesstaat Uttar Pradesh schuf sich der Großmogul Jalaluddin Mohammed Akbar sein eigenes Denkmal. Im Mittelpunkt der UNESCO-Welterbestätte liegt die 1571 vollendete Dargah- oder Freitagsmoschee. Sie markiert die Epoche, in der sich lokale Architekturelemente mit dem persischen Baustil zu mischen begannen. Prunkstücke der Innenausstattung sind die stilisierten Blumenmalereien. Die meisten Besucher betreten den Gebäudekomplex durch das im Süden gelegene Haupttor Buland Darwaza. Mit 53 Metern Höhe zählt das Paradebeispiel der Mogularchitektur zu den weltweit größten Eingangstoren. Hauptziel der Gläubigen ist die Grabstätte des Sufi-Heiligen Scheich Salim Chisti. Ursprünglich war das Mausoleum im Hof der Moschee nur aus rotem Sandstein gefertigt, später wurde es mit kostbarem Marmor verblendet.

Die Moschee umschließt einen riesigen Innenhof (unten). Betreten wird sie durch das Buland Darwaza, zu dem eine breite Treppe hinaufführt (ganz links). Das Areal beherbergt das prächtige Mausoleum des Sufiheiligen Salim Chisti (links), dem Akbar die Errichtung von Fatehpur Sikri versprochen hatte – aus Dank über die Geburt des prophezeiten Thronfolgers. Beachtenswert sind vor allem die filigranen Marmorfenster (Jalis).

AGRA

Mit dem Bau dieses aus weißem Marmor gefertigten Grabmals (UNESCO-Weltkulturerbe) für seine 1631 verstorbene Gattin Mumtaz Mahal brachte Großmogul Shah Jahan im indischen Agra den im Grabmal des Humayun bereits entwickelten Bautyp zu höchster Vollkommenheit. Am Ende eines von Wasserspielen belebten Gartenparterres erhebt sich auf einem quadratischen Sockel das vollkommen symmetrisch gestaltete Mausoleum. Der zentralen, in persischer Manier auf einem hohen Tambour aufsitzenden Kuppel gesellen sich überkuppelte Pavillons bei; die Fassaden im persischen Stil sind den vier Himmelsrichtungen zugewandt. Vier Minarette akzentuieren die Ecken der Terrasse aus weißem Marmor. Der starke persische Einfluss geht wohl auf den ersten Baumeister Isa Afandi aus Shiraz zurück, zudem haben Künstler und Handwerker aus ganz Klein- und Mittelasien mitgewirkt.

Direkt am Fluss Yamuna liegt das Mausoleum der Lieblingsfrau von Shah Jahan (großes Bild, ganz links). Vier Minarette akzentuieren die Ecken der Terrasse, auf der das Grabmal errichtet wurde. Der umgebende Park wird flankiert von einer Moschee und dem Eingangsgebäude, beide mit imposanten Kuppeln versehen. Florale Motive und Koranzitate in kufischer Schrift zieren die Bogenzwickel der Iwane (links).

AMBER

Der Festungspalast von Amber war bis zum Jahr 1727 Sitz der Kachhawahadynastie – einer sich aus hinduistisch geprägten Rajputenfamilien zusammensetzenden Gruppierung, die der Kshatriyakaste angehörte, die den Kriegern, Fürsten und Königen vorbehalten war. Errichtet wurde die Festung von Man Singh I. im Jahr 1592 auf den Überresten eines Forts aus dem 12. Jahrhundert. Den Prachtbau im Zentrum der Anlage ließ Jai Singh I. bauen. Elefanten tragen den Besucher die Serpentinen hinauf zu der auf einem Bergkamm gelegenen Festung. Das Fort betritt man durch das Sonnentor (»Suraj Pol«). »Ganesh Pol«, das mit Pflanzenfarben über und über bemalte Tor aus dem Jahr 1640, führt in die Privatgemächer der Festung. Frauen wohnten einst im hinter Gitterwerk versteckten ersten Stock. Dort ist die Decke mit einer berührenden Darstellung des Elefantengottes Ganesha geschmückt.

Ganesh Pol, das dreistöckige Tor von 1640, führt in die Privatgemächer (unten links). In dem mit 27 Säulen bestückten Kolonnadengang im Amber Fort saßen einst die Hofschreiber (unten). Der obere Teil der Festung wird militärisch genutzt und beherbergt ein kleines Museum mit der weltgrößten Kanone auf Rädern (großes Bild).

JODHPUR

Majestätisch thront das Mehrangarh Fort über der indischen Stadt Jodhpur. Prachtbauten aus dem 16. bis 19. Jahrhundert wie der Perlenpalast (Moti Mahal) oder der Blumenpalast (Phool Mahal) mit seinen aufwendigen Wandmalereien, den Buntglasfenstern und den sorgfältig ausgeführten Spiegelarbeiten erinnern an die opulente Lebensführung der Maharadschas vom Rathoreclan. Im Jahr 1459 wählte deren König Rao Jodha die rund 120 Meter hohe Felsklippe zum Bau der Festung. Das Plateau auf dem Gipfel hat drei Bereiche: den Palast im Nordwesten – heute das Museum –, eine große Terrasse im Osten des Palastes mit wunderschönen Ausblicken und den stark befestigten Teil im Süden. Nach ihm wurde auch die direkt darunter liegende Stadt Jodhpur mit den berühmten blau getünchten Brahmanenhäusern benannt. Blau gilt im Hinduismus als die göttliche Farbe Krishnas.

Die lebendige Stadt Jodhpur (großes Bild) bildet den südöstlichen Eckpunkt des »Großen Wüstendreiecks«. Sie entstand – genau wie die Festung – im Jahr 1459 durch König Rao Jodha. Rund 120 Meter über der Altstadt thront das Mehrangarh-Fort auf einem steil abfallendem Felsen (unten). Es ist bis heute in Familienbesitz.

FORT

MEHRANGARH FORT

BHANDESHWARI-JAIN-TEMPEL

Bikaner im indischen Bundesstaat Rajasthan ist bekannt für seine über zwei Dutzend Jain-Tempel. Der älteste von ihnen und gleichzeitig das älteste Gebäude der Stadt ist der Bhandeshwari-Jain-Tempel. Er wurde 1468 von einem wohlhabenden Kaufmann gestiftet und war 1514 vollendet. Gewidmet ist er Sumatinath, dem fünften Tirthankara, nach dem Glauben der Jains ein mythisches Wesen, das 900 Meter hoch war und vor dem Eintritt in das Nirwana über 282 Trillionen Jahre gelebt hatte. Seine Marmorstatue befindet sich auf einem silbernen Thron. Der Tempel ist in rotem Sandstein und weißem Marmor ausgeführt. Er ist reich mit Blattgold geschmückt und berühmt für seine kunstvoll verzierten Säulen und die farbenprächtigen Wandmalereien. Der zweite Stock birgt Statuen von Gottheiten und Tirthankaras. Von Balkonen können Besucher den Blick über die Stadt schweifen lassen.

Der dreistöckige Bhandeshwari-Jain-Tempel liegt im Zentrum der turbulenten Altstadt von Bikaner. Bilder unten: Tempelturm und Innenhof. Berühmtheit erlangte der Tempel vor allem durch seine farbigen Wandmalereien, die Geschichten über die 24 Tirthankaras erzählen, sowie die mit Blumenmustern verzierten Säulen, die Mosaikböden und die unzählige Spiegel, Schreine und Götterbilder (großes Bild).

Die Dilwara-Tempel offenbaren erst im Innern ihren Reichtum. Der Vimal-Vasahi-Tempel aus dem 11. Jahrhundert ist der älteste der fünf Tempel. Gewidmet ist er Adinath, der als erster Tirthankara in einer Reihe Erleuchteter steht, von denen die Jain glauben, dass die meisten nach jeweils unvorstellbar langem Leben im Nirwana angekommen sind. Die in weißem Marmor ausgeführten Steinmetzarbeiten suchen im Detailreichtum ihresgleichen. Der 24. und letzte Tirthankara wird im 1582 erbauten Mahaveer-Swami-Tempel verehrt. Von einmaliger Kunstfertigkeit zeugen die verzierten Steinsäulen des Khartar-Vasahi-Tempels aus der Mitte des 15. Jahrhunderts, der das höchste Gebäude der gesamten Anlage ist. Einzigartig sind auch eine hauptsächlich aus Messing gefertigte Statue im Pittalhar-Tempel sowie 360 aus Marmor gearbeitete Miniaturfiguren im Luna-Vasahi-Tempel.

Zu den imposantesten Sakralbauten Indiens gehören die fünf Dilwara-Tempel in der Bergregion Mount Abu im Süden Rajasthans. Innen überwältigen sie durch detailreiche Steinmetzarbeiten. An Wänden und Decken des Vimal-Vasahi-Tempels sind Figuren und Ornamente aus honigfarbenen Marmor gearbeitet (beide Bilder unten), die große Halle wird von Säulen getragen, auf denen u.a. tanzende Göttinnen zu sehen sind (großes Bild).

MOUNT GIRNAR

Seit dem 3. Jahrhundert ist der Mount Girnar im Westen Indiens eine wichtige Pilgerstätte für Anhänger des Hinduismus und des Jainismus. Auf einem von fünf Berggipfeln steht eine Gruppe von Tempeln, die zwischen dem 12. und 15. Jahrhundert errichtet wurden. Sie gelten Anhängern beider Richtungen des Jainismus, den orthodoxen Digambaras (»Luftgekleidete«) und den gemäßigten Shvetambaras (»Weißgekleidete«), als heilige Orte. Einer von ihnen ist der Mallinath-Tempel aus dem Jahr 1128. Benannt ist er nach dem 19. Tirthankara, einem erleuchteten Wesen, von dem die Jains glauben, dass es vor über 6,5 Millionen Jahren gelebt hat. Während für die Digambaras Mallinath ein Mann war, glauben die Shvetambaras an die Weiblichkeit des Wesens. Wer die gesamte Gipfelroute an allen Tempeln vorbei bewältigen möchte, sieht sich Tausenden von Stufen und einer stundenlangen Bergwanderung gegenüber.

Zur Tempelstadt auf dem heiligen Berg Girnar, einem einstigen Vulkan, auf dem der 22. Tirthankara, Neminatha, ins Nirwana eingegangen sein soll, gehört der malerische Mallinath-Tempel mit seinen aufwendig gestalteten Türmen und hellen, mosaikverzierten Kuppeln (alle Bilder).

MOUNT SHATRUNJAYA

Mit seinen rund 900 Tempeln ist der Mount Shatrunjaya eine der heiligsten Orte des Jainismus. Die Pilger müssen mehr als 3000 Stufen überwinden, um die Gebäude auf 600 Meter Höhe zu erreichen. Doch der Weg lohnt sich: Die Zahl der Bauwerke aus weißem Marmor ist nahezu unüberschaubar. Viele sind im 11. Jahrhundert entstanden und wurden nach ihrer Zerstörung durch Muslime ab dem 14. Jahrhundert wieder aufgebaut. Der Hauptbau des Komplexes ist der zweistöckige Adishvara-Tempel mit einer typischen, Mandapa genannten großen Halle. Der Tempel ist dem ersten Tirthankara Adinatha geweiht, einem legendären Erleuchteten, der am Anfang der Reihe von 24 Tirthankaras steht. Er soll mehrmals auf dem Mount Shatrunjaya gewesen sein und einer seiner Schüler soll dort das Nirwana erlangt haben. Im Chaumukha-Tempel von 1618 befindet sich eine Statue Adinathas, dessen vier Gesichter in alle vier Richtungen blicken.

Aus hellem Marmor gefertigt sind die Gebäude des Adishvara-Tempels, der dem ersten Tirthankara geweiht ist. Der zweistöckige Komplex wird von einer Mauer umschlossen. Sein Inneres besticht durch mehrfarbige Mosaikböden, Innenhöfe und kunstvoll gestaltetete Säulenhallen.

MALLINATH-TEMPELKOMPLEX

ADISHVARA-TEMPELKOMPLEX

RANAKPUR

Im Glauben des Jainismus stand am Anfang der Menschheit Adinath, der erste der Tirthankaras oder Erleuchteten. Ihm ist der Adinatha-Tempel in Ranakpur gewidmet. Der quadratische Gebäudekomplex ist als Chaumukha-Tempel angelegt, präsentiert sich also nach allen vier Seiten geöffnet. Bebaut wurde das 60 mal 62 Meter große Gelände in der Mitte des 15. Jahrhunderts. In seinem Zentrum steht in einer dreistöckigen Halle die Statue Adinaths, die von Säulenhallen und einem äußeren Säulengang flankiert wird, in dessen Nischen weitere Tirthankaras stehen. In allen Gebäuden werden die Dächer von zusammengenommen 1444 marmornen Säulen getragen, deren überbordender Figurenschmuck bei jeder einzelnen von ihnen einzigartig ist. Die Kunstfertigkeit der Steinmetzen zeigt sich auch bei der aus einem Block gearbeiteten Skulptur ineinander verschlungener Schlangen.

In einem abgeschiedenen Tal im Pali-Distrikt Rajasthans liegt die Tempelanlage von Ranakpur (ganz links: der Eingangsbereich), die mit ihrer üppigen Marmorausstattung als Meisterwerk jainistischer Architektur gilt. Großes Bild: die Halle des Chaumukha-Mandir-Tempels, deren Säulen und Wände mit kleinteiligem Figurenschmuck überzogen sind. Mauernischen beherbergen Darstellungen der Tirthankaras (links).

UDAIPUR

MUMBAI

LAKE PALACE

Inmitten des Picholasees zu Füßen des Arawalli-Gebirges erhebt sich auf einer Felseninsel das berühmteste Luxushotel Indiens – das Lake Palace. Im 18. Jahrhundert ließ Maharadscha Jagat Singh II. in Udaipur – einer wegen seiner vielen Seen und Palästen berühmten Stadt im Bundesstaat Rajasthan – den perlweißen Marmorpalast »Jag Niwas« als Sommerresidenz erbauen. 1963 wurde das filigrane Wasserschloss mit seinen farbenprächtigen Glasornamenten und prächtigen Ausblicken zum feudalen Hotel Lake Palace umgebaut. Der imposante Prachtbau voller Säulen, Bögen, Pavillons, Erkern und Nischen ist ein Paradebeispiel rajputisch-mogulischer Baukunst. Im Inneren beeindrucken üppige Seidenstoffe, intensiv bemalte Wände und geschnitzte Möbel. Bekannt wurde der Palast als Schauplatz für den »Tiger von Eschnapur« und den James-Bond-Film »Octopussy«.

Der Wasserpalast, der jetzt in ein Luxushotel umgewandelt wurde, nahm sich die prächtigweiße Mogularchitektur von Agra zum Vorbild. Wie im Taj Mahal sollen Wasserspiele, Mosaiken und Spitzbogenfenster die Besucher erfreuen. Zudem sorgt der See für natürliche Kühlung.

CHHATRAPATI SHIVAJI TERMINUS

Das größte britische Baudenkmal steht nicht etwa im Mutterland, sondern im indischen Mumbai. Bei der Einweihung 1887 nannte man den Bahnhof Victoria Terminus. Später erhielt er die Bezeichnung Chhatrapati Shivaji Terminus, nach einem marathischen Kriegsherrn, der gegen die islamischen Moguln und für die hinduistische Identität gekämpft hat. Entworfen wurde das Gebäude vom britischen Architekten Frederick William Stevens. Er wählte eine Form des Historismus, die die Engländer Gothic Revival nennen. Als Vorbild diente ihm die St. Pancras Station in London. Der Bau begann 1878. Der Chhatrapati Shivaji Terminus weist zudem Elemente der indischen Palastarchitektur auf. Mit seinen Kuppeln, Türmchen, Säulen, Minaretten und Spitzbögen hat sein Anblick deshalb zunächst etwas Verstörendes. Der Chhatrapati Shivaji Terminus wurde so zu einem Symbol des »gothic« Mumbai.

England in Indien: Der einst Victoria Terminus genannte Bahnhof (UNESCO-Weltkulturerbe) repräsentiert britische Bautradition auf dem Subkontinent (großes Bild). Die Verzierungen von Treppen (links unten) und Kuppel (links oben) sind jedoch eindeutig indisch beeinflusst.

ELEPHANTA

KHAJURAHO

FELSENTEMPEL

Der dem hinduistischen Gott Shiva geweihte Felsentempel liegt auf einer Insel in der Bucht von Mumbai (Bombay) und ist vor allem durch seine Steinmetzarbeiten berühmt, die Shiva in seinen unterschiedlichen Erscheinungsformen darstellen. Die Skulpturen stammen aus dem 7. Jahrhundert und gehören zu den Höhepunkten der frühen hinduistischen Kunst. Monumentale Ausmaße hat vor allem das sechs Meter hohe Brustbild des Shiva Mahadeva, das den Gott dreigesichtig und mit prachtvollem Kopfschmuck zeigt. Shiva, zusammen mit Brahma und Vishnu eine der wichtigsten Gottheiten des hinduistischen Pantheons, wird als Gott des Schöpferischen betrachtet und in der Form des Lingam ebenso verehrt wie in der Gestalt des ekstatischen Tänzers. Oft tritt der Gott mit einer Entourage mythischer Wesen auf, die in Elephanta ebenfalls in Stein verewigt wurden.

In den Felsen hineingeschlagen wurde der östliche Shiva-Schrein von Elephanta (großes Bild). Er ist Teil des weitläufigen, mit Skulpturen bestückten Höhlensystems, das 1987 zum Weltkulturerbe der UNESCO erklärt wurde. Rechtes Bild: Schöpfer- und Zerstörer-Gott Shiva mit Gefolge.

TEMPELBEZIRK

Berühmt wurde das in Madhya Pradesh gelegene Khajuraho (UNESCO-Weltkulturerbe) durch die rund 20 erhaltenen Tempel aus der Blütezeit der Chandella-Dynastie, deren Außenwände mit Skulpturen und Reliefs bedeckt sind. Ein wiederkehrendes Motiv sind Szenen sexueller Vereinigung, die Fruchtbarkeit und Neuerschaffung der Welt symbolisieren. Die Tempel lassen sich in mehrere Gruppen unterteilen, die Brahma-, Vama- und Javari-Tempel befinden sich innerhalb des Dorfes, die Jaina-Tempel, die noch heute Zentren eines lebendigen Kults sind, liegen östlich davon. Die Tempel folgen einem ähnlichen Bauprinzip und sind von Ost nach West ausgerichtet, mit Eingangshalle, anschließender Vorhalle, Haupthalle und einer Cella, die das Kultbild birgt. Das charakteristische Architekturelement von Khajuraho ist das Dach der Cella, das den Weltenberg Meru, den Sitz der Gottheit, symbolisiert.

Detailtreue und Lebendigkeit sind Kennzeichen der in Stein festgehaltenen Szenen, die Außenseiten und Eingangsbereiche der Tempel so faszinierend erscheinen lassen (großes Bild). Die turmartig aufragenden Dächer werden zur Cella hin immer höher (links).

ELLORA

Nahe des Dorfs Ellora, rund 30 Kilometer nordwestlich von Aurangabad, wurden 34 hinduistische, buddhistische und jainistische Tempel- und Klostergebäude aus dem Stein gemeißelt. Gemeinsam ist den Ellora-Heiligtümern (UNESCO-Weltkulturerbe), dass die wesentlichen, tragenden Elemente sämtlich aus dem gewachsenen Gestein bestehen. Dies trifft auch für den größten Teil des Bauschmucks und viele Skulpturen zu. Von den Tempeln und Klöstern, die alle aus einer Steilwand herausgearbeitet wurden, sind 17 hinduistisch, zwölf buddhistisch und fünf jainistisch. Alle Tempel folgen einem ähnlichen Bauprinzip wie in Khajuraho. Bei dem architektonisch bemerkenswerten Kailasa-Tempel – er ist das größte Felsenheiligtum von Ellora und imitiert einen gemauerten Freibau – repräsentiert das Dach der Cella entsprechend den heiligen Berg Kailas, den Sitz des Gottes Shiva.

Der Kailasa-Tempel ist das größte und imposanteste Felsenheiligtum in Ellora. Er ist ringsum freigelegt und mit zahlreichen Skulpturen verziert (links und großes Bild). Die Tempeldächer erreichen meist die Höhe des Bodenniveaus der umgebenden Felsplateaus. Zwischen den Säulenreihen im Inneren der Tempel trifft man häufig auf Buddhastatuen in Meditationshaltung. Ganz unten: Buddha unter dem Mahabodhibaum.

Das erste Großreich in der Geschichte Indiens wurde von König Ashoka (reg. 273–231 v. Chr.) begründet. Er wandte sich dem Buddhismus zu und baute einen Tempel an der Stelle, an der Buddha unter dem Mahabodhi-Baum die Erleuchtung (»bodhi«) erfahren hatte. Der Nachfolgebau, der heutige, rund 55 Meter hohe Mahabodhi-Tempel (UNESCO-Weltkulturerbe), wurde unter der Gupta-Dynastie (320–540) errichtet, die den Buddhismus als Staatsreligion förderte. Der Tempel hat nicht nur große spirituelle und nationale Symbolkraft. Als einer der ältesten aus Ziegelsteinen gemauerten Tempeltürme des Subkontinents nimmt das Bauwerk auch einen hohen Rang in der Architekturgeschichte Indiens ein. Besonders eindrucksvoll sind die Steinreliefs und der Skulpturenschmuck der Balustraden. Schon früh wurde der Tempel zum Pilgerziel. Seit 2002 wird der Tempel systematisch restauriert.

Der über 50 Meter hohe Ziegelbau, in seiner heutigen Form wohl im 5./6. Jahrhundert erbaut, ist eines der vier wichtigsten Heiligtümer des Buddhismus (großes Bild). Die Außenfassade umfasst sieben Stufen und ist mit zahlreichen Buddhastatuen geschmückt. Hier ein Detail mit dem meditierenden Buddha (unten). Pilger besuchen alljährlich den Tempel und zelebrieren dort ihre fröhlichen, erhebenden Feste (ganz unten).

Die buddhistische Klosteranlage – UNESCO-Weltkulturerbe seit 1983 – verbirgt sich in der schluchtähnlichen Schleife des Waghorabachs. In die fast senkrecht abfallenden Wände schlugen buddhistische Mönche in zwei Bauphasen 29 Höhlen. Die erste Phase umfasst die Zeit vom 2. Jahrhundert v. Chr. bis zum 2. Jahrhundert n. Chr., die zweite fällt in die Gupta-Zeit (4.–6. Jahrhundert). In acht der Ajantahöhlen haben sich Wandmalereien erhalten, die in ihrem erzählerischen Reichtum und der künstlerischen Ausgestaltung außerordentlich sind. Dargestellt werden Szenen aus dem Leben des Buddha und Jatakas – Legenden über seine früheren Inkarnationen. Während die in Rot- und Brauntönen gehaltenen Figuren in den Höhlen aus vorchristlicher Zeit durch eine starke Umrisszeichnung charakterisiert sind, wirken die Figuren in den nach dem 5. Jahrhundert gebauten Höhlen realistisch.

Aus dem Fels haben Mönche 29 Höhlen herausgeschlagen. Einige von ihnen weisen bereits aufwendige Eingänge auf. Der Zutritt zur Höhle besteht aus einem schmalen Spalt oder einer Tür. Beim Betreten der Höhlen erblickt man gegenüberliegend eine Nische mit einer aus dem Fels gehauenen Buddha-Figur (großes Bild und unten). Im Inneren der Höhlen sind besonders die Säulengänge imponierend (ganz unten).

HAMPI

Bei Hampi, einem Städtchen in Karnataka, befinden sich die Überreste des einstigen Vijayanagar, der letzten Hauptstadt eines indischen Hindureichs vor dem Sieg des Islam. Wie ein Freilichtmuseum südindischer Baukunst wirkt die einstige Metropole, die im 14. Jahrhundert begründet wurde. Sie wird von einem Mauerring umgeben und birgt Paläste und Tempel drawidischer Prinzen. Der Vittala-Tempel, der in der ersten Hälfte des 16. Jahrhunderts errichtet, aber nie vollendet wurde, beeindruckt durch seine zahlreichen den Pfeilern vorgesetzten Skulpturen und einen acht Meter hohen Tempelwagen. Das Glanzlicht des Virupaksha-Tempels ist neben dem üppigen Figurenschmuck der mehr als 50 Meter hohe Gopura – der für die südindische Baukunst so typische Torturm. Der Tempel ist der Gottheit Shiva geweiht. Die Anlage von Hampi gehört zum UNESCO-Weltkulturerbe.

Eines der berühmtesten Monumente von Hampi ist der 50 Meter hohe Gopura des Virupaksha-Tempels (großes Bild). Aus einem einzigen Felsblock geschnitten ist der Wagen im Tempelbezirk von Vijayanagar (unten). Alle Tempel und Paläste sind reich mit Skulpturenschmuck versehen, wie etwa der Pattabhirama-Tempel (ganz unten). Zum Tempelkomplex von Hampi zählt auch das Heiligtum auf dem Matunga Hill (links).

RAMESHWARAM

Das indische Nationalepos Ramayana erzählt, wie Rama einst seine Frau Sita vor dem Dämonenkönig Ravana rettete und in Rameshwaram halt machte, um zu Shiva zu beten. Am Ort dieser mythischen Begebenheit wurde der Ramanathaswami-Tempel errichtet. Der Tempel ist einer der zwölf Jyotirlingas, womit die heiligsten Shiva-Tempel Indiens bezeichnet werden. Damit gehört er zu den bedeutendsten hinduistischen Pilgerstätten des Landes und sollte von jedem Gläubigen einmal im Leben aufgesucht werden. Wer sein Ziel erreicht hat, kann sich in den zahlreichen, mit heiligen Wassern gefüllten Becken (theerthams) waschen. Die Geschichte des auf einer Insel stehenden Bauwerks lässt sich bis ins 12. Jahrhundert zurückverfolgen. Der Tempel beeindruckt durch seine von Säulenreihen gesäumten Gänge, dessen längster von Ost nach West verläuft und rund 197 Meter lang ist.

Auf einer Insel im Golf von Mannar im südlichen Tamil Nadu liegt das Fischerdorf Rameshwaram, in dessen Zentrum sich die Gopurams des Ramanathaswami-Tempels erheben (ganz links). Als heilige Stätte des Hinduismus wird er vor allem von Sadhus, asketisch lebenden hinduistischen Mönchen, besucht (links). Der Tempel gilt als herausragendes Beispiel drawidischer Architektur und ist für seine herrlichen Korridore berühmt.

Der dem Sonnengott Surya geweihte Tempel im Städtchen Konarak im Bundesstaat Orissa am Golf von Bengalen ist eines der wichtigsten brahmanischen Heiligtümer Indiens und zählt zum UNESCO-Weltkulturerbe. Bereits in vedischer Zeit bildete der Sonnengott mit dem Feuergott Agni und dem Donnergott Indra eine Dreiheit und wurde von den Hindus als Lebensspender verehrt. Der Tempel mit dem 75 Meter hohen, in Form einer Pyramide ansteigenden Shikhara-Turm samt der darunterliegenden Cella ist ein Stein gewordenes Abbild des Wagens, in dem der Gott täglich über das Firmament fährt. So versinnbildlichen die zwölf Räder an den Sockelwänden die Sonne gleich in zweifacher Hinsicht: Das Rund des Rades verkörpert sie in ihrer Gestalt, die Zahl der Räder symbolisiert das Sonnenjahr. Die Anlage wurde im 13. Jahrhundert fertiggestellt, kurz darauf jedoch aufgegeben.

Während die Wände des Sonnentempels (links) mit Figuren geschmückt wurden, sind die Flächen des hohen Sockels und die gewaltigen Sonnenräder vollständig mit detailreichen Steinschneidearbeiten und Reliefs überzogen (großes Bild und links unten). Götter und Musikantinnen finden sich häufig unter den Motiven (links oben), ebenso wie Elefanten (links Mitte), die als Symbole ungetrübter Lebensfreude und Kraft gelten.

Rund 50 Kilometer südlich von Chennai (Madras) liegt der Tempelbezirk von Mahabalipuram, der zu Indiens interessantesten archäologischen Stätten gehört und UNESCO-Weltkulturerbe ist. Nachdem der Pallava-Fürst Narasimhavarman I., der 625 bis 645 regierte, die Verschönerung seiner Stadt Mahabalipuram in Auftrag gegeben hatte, entstanden einige der schönsten Bauwerke der drawidischen Architektur, deren Formen fortan einen prägenden Einfluss auf den Baustil Südindiens hatten. Die fünf in dieser Zeit erbauten Rathas sind keine Tempel im eigentlichen Sinn, sondern eher Monumentalskulpturen und wurden aus dem natürlich gewachsenen Felsen herausgeschnitten. Der Dharmaraja-Ratha-Tempel, Ratha Nr. 5, wurde zum Prototyp für zahlreiche drawidische Tempel. Das Glanzlicht der indischen Plastik ist das große Granitrelief, das die Herabkunft des Ganges abbildet.

In Mahabalipuram werden die verschiedenen Göttern gewidmeten Kultbauten (ganz links) »Ratha« (Wagen) genannt, weil sie den prunkvollen Prozessionswagen indischer Tempelfeste ähneln. Der Olakkanneshvara-Tempel (links) wurde auf einer erhöhten Plattform errichtet. Großes Bild: »Die Herabkunft des Ganges«, ein riesiges Flachrelief, schildert die Entstehung des Ganges. Im Felsspalt ist Shiva dargestellt.

THANJAVUR

Vom 9. bis zum 12. Jahrhundert stand Südindien unter der Herrschaft der Chola-Dynastie. Thanjavur, etwa 350 Kilometer südlich von Chennai, war von 907 bis Anfang des 11. Jahrhunderts ihre Residenzstadt, die die Chola-Könige nach dem Vorbild der Pallava-Fürsten aus Mahabalipuram im südindischen Stil ausbauen ließen. Als eine der gewaltigsten Bauleistungen dieser Zeit gilt der von König Rajaraja in Auftrag gegebene, im Jahr 1010 fertiggestellte Brihadishvara-Tempelkomplex von Thanjavur. Dieser liegt auf einem weitläufigen Gelände und hat mehrere Säulenhallen und Schreine. Über der Cella wurde der Turm als Terrassenpyramide aus Granitsteinen erbaut und von einem großen Schlussstein bekrönt. Dass die Anlage dem Gott Shiva geweiht ist, erkennt man an der Vielzahl der Phallussymbole, den Shiva-Bildnissen und den Darstellungen des Stiers Nandi, seinem Reittier.

Über 60 Meter hoch ragt die vergoldete Spitze des 13-stöckigen Turms des Brihadishvara-Tempels (links eine Trägerfigur im Inneren) in den Himmel auf (großes Bild und ganz links). Der zum Weltkulturerbe der UNESCO erklärte Tempelkomplex wird von einer Mauer eingefasst, an der sich 250 Lingams reihen. Dieses Symbol der göttlichen Einheit und Zeichen Shivas findet sich auch im Inneren des Tempels (unten rechts).

Im Gegegensatz zu den meisten Tempeln des Shivaismus, in denen neben Brahma und Vishnu vor allem Shiva verehrt wird, gilt das Hauptaugenmerk im Minakshi-Tempel der Gefährtin Shivas. Der annähernd quadratische Tempelbezirk ist 62 000 Quadratmeter groß und liegt im Zentrum der südindischen Metropole Madurai. Seine Anfänge nahm das Bauwerk im 13. Jahrhundert. Aus dieser Epoche stammen die beiden Hauptschreine, die der Göttin Parvati und Shiva geweiht sind, die in Madurai als Minakshi und Sundareshvara verehrt werden und in der Stadt geheiratet haben sollen. Die beiden ältesten der insgesamt zwölf Tortürme stammen ebenfalls aus dieser Zeit. Die vier äußeren sind mit bis zu 60 Metern Höhe die größten und dominieren mit ihrer bunt bemalten Skulpturenvielfalt die Architektur von Madurais Altstadt. Seine heutige Dimension erreichte der Tempel erst im 16. Jahrhundert.

Eine quadratische, sechs Meter hohe Mauer umgibt den Minakshi-Tempel von Madurai, der zu den größten Tempelbezirken Indiens zählt (links ein Blick auf den südlichen Gopuram). Korridore, mehrere Säulenhallen und Schreine beeindrucken durch die Vielzahl der Götterdarstellungen aus Stuck und Stein. Zu den schönsten Räumen im Innern des Tempels gehört die Tausend-Säulen-Halle aus dem 16. Jahrhundert (unten).

ANURADHAPURA

Die buddhistische Nonne Sanghamitta brachte im Jahr 244 v. Chr. einen Zweig jenes Mahabodhi-Baumes nach Sri Lanka, unter dem einst der meditierende Buddha zur Erleuchtung gelangt war. Heute ist der Baum geistiger und geografischer Mittelpunkt der Heiligen Stadt (UNESCO-Weltkulturerbe). Auf den Mahabodhi-Zweig geht auch der Isurumuniya-Schrein aus dem 3. Jahrhundert v. Chr. zurück. Seine Gründer waren Laien, die sich aus Ehrfurcht vor den Wundern beim Pflanzen des Zweigs zu Mönchen weihen ließen. Die imposante Ruvanveli-Dagoba, deren Halbkugel 110 Meter hoch ist, wurde im 2. Jahrhundert v. Chr. erbaut. Auf das 1. Jahrhundert v. Chr. geht das Abhayagiri-Kloster zurück, auf das 4. Jahrhundert die Jetavana-Dagoba, mit einst knapp 130 Meter Höhe der größte Stupa der Welt. Aus derselben Zeit stammt auch die Statue des Samadhi-Buddha, eine der schönsten ihrer Art.

Anuradhapura, erste Hauptstadt der singhalesischen Königreiche, birgt zahlreiche buddhistische Monumente. Der »Liegende Buddha« im Isurumuniya-Kloster wurde wahrscheinlich im 7. oder 8. Jahrhundert angefertigt (großes Bild). Die Ruvanveli-Dagoba mit ihrer imposanten Halbkugel ist mehr als 100 Meter hoch. In die umgebende Mauer sind Hunderte von steinernen Elefantenköpfen eingelassen (Bildleiste rechts).

SIGIRIYA

Die Festung der Könige von Anuradhapura auf dem aus der tropischer Vegetation emporragenden »Löwenfelsen« – dem »Sinhagiri« – wurde nicht nur zur Verteidigung, sondern auch als Lustschloss erbaut. Das belegen die teils gut erhaltenen Temperamalereien am steil den Hang hinaufführenden Weg. Dargestellt sind himmlische Nymphen – elegante, modisch frisierte und üppig mit Schmuck behangene Frauen. Einst begann der Weg zum Gipfel am Löwentor, von dem heute lediglich die Pranken erhalten geblieben sind. Die Zitadelle existiert ebenfalls nur noch als Ruine. Die Reste der Hallen, Bäder und Brunnen der im 5. Jahrhundert von König Dhatusena geplanten Anlage sind allerdings noch gut zu erkennen. Residiert hat in Sigiriya sein Sohn Kassapa, der den Königsthron 18 Jahre lang okkupieren konnte – bis sein Bruder Moggallana zurückkehrte.

Zahllose Darstellungen von barbusigen, elegant gekleideten Frauen schmückten einst die Wände des Gangs, der zur Inselfestung hinaufführt. Sie bilden einen Höhepunkt altindischer Malkunst. Die sogenannten Apsaras, himmlische Nymphen, tauchen Blumen streuend aus den Wolken auf.

POLONNARUVA

Polonnaruva wurde im 8. Jahrhundert erstmals Regierungssitz. Nach der Zerstörung Anuradhapuras 1017 wurde es endgültig zur Hauptstadt erklärt; indische und singhalesische Könige wechselten sich ab. Der bedeutendste der singhalesischen Herrscher war Parakrama Bahu I. (reg. 1153–1186). Seine Epoche gilt als kulturelle und wirtschaftliche Blütezeit, es entstanden Tempel, Schulen, Krankenhäuser, Bewässerungsanlagen und ein prachtvoller Palast. Im 13. Jahrhundert wurde Polonnaruva aufgegeben. Aus der Blütezeit unter Parakrama Bahu I. stammen der Palastbezirk mit Ratskammer und königlichem Bad, der »Runde Reliquienschrein« mit einer halbmondförmigen Steinplatte, das »Haus der Reliquien«, die 55 Meter hohe Ruvanveli-Dagoba sowie die Thuparama-Dagoba. Vom Höhlentempel Gal Vihara sind noch vier große Buddhafiguren erhalten.

Die mittelalterliche Königsresidenz Polonnaruva (Weltkulturerbe der UNESCO) umfasst hervorragende Beispiele singhalesischer Bildhauerkunst. Berühmt sind die Steinstatuen Buddhas, die den Meister in verschiedenen Haltungen zeigen, darunter auch der 14 Meter lange liegende Buddha.

BUDDHISTISCHE TEMPELANLAGE

DAMBULLA

KANDY

GOLDENE TEMPEL

Die fünf Höhlentempel von Dambulla (UNESCO-Weltkulturerbe) mit ihren unzähligen Statuen und Wandmalereien gehen auf die Anfänge des sri-lankischen Buddhismus zurück. Die erste von drei Schaffensperioden am Hang des »Schwarzen Felsens« begann im frühen 1. Jahrhundert v. Chr. unter König Vattagamani Abhaya. Er verbrachte hier sein Exil. Danach geriet das Heiligtum in Vergessenheit und wurde erst im 12. Jahrhundert weiter ausgebaut. Die dritte Periode fällt in die Regierungszeit des Königs Kirti Sri Rajasinha (1747–1782). Im »Tempel des Gottkönigs« (Devaraja Vihara), der ersten Höhle, fasziniert eine 14 Meter lange Figur des liegenden Buddha. Sie zeigt den Erleuchteten in jenem Moment, in dem er ins Nirwana eintritt. Die größte und durch die Vielzahl und Qualität der Statuen eindrucksvollste Höhle ist der »Tempel des Großen Königs« (Maharaja Vihara).

Die »Goldenen Tempel« – im Zentrum Sri Lankas gelegen – sind die größten und am besten erhaltenen Höhlentempel des Inselstaates. Allein die Wand- und Deckenmalereien bedecken 2100 Quadratmeter. Nicht weniger als 154 Buddhastatuen werden dort gezählt; darunter stehende, liegende und meditierende Buddhas (alle Bilder).

ZAHNTEMPEL

Zwischen 1687 und 1782 wurde der prächtige Zahntempel in Kandy (UNESCO-Weltkulturerbe) erbaut. Von außen betrachtet, sticht der achteckige Turm hervor. Der Hauptkomplex besteht aus drei Etagen. Die dritte Etage beherbergt den Goldenen Schrein. In dessen Mitte ist eine Kammer, in der ein Zahn Buddhas unter goldenen Dagobas aufbewahrt wird. Der Überlieferung nach konnten vier Zähne und ein Schlüsselbein gerettet werden, als der Leichnam des Religionsstifters Siddhartha Gautama um das Jahr 480 v. Chr. verbrannt wurde. Um die anschließende Odyssee dieser Reliquien ranken sich viele Mythen. So soll der in Kandy aufbewahrte Zahn im Haar einer buddhistischen Nonne versteckt nach Sri Lanka gelangt sein. Die Verehrung des Zahns beruht auf der Vorstellung, in ihm sei die spirituelle Kraft des Buddha gespeichert. Danach besitzt der Zahn die Fähigkeit, als Regenmacher zu wirken.

Dreimal täglich wird der »Goldene Schrein« im »Tempel des Zahns« in Kandy (großes Bild) für die Pilger geöffnet. Im Innern wird der Zahn Buddhas unter goldenen Dagobas verwahrt (unten links). Alljährlich im Juli/August findet das Esala Perahera statt – eine farbenprächtige Prozession mit Tausenden von Menschen (unten).

TAL VON KATHMANDU/PATAN

Patan (Nepali: Lalithpur) liegt am südlichen Ufer des Bagmati-Flusses im Tal von Kathmandu (UNESCO-Weltkulturerbe) und ist von der Stadt Kathmandu nur durch den Fluss getrennt. Die Geschichte Patans geht auf das 3. Jahrhundert v. Chr. zurück, als die Dynastie der Kirat das Tal von Kathmandu beherrschte. Im Herzen der Stadt liegt der Durbar Square, der von einem dreiteiligen Königspalast beherrscht wird. Der mittlere Bauteil umschließt einen Innenhof, in dessen Zentrum »Bidya Mandir« – der Goldene Schrein – verehrt wird. Um den Platz gruppieren sich Tempel und Pagoden, die buddhistischen und hinduistischen Gottheiten geweiht sind. Sie verleihen dem Ort seine einmalige Atmosphäre. Sehenswert sind der Degutale-Tempel, der Tempel Krishnas und der Bhimsen-Tempel, in dem der Gott des Handels verehrt wird. Ältester Tempel am Platz ist der Car-Narayana-Tempel.

Die Garuda-Säule markiert den Durbar Square in Patan (rechts oben und großes Bild). Er wird vom Archäologischen Museum und dem Degutale-Tempel gesäumt. Dort befinden sich mehrere buddhistische Tempel sowie der dreiteilige Königspalast mit filigran geschnitzten Holzfenstern (rechts).

TAL VON KATHMANDU/PATAN

Hirayavarna Mahavihare – »Großes goldenes Kloster« – wird das berühmteste buddhistische Kloster von Patan auch genannt. Seine vergoldeten Dächer und die Vielzahl goldener Statuen haben ihm den Namen »Goldener Tempel« eingebracht. Die Gründung des Klosters geht auf König Bhaskaradeva zurück, der den Bau der Anlage im 11. Jahrhundert in Auftrag gab. Durch intensive Handelsbeziehungen mit Tibet gelangte das Kloster zu anhaltendem Wohlstand – eine Tatsache, der die prachtvollen, mit Skulpturen ausgestatteten Gebäude und Innenhöfe Rechnung tragen. Bereits am Eingang werden Eintretende von zwei Löwenstatuen empfangen. Die Mitte des geräumigen Klosterhofs beherrscht der vergoldete Schrein, der den Svayambhu-Chaitya birgt, umgeben von Gebetsmühlen und Skulpturen. Im Hauptheiligtum im Innern des Tempels wird die heilige Statue des Buddha Shakyamuni verehrt.

Eines der schönsten buddhistischen Klöster von Patan ist das Kva Bahal, auch bekannt als der »Goldene Tempel«. Im seinem Inneren befinden sich ein vergoldeter Schrein sowie Skulpturen (Bilder rechts). Im Obergeschoss ist ein tibetisches Kloster untergebracht (großes Bild).

DURBAR SQUARE

GOLDENER TEMPEL

Bodnath ist mit das bedeutendste buddhistische Heiligtum des Kathmandutales (UNESCO-Weltkulturerbe) sowie das Zentrum des tibetischen Buddhismus in Nepal. Der Stupa ist mit 40 Metern Höhe der größte Sakralbau im Tal. Hier residiert auch der Cini Lama, dritthöchster Würdenträger der Tibeter nach dem Dalai Lama und dem Panchen Lama. Einer Erzählung zufolge wurde der Stupa von einer Mätresse des Königs errichtet, die von ihm so viel Land erbat, wie sie mit einer Kuhhaut abstecken könne. Sie schnitt die Kuhhaut in dünne Streifen und bekam so das heutige Areal des Stupa. Sein Aufbau gleicht einem Mandala – einem mythischen Kreis- oder Vieleckbild, das in konzentrischer Anordnung den Kosmos, die Götterwelt oder psychische Aspekte versinnbildlicht. In die Mauern, die den Stupa umgeben, sind Tausende von Gebetsmühlen eingelassen.

Den rund 40 Meter hohen Stupa von Bodnath schmücken ungezählte Gebetsfahnen (ganz links). Er ruht auf einer Halbkugel, die ihrerseits auf drei begehbaren Sockelelementen aufliegt, und dominiert die ganze Stadt (großes Bild). Nach tibetisch-buddhistischer Lehre sollen die Gläubigen Kultstätten umrunden und dabei Gebetsmühlen drehen (links). Physische Aktivität und spirituelle Versenkung werden so verbunden.

Für das Jahr 214 v. Chr. ist erstmals der Bau einer »langen Mauer« an Chinas Nordgrenze bezeugt. Kurz zuvor hatte der erste Kaiser Qin Shihuangdi das Land geeint. Mit dem Grenzwall sollte die Ackerbaukultur Chinas vor den Steppenvölkern geschützt werden – ein Problem, das sich in den folgenden 1900 Jahren immer wieder stellte. In der Zwischenzeit verfiel das Bollwerk, wurde wieder aufgebaut und verfiel erneut. Im 15. und 16. Jahrhundert, in der Zeit der Ming-Dynastie, ließ man die Mauer nochmals verstärken. So entstand das heutige, über 6000 Kilometer lange Bauwerk, dessen 2000 Kilometer langer Abschnitt vom Golf von Bohai bis zum Gelben Fluss an die acht Meter hoch und sechs Meter breit ist. Wachtürme ermöglichten die rasche Übermittlung von Botschaften durch Signalfeuer. Die Große Mauer wurde im Jahr 1987 zum Weltkulturerbe der UNESCO erklärt.

Das Grenzbauwerk des alten China war das größte Bauprojekt der vormodernen Geschichte. Seine Bauzeit erstreckte sich über fast 2000 Jahre. Trotzdem konnte die Mauer das Kaiserreich nie wirklich schützen. In ihren Anfängen bestand die Mauer aus Lehm, erst später wurde sie durch Ziegel verstärkt. Nicht überall ist die Mauer in so gutem Zustand wie hier in der Nähe der Quintong-Schlucht (links).

CHENGDE

In Chengde – auf halbem Weg zu den kaiserlichen Jagdgründen - fanden die Mandschu-Kaiser den idealen Ort, um der Sommerhitze Pekings zu entfliehen. Reichlich vorhandenes Wasser erlaubte die Anlage einer Gartenlandschaft im südchinesischen Stil mit Dämmen, Brücken und Pavillons. Eine Grasebene bot Platz für Reiterspiele. Die eigentlichen Palastgebäude wurden sehr viel schlichter und intimer gestaltet als in Peking. Sie dokumentieren den künstlerischen Geschmack des Kaisers Quianlong, unter dem das chinesische Reich seine letzte große Blüte erlebte. Außerhalb des rund fünf Quadratkilometer großen ummauerten Palasts und Parkareals (UNESCO-Weltkulturerbe) entstanden später prachtvolle buddhistische Klöster und Tempel, wie das Tempelkloster Puning Si, in dem sich die wohl größte Holzskulptur der Welt befindet, oder die Klosteranlage Putuo Zhongshen.

In Anlehnung an den Potala-Palast in Lhasa entstand in den Bergen nördlich von Chengde der imposante Tempel Putuo Zhongshen (links). Er ist Teil der weitläufigen Sommerresidenz der Mandschu-Kaiser. In der Zentralhalle des Tempels des universalen Friedens, »Puning Si«, befindet sich eine 22 Meter hohe Statue mit 42 Armen, die Guanyin darstellt, die Göttin des Mitgefühls und der Barmherzigkeit (unten).

Fast 400 Jahre lang wurde das chinesische Weltreich von der Verbotenen Stadt aus regiert, bis republikanische Oppositionsbewegungen 1911 das Ende der Monarchie einleiteten und 1924 der letzte Kaiser seinen Palast verlassen musste. Erst dann erhielt die Öffentlichkeit Zugang zum Palast, der bis dahin dem Kaiser, seinen Frauen und Konkubinen und einer Vielzahl von Eunuchen vorbehalten war. Neben der Kaiserfamilie hatten sonst nur Minister und höchste Beamte bei Audienzen und wichtigen Ereignissen Zutritt. Die rechteckige Anlage mit Hallen für offizielle Anlässe und einem abgeschirmten Wohnbezirk für die kaiserliche Familie umgeben ein breiter Wassergraben und eine hohe Mauer mit vier mächtigen Toren. Heute ist die Verbotene Stadt ein Museum mit prunkvollen Hallen, bunt geschmückten Häusern und einer Fülle von chinesischen Kunstschätzen.

Die Verbotene Stadt im Zentrum Pekings (Weltkulturerbe der UNESCO) ist heute ein Museum mit prunkvollen Hallen und Kunstschätzen. Ganz links: Ein seitlicher Durchgang in der Inneren Stadt. Die reich verzierte Halle der höchsten Harmonie (großes Bild) wurde um 1420 erbaut und diente nur für besondere Anlässe. Hier nahm der Kaiser auf dem von Elefanten bewachten Drachenthron Platz (links).

BEIJING

PEKING

HIMMELSTEMPEL

Die größte Opferstätte des altchinesischen Staatskults in Beijing bildet mit ihren Formen, Farben und Symbolen den würdigen Rahmen für einen Ritus, der dem Reich den stets wiederkehrenden Segen des Himmels wahren sollte. Kern der Anlage, deren Gelände größer ist als der Kaiserpalast, bildet im Süden die Altarterrasse aus weißem Marmor. Sie ist dreistufig und kreisrund wie die Himmelsglocke über der nach altchinesischer Ansicht quadratischen Erdscheibe. In der längsten Nacht des Jahres, zur Wintersonnenwende, brachte der Kaiser hier Seide und Opfertiere dar, umgeben von vielen Mitwirkenden. Auf der Terrasse wurden die »Seelentafeln« des Himmels und der himmlischen Erscheinungen (Sonne, Mond, Planeten, Blitz und Donner) sowie der kaiserlichen Ahnen aufgestellt. Gingen die Zeiten ihren geregelten Gang, kamen Regen und Sonne zur rechten Zeit, so dass sich die Menschen einer guten Ernte erfreuen konnten.

Prunkstück der Anlage ist die »Halle des Erntegebets« (großes Bild) auf einem Terrassensockel des Areals des Himmelstempels (UNESCO-Weltkulturerbe), die in ihrer Architektur den Kreislauf der Zeit verkörpert. Unten: Das Gewölbe der Halle des Erntegebets und ein Blick durchs Tor.

SOMMERPALAST

»Garten zur Pflege der Harmonie«, so nennt man in China den Sommerpalast (UNESCO-Weltkulturerbe) mit seinen Gärten, Tempeln, Pavillons und den kunstvoll bemalten Wandelgängen am Kunming-See mit der 17-Bogen-Brücke. Der Herrscher und sein Gefolge flohen oft aus der Sommerhitze in der Verbotenen Stadt an diesen wunderbaren Ort. Bereits im 18. Jahrhundert angelegt und immer wieder erweitert, wurde er zweimal durch europäische Truppen zerstört und 1902 durch die Kaiserin Cixi wiederaufgebaut. Garten und Park dienten repräsentativen wie privaten Zwecken. In der »Halle des Wohlwollens und der Harmonie« wurden wichtige Würdenträger und ausländische Gesandte empfangen. Die künstlich angelegte Landschaft mit dem großen See, den Kanälen, den aufgetürmten Felsen und einer Vielfalt von Pflanzen folgt den Prinzipien der klassisch chinesischen Gartenarchitektur.

Der Zhichun-Pavillon liegt auf einer Insel im Kumming-See (großes Bild). Am Ufer entlang führt ein über 700 Meter langer Wandelgang, der mit Tier- und Pflanzenmotiven sowie Szenen aus Geschichte und Mythologie bemalt ist. Verschiedene im See liegende Pavillons (unten rechts) sind vom Gang aus ebenfalls zu erreichen.

BEIJING

Das im April 2008 nach einer Bauzeit von gut vier Jahren eröffnete Nationalstadion für die Olympischen Spiele hat eine so außergewöhnliche Form, dass es sofort zu einer »Ikone« der modernen Architektur wurde. Die äußere Hülle besteht aus einem verschlungenen Stahlgerüst, das dem Bau schon bald den Spitznamen »Vogelnest« eingebracht hat. Entwickelt wurde es von dem Schweizer Architekturbüro Herzog & de Meuron zusammen mit dem chinesischen Konzeptkünstler Ai Weiwei. Mit dem Projekt gewannen die Planer den internationalen Wettbewerb der chinesischen Regierung. Durch die aufwendige Konstruktion wurde der Bau jedoch so teuer, dass das ursprünglich vorgesehene durchsichtige Schiebedach nicht realisiert wurde. Der ganze Bau ist 330 Meter lang, 220 Meter breit und 69 Meter hoch. Aufgrund seiner Maße zählt das Olympiastadion zu den größten Stadien der Welt.

Unten: In dem 80 000 Menschen fassenden Nationalstadion fanden während der Olympischen Sommerspiele 2008 die Eröffnungs- und Schlussfeierlichkeiten statt. Das aufsehenerregende Gebäude ist Teil des Olympiaparks, der zu einer Aufwertung des Stadtviertels beiträgt. Rechts: Das Stadion – in farbiges Licht getaucht.

BEIJING

Die Kaisergräber der Ming- (1368–1644) und der Qing-Dynastie (1644–1911) verkörpern die Weltanschauung und das Machtkonzept des feudalen China. Das Xianling-Mausoleum in der Provinz Hubei stellt das größte einzelne Ming-Grab dar. Kaiser Jiajing (reg. 1521–1567) ließ das Grab seines Vaters in eine Grabanlage umwandeln, die 30 Gebäude einschließt. Die Gräber der Qing-Dynastie befinden sich außerhalb Beijings. Die bei Zunhua im Jahr 1663 eingeweihte Anlage umfasst 15 Gräber, die westlichen Gräber wurden 1723 südwestlich von Beijing bei Baoding angelegt. Der Zugang zu den heiligen Bezirken erfolgt durch das Rote Tor. Nach der Feng-Shui-Lehre halten die Tier- und Menschenfiguren schlechte Einflüsse vom Weg fern. Die Paläste der Verstorbenen liegen unter den Grabhügeln verborgen und beinhalten diverse Grabbeigaben. Sie sind Teil des Weltkulturerbes der UNESCO.

In einem Tal der Tianshou-Berge bei Beijing liegt der konzentrierteste Ming-Grabbaukomplex Chinas. Man betritt die Anlage durch das Ehrentor, hinter dem der Weg der Stelen (rechts) beginnt. Zwölf Tier- und sechs Menschenpaare säumen den Weg zu den Gräbern (großes Bild).

OLYMPIASTADION

MING- UND QING-GRÄBER

WUZHOU-BERGE

YUNGANG-GROTTEN

Die Kaiser der Wei-Dynastie hatten den Buddhismus zur Staatsreligion erhoben. Doch im Jahr 446 verbot Kaiser Tai Wudi plötzlich den Buddhismus – und verstarb kurz darauf ganz unerwartet. Sein Enkel Wen Chengdi deutete dies als ein Zeichen des Himmels. Um den Frevel wiedergutzumachen, ließ er die Yungang-Grotten in die Wuzhou-Berge hauen. Hierzu rekrutierte der Mönch Yunyao mehr als 10 000 Menschen, die 460 mit dem gigantischen Bauwerk, das heute UNESCO-Weltkulturerbe ist, begannen. Fünf Jahre später waren die ersten fünf Grotten zu Ehren der fünf Wei-Herrscher vollendet. Die übrigen Grotten entstanden innerhalb der folgenden 30 bis 40 Jahre, bis die Hauptstadt der Wei nach Longmen verlegt wurde. Die Buddhaskulpturen in den Grotten von Yungang sind zwei Zentimeter bis 17 Meter hoch. Das Ohr des größten sitzenden Buddha misst 3,10 Meter, die Füße 4,60 Meter.

Die größte Skulptur in den Yungang-Grotten ist der 17 Meter hohe sitzende Buddha. Die Statue war ursprünglich teilweise mit Blattgold überzogen (unten links). Viele Grotten sind auch mit viel Liebe zum Detail ausgemalt. Einige der in Stein gehauenen Buddhafiguren tragen die Gesichtszüge der Wei-Kaiser. In kleine Nischen sind Skulpturen eingearbeitet. Sie stellen die buddhistische Kosmologie dar (unten).

DUNGHUANG

HÖHLENTEMPEL VON MOGAO

In der reichen Oase von Dunghuang verliehen Kaufleute, Generäle, Witwen und einfache Mönche über ein Jahrtausend lang ihren Bitten oder ihrem Dank an die überirdischen Mächte und ihrer Hoffnung auf Erlösung Nachdruck: Sie gruben in einer nahen Felswand Grotten (UNESCO-Weltkulturerbe) ins Gestein und ließen diese mit Bildszenen aus dem Leben des Buddha Gautama, mit Paradiesdarstellungen, Szenen aus dem Diesseits sowie prachtvoller Ornamentik ausschmücken. Im Jahr 1900 entdeckte ein taoistischer Mönch in der Höhle Nummer 17 eine zugemauerte Bibliothek mit mehr als 50 000 Schriften aus dem 4. bis 10. Jahrhundert. Die Höhlen, einst über 1000, von denen über die Hälfte verfiel, erstrecken sich in mehreren Reihen übereinander auf einer Klippe über 1600 Meter Länge hinweg. 45 000 Quadratmeter an Wandbildern und 2400 kolorierte Lehmfiguren sind noch erhalten.

Die Grotten von Mogao in der Provinz Gansu beherbergen mit 492 Wandmalereien und Plastiken den größten buddhistischen Bilderreigen der Welt. Sich wiederholende Motive sind Szenen aus dem Leben Buddhas oder Persönlichkeiten der chinesischen Geschichte (unten). Ein Gebäudekomplex mit Balkonen und geschwungenen Dächern markiert die Grotten, die in fünf Stockwerken angeordnet sind (unten links).

Die Grotten von Longmen gehören zu den größten Höhlentempelkomplexen Chinas. Sie befinden sich auf einem 1000 Meter langen Klippenstück am Fluss Yi nur wenige Kilometer südlich von Luoyang in der Provinz Henan. Über 2000 Grotten und Nischen reihen sich an dem steilen Hang des Drachenbergs über dem Fluss Yi aneinander. Mit einer Länge von einem Kilometer ist Longmen das größte von Menschen geschaffene Höhlengebilde Chinas. Die Grotten zeigen wertvolle Inschriften und beherbergen mehr als 10 000 Steinstatuen sowie reichen plastischen Decken- und Wandschmuck. Bereits im Jahr 494 begann der Ausbau der Grottenheiligtümer. Aus der frühen Zeit sind die Guyang-Höhle aus den Jahren 495 bis 499 sowie die Binyang-Höhle (500–532) erhalten. Mit dem »Longmen-Stil« (5.–9. Jahrhundert) bildete sich eine chinesisch-buddhistische Skulpturenkunst heraus.

Das Gewand des Bodhisattwa am Eingang des Fengxian-Tempels zeigt den reichen Faltenwurf, der typisch für den Skulptur-Stil der Tang-Zeit (618–906) ist (links). Ungezählte Bildnisse des Buddha zieren die Tausend-Buddha-Höhle (unten). Viele Buddhastatuen wurden während der Zeit der Kulturrevolution zerstört oder beschädigt. Seit dem Jahr 2000 gehören die Höhlentempel von Longmen zum Weltkulturerbe der UNESCO.

XI'AN

GROSSE WILDGANSPAGODE

Die rund 64 Meter hohe »Große Wildganspagode« ist das Wahrzeichen der Stadt Xi'an. Um die Herkunft ihres Namens ranken sich bis heute verschiedene Legenden. So sollen Mönche eines nichtvegetarischen Klosters Buddha verkündet haben, dass keine Vorräte mehr da seien, als plötzlich eine tote Gans vom Himmel fiel. Buddha zu Ehren sollen die Mönche die Pagode errichtet haben. Das kegelförmige Gebäude hat sieben Stockwerke, die über eine Holztreppe im Inneren begehbar sind. Die Innenwände sind mit Buddhastatuen geschmückt. Die heutige Pagode wurde um 700 n. Chr. auf dem Gelände des Cien-Tempels gegründet, um die buddhistischen Schriften und Statuen zu bewahren, die der Mönch und Gelehrte Xuanzang von seiner 17-jährigen Indienreise mitgebracht hatte. Berühmt wurde Xuanzang durch seine Neuübersetzung buddhistischer Sanskrit-Sutren ins Chinesische.

Die »Große Wildganspagode« wurde nach den Plänen des Mönches Xuanzang am Randes des Cien-Tempels errichtet, dessen Gründung auf die Sui-Dynastie im Jahr 589 v. Chr. zurückgeht. Im Tempel übernahm Xuanzang das »Amt für die Übersetzung buddhistischer Schriften«.

XI'AN

GRABMAL DES ERSTEN KAISERS VON CHINA

Gleich nachdem Chinas erster Kaiser Qin Shihuangdi das Reich geeint hatte, begann er etwa 30 Kilometer nordöstlich von Xi'an, der damaligen Hauptstadt des Reichs direkt an der Seidenstraße, mit der Anlage seiner standesgemäßen Grabstätte. Dass diese nicht nur aus dem auffälligen Grabhügel bestand, wurde erst klar, nachdem Bauern 1974 beim Brunnenbohren auf Scherben großer Kriegerfiguren gestoßen waren. Diese sind Teil einer bis heute nicht vollständig ausgegrabenen Armee, die aus etwa 7600 Soldaten besteht. In unterirdischen Kammern aufgestellt, sollte die Armee das Grab des Verstorbenen und damit auch sein Reich vor bösen Mächten aus dem Jenseits schützen und zugleich den hohen Rang des kaiserlichen Grabherrn dokumentieren. Viele der überlebensgroßen und ursprünglich farbigen Figuren wurden restauriert und am originalen Platz wiederaufgestellt.

Vor mehr als 2000 Jahren wurde Kaiser Qin Shihuangdi hier begraben, umgeben von einer Terrakottaarmee (UNESCO-Weltkulturerbe), die in Schlachtordnung aufgestellt war und ein Abbild der militärischen und höfischen Organisation darstellt. Alle Gesichter wurden individuell gestaltet.

DAZU — BUDDHISTISCHE TEMPELANLAGE

Auf Felswänden, die zwischen 7 und 30 Meter hoch und bis zu 500 Meter lang sind, präsentiert sich in Dazu ein rund 1000 Jahre altes Kaleidoskop buddhistischer Bildhauerkunst. Die mit dem Buddhismus über die Seidenstraße nach China gelangte Tradition des Baus von Grottentempeln erreichte hier ihren letzten großen Höhepunkt in Südchina. Häufig dargestellt wurde die Figur des Buddha sowie Statuen der Bodhisattwas, die auf ihren Eintritt ins Nirwana verzichten, um den Menschen aus dem Kreislauf der Wiedergeburten zu erlösen. Darstellungen des buddhistischen Paradieses veranschaulichen das Glück, das den Gläubigen dort erwartet. Auch Wächtergottheiten, Höllenszenen und weltliche Motive sind zu finden, die Einblicke in die alltäglichen Gepflogenheiten zur Zeit der Entstehung der Werke vermitteln.

Vor rund 1000 Jahren wurden hier, ungefähr 100 Kilometer westlich der heutigen Stadt Chongqing, Zehntausende von Skulpturen aus den Felshängen geschlagen. Die Statuen (rechts eine Darstellung Buddhas) wurden von einem einzigen Mönch geschaffen. Die Felsentempel gehören zum Weltkulturerbe der UNESCO.

LESHAN — GROSSER BUDDHA

Am Fuß des Berges Lingyun im Osten des heiligen Bergs Emeishan und unweit der Stadt Leshan sitzt der größte steinerne Buddha der Welt. Aus der Höhe der Felsen fällt sein Blick herab auf den Zusammenfluss der Ströme Minjiang, Dadu und Qingyi. Im Jahr 713, während der Zeit der Tang-Dynastie (618 bis 907), hatte ihn der buddhistische Mönch Haitong in Auftrag gegeben, begleitet von der Bitte, der Buddha möge die wilden Gewässer der Flüsse beruhigen, die den Schiffern Schwierigkeiten bereiten. Die Statue mit ihren gewaltigen Ausmaßen von 71 Metern Höhe und einem Schulterumfang von 28 Metern wurde jedoch erst von Haitongs Schülern in einem Zeitraum von rund 90 Jahren in mühevoller Steinmetzarbeit zu Ende gebracht. Sie stellt einen sitzenden Maitreya-Buddha in Meditationshaltung dar. Als Teil der Berglandschaft Emeishan zählt der Buddha zum Welterbe der UNESCO.

Seit über 1200 Jahren wacht in Leshan ein riesiger sitzender Buddha über der Mündung des Flusses Dadu in den Minjiang. Von einer Treppe aus kann man die 71 Meter hohe Statue aus verschiedenen Blickwinkeln betrachten. Allein der Kopf hat eine Länge von 15 Metern.

Im 110 Meter über dem Tal von Lhasa aufragenden grandiosen Bauwerk (UNESCO-Weltkulturerbe) manifestiert sich eine einzigartige politisch-religiöse Kultur. Mit seinem fensterlosen Sockel setzt der Palast vor allem auf Wehrhaftigkeit. Sein Hauptteil, der 320 Meter lange Weiße Palast, wurde unter dem fünften Dalai-Lama erbaut, dem ersten Hohenpriester des tibetischen Buddhismus, der auch politische Macht ausübte. Er wählte dazu den Roten Berg, auf dem im 7. Jahrhundert schon Tibets erster König residiert hatte. Nach dem Tod des Dalai-Lama entstand der später von goldenen Dächern gekrönte zentrale Rote Palast, der die bedeutendsten Schätze des Potala birgt. Insgesamt weist der Gebäudekomplex rund 1000 Räume und eine Grundfläche von fast 130000 Quadratmetern auf. Seine Pracht bezeugt ein Maß an religiöser Hingabe, das ebenso groß war wie das Leben in Tibet entbehrungsreich.

Bis zur Flucht des Dalai-Lama war der Potala-Palast Residenz und Sitz der tibetischen Regierung (großes Bild). Zum Gebäudeensemble gehört auch der im 7. Jahrhundert erbaute Jokhang-Tempel, zu dem jeder Tibeter einmal im Leben pilgern sollte (Bilder links). Er ist das älteste buddhistische Kloster in Tibet und eine Art Nationalheiligtum. Alle Straßen in Lhasa führen zum Tempel, in dem heute wieder Mönche leben.

SHIGATSE

Das tibetische Koster Tashilunpo wurde 1447 von Gendün Drub gegründet, dem – nach Rechnung der tibetischen Gelug-Schule – ersten Dalai-Lama. Im 17. Jahrhundert erweiterte Abt Lobsang Chökyi Gyeltshen den Gebäudekomplex. Er war der erste, der den Titel »Panchen Lama« trug. Das ist der nach dem Dalai-Lama ranghöchste Meister. Seit dieser Zeit ist das Kloster Sitz der Panchen Lamas. In seiner Blütezeit beherbergte der Konvent 4000 Mönche, aber während der chinesischen Kulturrevolution in den 1960er-Jahren wurden viele der Bauten und Reliquen zerstört. Erst mit der Lockerung der Einschränkungen der Religionsausübung in den 1980er-Jahren wurde das Kloster wieder aufgebaut. Heute ist Tashilunpo auch ein Anziehungspunkt für Touristen, die dort den Jambu Chyenmu, den größten Tempel der Anlage, bewundern. In ihm befindet sich eine 26 Meter hohe Buddhastatue.

Tashilunpo ist eine Ausbildungsstätte der strengen Gelug-Schule (links unten), deren Anhänger gelbe Mützen tragen (links). Die Wandmalereien sind Meisterstücke buddhistischer Kunst (ganz links). Typisch sind die zweigeschossigen, vergoldeten Dächer mit den dekorativen Gebetsmühlen (unten Mitte). Für die Statue des Maitreya-Buddha, des Buddha der Zukunft, wurden fast 280 Kilogramm Gold verarbeitet (unten rechts).

Gleich einem riesigen Flaschenöffner aus Stahl und Glas ragt der 492 Meter hohe Turm im neuen Geschäftsviertel Pudong in den Himmel. Sein gewagtestes Merkmal ist das breite Portal, das die Skyline der Stadt am Perlfluss neu gestaltet. Das postmoderne Design des US-amerikanischen Architekturbüros Kohn Pedersen Fox (KPF) stilisiert den harmonischen Kontrast der Naturelemente und verknüpft Erde und Himmel. Dafür wurde der Sockel mit Rohgranit verkleidet, was den Eindruck von Stabilität erweckt und den Turm fest mit dem Erdboden verbindet. Mit seinen 101 Stockwerken ist das Gebäude quasi eine vertikale Stadt. Weltrekordniveau haben die Aussichtsplattformen: Im 97. Stockwerk befindet sich die Sky Bridge, eine gläserne Brücke, deren Dach sich öffnen lässt. Der 55 Meter lange Sky Walk im 100. Stock mit seinem transparenten Fußboden gibt den Besuchern das Gefühl, über dem Boden zu schweben.

Ab dem Jahr 2013 sollen das Shanghai World Financial Center (SWFC) und der Jinmao Tower zusammen mit dem Shanghai Center – dem »Korkenzieher« – ein »goldenes Dreigestirn« in der gen Himmel strebenden Silhouette der Stadt bilden (rechts). Als Kontrast zum schweren Sockel hat der Hauptkörper eine Glasvorhangfassade, in der sich der Himmel spiegelt (unten).

Wie ein gigantischer Bambus überragt seit dem Jahr 2004 der 508 Meter hohe, jadegrün verglaste Büroturm die Skyline der Hauptstadt von Taiwan. Auf den 101 Etagen fand auch die Börse Platz. Anfangs war der Stahlkoloss wegen der Erdbebengefahr heftig umstritten. Seine Spitze schwankt um bis zu 1,30 Meter, obwohl ein 660 Tonnen schweres Pendel die Schwingungen dämpft. Bewundert werden kann die goldene Kugel auf dem Aussichtsdeck im 89. Stock, wohin ein Fahrstuhl die Besucher in wenigen Sekunden bringt. Der moderne Bau integriert historische Einflüsse und basiert auf Feng-Shui-Prinzipien. Die markantesten Designelemente haben die taiwanesischen Planer den traditionellen Pagoden entliehen. Die Fensterelemente nehmen die Drachenkopf- und Steintrommelmuster chinesischer Tempel auf. Der Bambus steht für Stärke und Wohlstand, die Basis bildet ein Stahlskelett in Form eines Drachens.

Links: »Taipei 101« wird der multifunktionale Wolkenkratzer des Taipei Financial Center wegen seiner 101 Stockwerke genannt. Um Schwankungen entgegenzuwirken, wurde zwischen dem 89. und 92. Stockwerk eine 660 Tonnen schwere, mit ölhydraulischen Dämpfungselementen versehene Stahlkugel installiert. Unten: Die Glasfronten greifen traditionelle asiatische Formen auf.

Seit 1999 zählt der Toshogu-Schrein gemeinsam mit einem Ensemble aus anderen Shinto-Schreinen und Tempeln in Nikko zum UNESCO-Weltkulturerbe. Fünf Gebäude und zwei Schwerter des Schreins wurden auch zu Japans Nationalschatz erklärt. Denn: Tokugawa Ieyasu ist im Schrein beigesetzt. Er ist der 1616 verstorbene Begründer einer Shogun-(Militär)-Dynastie, die in der Edo-Zeit genannten Epoche, von 1603 bis 1868, über Japan herrschte. Die Überreste des Herrschers ruhen in einer Urne aus Bronze. Der Bezirk kann durch die drei prächtigen Tore »Niomon«, »Karamon« oder »Yomeimon« betreten werden. Eine der Schnitzereien des Schreins hat es sogar zu Berühmtheit gebracht: Sie zeigt die drei weisen Affen, von denen jeweils einer die Augen, die Ohren und den Mund bedeckt. Die Gebäude des Schreins liegen in einem Wald aus Sicheltannen, dessen älteste Bäume über 300 Jahre alt sind.

Der Toshogu ist der bedeutendste Schrein von Nikko. Inmitten eines Waldes vereinen sich hier ein gutes Dutzend reich dekorierter Bauwerke (ganz links) zu einem wunderbaren architektonischen Ensemble. Besonders eindrucksvoll sind die Tore der Schreine wie das Kokamon-Tor des Iemitsu-Mausoleums (großes Bild) und das Nitenmon-Tor des Rinno-Ji-Tempels (links) sowie die Wächterstatue am Yomeimon-Tor.

KYOTO — GOLDENER PAVILLON

Der von einem prächtigen Landschaftsgarten umgebene »Goldene Pavillon« in Kyoto gilt als eines der schönsten Gebäude der Muromachi-Zeit. Die von Ashikaga Yoshimitsu erworbene Residenz, die nach seinem Tod in einen Tempel umgewandelt wurde, fiel 1950 einer Brandstiftung zum Opfer und wurde 1955 originalgetreu wiederaufgebaut. Durch ein Tor betritt man den Tempelgarten mit den Götterstatuen und der fünfhundert Jahre alten Föhre. Der auf Pfählen erbaute Pavillon, dessen goldene Fassaden sich im See widerspiegeln, vereinigt drei verschiedene Baustile: Das Parterre weist die Heianzeitliche Palastbauweise auf, der 1. Stock wurde im Kamakura-Stil der Samurai-Residenzen und der 2. Stock im chinesischen Tempelbaustil errichtet. Ein Phönix ziert das Dach des Tempels (UNESCO-Weltkulturerbe), dessen Anblick von der anderen Seite des Sees aus besonders schön ist.

Den vergoldeten Holzpavillon (Kinkaku-Ji oder Rukuon-Ji) ließ sich Shogun Ashikaga Yoshimitsu 1394 als Wohnhaus erbauen. Nach seinem Tod wurde aus dem Goldenen Pavillon am kieferbestandenen Kyokochi-Teich ein buddhistischer Tempel, der 1987 umfassend restauriert wurde.

KYOTO — HIGASHI-HONGAN-JI-TEMPEL, ENRYAKU-JI-TEMPEL

Im Zentrum von Kyoto, der alten japanischen Kaiserstadt, liegt der Tempelkomplex Higashi-Hongan-Ji. Gemeinsam mit dem Nishi-Hongan-Ji-Tempel ist er das spirituelle Zentrum der Jodo-Shinshu, der zweitgrößten Konfession des japanischen Buddhismus. Im Jahr 1602 erbaut, besteht der Higashi-Hongan-Ji-Tempel aus einer großen Gründerhalle und einer kleineren Buddhahalle, die die Statue des Amida-Buddha beherbergt, der zentralen Buddhafigur des Shinshu-Buddhismus. Auf dem Gipfel des 848 Meter hohen Berges Hiei nahe Kyoto erhebt sich eindrucksvoll der etwa 130 Gebäude umfassende Tempelkomplex Enryaku-Ji. Im Jahr 788 von Mönch Saicho gegründet, war das Kloster Hauptsitz der buddhistischen Tendai-Schule. Bei dem Versuch, die Mönche unter seine Kontrolle zu bringen, zerstörte Shogun Oda Nobunaga 1571 weite Teile der Anlage, die heute wiederhergestellt sind.

Der Higashi-Hongan-Ji-Tempel wurde an dem Ort gegründet, an dem Shinran, der Vater des Jodo-Shinshu-Buddhismus, seine letzte Ruhestätte fand. Mit 31 Metern Breite und 27 Metern Höhe rühmt sich die 1895 erbaute Mie-Do-Halle des Tempels, die größte Holzkonstruktion der Welt zu sein.

KIYOMIZUDERA-TEMPEL, BYODO-IN-TEMPEL

Der an einem Berghang hoch über Kyoto gelegene Kiyomizudera-Tempel ist einer der beliebtesten Tempel Japans. Er wurde 798 gegründet, die heutigen Bauten gehen jedoch auf das Jahr 1633 zurück. Sein Name bedeutet »Reines Wasser« und bezieht sich auf den Wasserfall im Tempelgelände. Geweiht ist der Tempel der elfköpfigen Göttin Kannon. Von der Haupthalle und der weitläufigen Holzterrasse aus bietet sich ein eindrucksvoller Blick über das umliegende Gelände. Der Byodo-In-Tempel in Uji, auch Phönix-Halle genannt, ist ein Beispiel der Architektur der Heian-Zeit. Ursprünglich ein Landsitz, wurde das Gebäude 1052 in einen Tempel umgewandelt. Von oben besehen weist die zentrale Halle mit ihren Flügelkorridoren den Grundriss eines fliegenden Phönix auf. Auf einem Lotusthron im Innern sitzt der Amida-Buddha, dessen Paradies-See der Teich vor dem Tempel versinnbildlicht.

Der Byodo-In-Tempel in der Stadt Uji bei Kyoto besteht aus der Halle des Phönix sowie angrenzenden Korridoren. Auf den Dächern befinden sich Phönix-Statuen. Zusammen mit dem Kiyomizudera-Tempel gehört er als Teil des historischen Zentrums von Kyoto zum UNESCO-Welterbe.

SCHLOSS NIJO-JO

Von 1626 bis 1867 war die Schlossanlage Nijo-Jo Residenz der Tokugawa-Shogune – der dem Kriegeradel der Samurai angehörenden Herrscher, die das Land von Kyoto aus regierten. Nachdem Tokugava Ieyasu 1603 an die Macht kam, widmete er sich dem Bau der Schlossanlage, die im Jahr 1626 fertiggestellt wurde: Zwei Befestigungsanlagen mit Toren und Wassergräben umschließen die Paläste Ninomaru und Honmaru, die jeweils von prächtigen Gärten umgeben sind. Nach dem Ende der Shogun-Herrschaft in Japan ab 1867 wurde Schloss Nijo-Jo zunächst Sitz der neuen Regierung, bevor es 1939 der Stadt Kyoto übergeben wurde. Der besondere Charakter der Paläste ensteht vor allem durch die Innenarchitektur: Holzgeschnitzte Decken, feinste Wandmalereien, ausgeführt von den Künstlern der Kano-Schule, und wie Vogelgezwitscher klingende Böden beeindrucken den Besucher bis heute.

Die Stellwände und Schiebetüren in der Shogun-Residenz Nijo-Jo wurden 1601 bis 1603 im Kano-Stil (nach der Malerfamilie Kano) großflächig mit Landschaftsmotiven auf Goldgrund bemalt und werden Kano Tan'yu zugeschrieben, einem der berühmtesten japanischen Künstler seiner Zeit.

NARA

TODAI-JI-TEMPEL

Hauptattraktion des Todai-Ji-Tempels in der einstigen japanischen Kaiserstadt Nara (Weltkulturerbe der UNESCO), ist die Halle des Großen Buddha, in deren Innerem sich die mit 16 Metern Höhe und einem Gewicht von etwa 450 Tonnen weltweit größte Bronzestatue des Erleuchteten befindet. Die um 750 angeordnete Anfertigung der Buddhastatue stellte die Künstler vor nahezu unlösbare Herausforderungen. Der Todai-Ji, ursprünglich der mächtigste Tempel Naras, wurde 745 als zentraler Mittelpunkt eines weiten Netzes von Provinztempeln erbaut. Heute besteht die Anlage neben der Haupthalle aus zwei Untertempeln, einem Glockenturm, dem Shosoin-Schatzhaus und dem Nandaimin-Tor von 1199, das mit zwei großen Wächterfiguren beeindruckt. Die Sangatsudo-Halle aus dem Jahr 733 ist das älteste Gebäude des Tempels und beherbergt unschätzbare buddhistische Kunstwerke.

Der Daibutsu, eine gigantische Buddhafigur aus Goldbronze im Todai-Ji-Tempel zählt zu den künstlerischen Höhepunkten der Kaiserstadt Nara. Die Statue des Buddha Vairocana, des Buddhas der Weisheit, besteht aus 437 Tonnen Bronze und 130 Kilogramm reinem Gold.

HIMEJI

BURGANLAGE

Nach einem Jahrhundert der Bürgerkriege boomte in Japan der Burgenbau. Gleichzeitig Festung und Schloss, waren die Anlagen Ausdruck der neuen politischen Ordnung im Zeichen des Tokugawa-Shogunats (ab 1600). Der Bauherr der Himeji-Burg (UNESCO-Weltkulturerbe) 50 Kilometer westlich von Kobe war ein Vasall des Ieyasu, des ersten Shoguns aus der Adelsfamilie der Tokugawa. Zentrum und architektonisches Glanzstück der von Graben und Ringmauer geschützten, 22 Hektar großen Anlage ist der außen sechs- und innen siebengeschossige Turm. Die Innenräume sind ganz in Holz ausgeführt. Verteidigungs- und Repräsentationszwecke stehen hier in ausgewogenem Verhältnis zueinander, was sich an den mit ihren abwechselnd runden und eckigen Formen verspielt wirkenden Schießscharten zeigt. Auch die Eisenbeschläge der Tore vereinen Schutzfunktion und Ästhetik.

Terumasa Ikeda ließ 1601 bis 1609 auf den Resten einer alten Festung eine neue Burganlage – das »Schloss des weißen Reihers« – mit 83 Gebäuden errichten. Das größte ist der Hauptturm (Tenshu-gun) mit seinen eigenartig verschachtelten Giebeln, Gauben und Dachvorsprüngen.

HORYU-JI

BUDDHISTISCHES HEILIGTUM

Die Heilgtümer von Horyu-Ji (UNESCO-Weltkulturerbe), zehn Kilometer südwestlich der alten Kaiserstadt Nara, gehen auf die Frühzeit des Anfang des 7. Jahrhunderts zur Staatsreligion erhobenen japanischen Buddhismus zurück. Im Jahr 607 wurde auf Geheiß des Prinzregenten Shotoku (573–621) mit dem Bau begonnen. Die sich am chinesischen Vorbild anlehnende ursprüngliche Tempelanlage brannte 670 fast vollständig nieder. Bis etwa 710, dem Beginn der Nara-Zeit, entstanden dann jene Gebäude, die heute als die ältesten Holzbauwerke der Welt gelten: die Haupthalle (»Goldene Halle«), die fünfstöckige Pagode, das Mittlere Tor und die sich daran anschließende Galerie. Sechs Figuren in der Haupthalle stammen vermutlich noch aus dem abgebrannten Vorgängerbau und wären damit die ältesten Skulpturen Japans. Wichtigste Kultstätte der Tempelanlage ist die »Goldene Halle«.

Zu den Kostbarkeiten von Horyu-Ji gehören die vergoldeten Holzplastiken, die als die ältesten Skulpturen Japans gelten. Sie zeigen grimmige Wächterfiguren und Schutzgeister. Eine der wohl schönsten Plastiken ist die mit Gold überzogene Buddhafigur im Innern des Tempels.

MIYAJIMA

SHINTO-SCHREIN VON ITSUKUSHIMA

Dass der den drei Töchtern des Sturmgottes geweihte Shinto-Schrein (UNESCO-Weltkulturerbe) 593 errichtet wurde, wie es die Legende besagt, mag stimmen: Denn die Insel Miyajima oder Itsukushima war seit frühester Zeit heiliger Bezirk und durfte bis zum 11. Jahrhundert nur von Priestern betreten werden. Noch heute gibt es dort keinen Friedhof, damit die Reinheit der Kultstätte erhalten bleibt. Auch wenn die Hauptgebäude aus den Jahren 1556 bis 1571 stammen, wahrt die Gesamtanlage mit ihrer leuchtend roten Bemalung den Stil der Heian-Zeit (8.–12. Jahrhundert). Acht größere und viele kleinere Gebäude wurden auf Stelzen im flachen Wasser errichtet und durch Galerien verbunden; weitere Gebäude an Land bildeten den »Äußeren Schrein«. 1875 kam das 16 Meter hohe »Eingangstor« hinzu. Dieses achte Tor zählt zu Japans berühmtesten Sehenswürdigkeiten.

Das rote »Torii« aus Kampferholz, vor der Küste Miyajima in der Seto-Inlandsee unweit Hiroshima gelegen, ist bei Flut von Wasser umgeben. Der Schreinkomplex von Itsukushima wurde auf Pfählen errichtet und verkörpert die Verehrung der göttlichen Natur im Shintoismus.

MANDALAY

Die über 50 000 Quadratmeter große Anlage im Norden Myanmars entstand zwischen 1857 und 1869. Im Zentrum steht eine golden strahlende Pagode; den Ruf der Kuthodaw-Pagode als »weltgrößtes Buch« machen jedoch ihre 729 Schreine aus. Jedes der weißen Gebäude ist mit einer vergoldeten Spitze versehen. An allen vier Seiten finden sich Gitterfenster, durch die der Blick auf eine weiße Marmorplatte fällt. Auf diesen 1,5 mal 1,1 Meter großen Platten ist der Text des Pali-Kanons eingeritzt. Dabei handelt es sich um die gesammelten Lehrsätze von Buddha Siddhartha Gautama, dem Begründer des Buddhismus. Allein mit den Schreibarbeiten waren Mönche neun Jahre lang beschäftigt. Würde man die bis zu 15 Zentimeter dicken Platten übereinander schichten, ergäben sie einen Turm von mehr als 100 Meter Höhe. Die ursprünglich vergoldeten Buchstaben sind heute schwarz.

Weithin sichtbar ist das vergoldete Dach der Pagode, die der Shwezigon-Pagode in Bagan nachempfunden wurde (rechts). Ihre große Besonderheit sind die 729 Schreine, die den Pali-Kanon beherbergen. Prächtig gestaltet ist auch der Eingang zur Pagode (ganz rechts).

MANDALAY

Im Jahr 1857 gründete König Mindon mit Mandalay die letzte Hauptstadt des birmanischen Reichs mit dem königlichen Palast im Zentrum. Die Palastanlage erstreckt sich über rund 400 Hektar und ist von einer Mauer und einem Wassergraben umgeben. Auf jeder Mauerseite ermöglichen drei Tore den Zugang zum Palast, die jeweils ein Tierkreiszeichen symbolisieren. 24 runde Wachtürmen mit spiralförmigen Aufgängen ermöglichen einen Blick über die Stadt. Zur Anlage gehören eine Große Audienzhalle, der Raum des Löwenthrons in dem sich der kunstvoll geschnitzte Thron des Königs befand, sowie der Glaspalast als private Residenz der Könige. Nach der Eroberung Mandalays durch die Briten im Jahr 1885 wurde der Palast geplündert und zum Fort umfunktioniert. Völlig zerstört wurde der Palast dann im Lauf des Zweiten Weltkriegs. Erst in den 1990er-Jahren hat man die Anlage rekonstruiert.

Der Palast der letzten Könige von Birma wurde von zahlreichen Zerstörungen heimgesucht und blieb trotzdem stets ein Symbol birmesischer Identität. Ganz rechts: ein Blick in das Interieur des buddhistischen Klosters – einst Teil des Palasts – mit traditioneller Holzarchitektur.

KUTHODAW-PAGODE

MANDALAY PALACE

Mit ihrem glockenförmigen Stupa erhebt sich die Shwezigon-Pagode 160 Meter in die Höhe und ist damit in der Ebene von Bagan, der historischen Königsstadt in Myanmar, weithin sichtbar. Die reich verzierte »goldene Glocke«, die sich über drei Terrassen erhebt, ist von vielen kleineren Tempeln und Schreinen umgeben. Vier Tore im äußeren Mauerring erlauben den Zugang zum Heiligtum, das nicht zuletzt wegen der hier aufbewahrten Reliquien Gautama Buddhas besonders verehrt wird. Das unter Anawratha (reg. 1044–1077) begonnene und unter seinem Sohn Kyanzittha 1090 vollendete Bauwerk markiert den Übergang von der traditionellen birmanischen Religion zu dem sich im 11. Jahrhundert in dieser Region etablierenden Theravada-Buddhismus. Als einer der bedeutendsten Sakralbauten in Myanmar stand die Pagode Pate für zahlreiche andere Heiligtümer im ganzen Land.

Vollständig mit Gold überzogen ist die Shwezigon-Pagode in der Nähe von Bagan. Sie gilt als Prototyp der buddhistischen Sakralbauten in Myanmar. Der Gesamtkomplex besteht aus einem runden Stupa sowie kleineren Tempeln und Schreinen (großes Bild). Noch heute wird die Pagode von buddhistischen Mönchen in hohen Ehren gehalten, wird hier doch eine wichtige Relique Buddhas aufbewahrt (ganz unten).

ANANDA-PAHTO-PAGODE

Die um 1090 vollendete buddhistische Tempelanlage gehört zu den elf größten Bauwerken des ehemaligen Königreiches Bagan, mit seinen über 2000 erhaltenen Sakralbauten aus dem 11. bis 13. Jahrhundert heute die bedeutendste archäologische Stätte Südostasiens. Von außen und innen betrachtet präsentiert sich das von der indischen Baukunst beeinflusste Heiligtum als Meisterwerk früher Tempelarchitektur: Vom Grundriss her in perfekter Kreuzform erbaut, führen verschiedene Ebenen bis zur vergoldeten Spitze. Die Mitte ist als Würfel geformt. An den Ecken, in Nischen gebettet, stehen vier nach den Himmelsrichtungen positionierte, zehn Meter hohe, goldene Buddhastatuen. Auf den Sandsteinreliefs am Sockel des Baus sind Episoden aus dem Leben Gautama Buddhas dargestellt. In der Eingangshalle im Westen ist im Marmorboden auch ein Fußabdruck des Buddha zu sehen.

In den Pfeiler in der Mitte der Tempelanlage sind Nischen eingelassen, in denen sich vier stehende Buddha-Statuen befinden, die in die vier Himmelsrichtungen schauen (links). Der Grundriss des Tempels ist kreuzförmig. Viele Stufen führen bis zur Spitze. An den Außenwänden befinden sich 1472 glasierte Kacheln mit Terracotta-Reliefs (unten). Im Innenhof feiern Mönche das Fest der Schenkungs-Zeremonie (ganz unten).

Wahrzeichen des Landes und das bedeutendste religiöse Zentrum von Myanmar ist die Shwedagon-Pagode in Rangoon. Errichtet wurde sie auf einem Hügel nördlich des historischen Kerns der ehemaligen Hauptstadt. Die Anfänge der 116 Meter hohen und im Lauf der Jahrhunderte über und über mit Gold und Edelsteinen verzierten Pagode sollen bis in die Zeit des historischen Buddha, Siddhartha Gautama (um 560 v. Chr. bis um 480 v. Chr.), zurückreichen, von dem sie nach buddhistischem Glauben acht Haupthaare als Reliqie bewahrt. Sie steht auf einer rund 60 000 Quadratmeter großen Marmorplattform, an ihrer achteckigen Basis von 413 Metern Umfang errichtete man zahlreiche kleinere Pagoden. Als Schirm trägt sie ein vergoldetes, mit Tausenden von Edelsteinen verziertes Netzwerk; an der Spitze befindet sich ein 76-karätiger Diamant, der die Erleuchtung symbolisieren soll.

Die zahlreichen, in der Dunkelheit hell erleuchteten Schreine der Shwedagon-Pagode beherbergen wertvolle Götterstatuen. Sie sind bestimmten Planeten, Sternzeichen, Tagen und Eigenschaften zugeordnet. An ihnen vorbei führt der Weg zum Tempelturm (Chedi), der vergoldet, mit Edelsteinen verziert und mit Glöckchen behangen schon von Weitem die Blicke auf sich zieht und Wahrzeichen der Stadt Rangoon ist.

CHIANG MAI

Wat Suan Dok und Wat Doi Suthep haben eine gemeinsame Gründungslegende: Ihr zufolge fand einst ein Mönch namens Sumana eine nur erbsengroße Reliquie – einen Splitter von Buddhas Schulterknochen. Auf wundersame Weise teilte sich die Reliquie in zwei Stücke, von denen eines im Wat Suan Dok aufbewahrt wird. Um auch für das andere Stück einen würdigen Ort zu finden, wurde dieses in einen kleinen Altar eingeschlossen und auf dem Rücken eines freilaufenden weißen Elefanten befestigt, der sich genau an jener Stelle niederließ, wo sich heute – auf 1053 Meter Höhe – der Wat-Doi-Suthep-Tempel befindet. Eine monumentale, von zwei siebenköpfigen Nagas (Mischwesen aus Mensch und Schlange) flankierte Treppe führt zur Tempelanlage, in der neben der Reliquie selbst auch noch der Altar, den der Elefant einst auf seinem Rücken trug, aufbewahrt wird.

Blickfang des hoch über der Stadt Chiang Mai gelegenen Wat-Doi-Suthep-Tempels ist ein 20 Meter hoher Chedi (rechts). In den Galeriegängen findet man verschiedene Buddhastatuen, darunter auch diesen, aus Kristall gefertigten Buddha am Fuß des Turms (ganz rechts).

CHIANG MAI

WAT CHEDI LUANG

Zu dem Tempelkomplex gehört ein riesiger Chedi im Lanna-Stil, begonnen im 14. Jahrhundert von König Saen Mueang Ma für die Relikte seines Vaters. Erst im 15. Jahrhundert vollendet, wurde der Tempel bereits 1545 schwer beschädigt. In den 1990er-Jahren erfolgte eine umstrittene Rekonstruktion mit Elementen im Thai-Stil. Statt des Original-Smaragd-Buddha Phra Kaew beherbergt der Chedi nun eine Kopie aus schwarzer Jade. In der großen Versammlungshalle Viharn Luang von 1928 steht die Statue des Buddha Phra Chao Attarot. In einem kleineren Virhan liegt ein vergoldeter Ziegel-Buddha aus der Gründungszeit des Wat. Seit etwa 1800 befindet sich im Wat auch der Stadtpfosten Sao Inthakin. Gemäß der Legende ging ein Einsiedler zum Gott Indra, brachte Opfer dar und bat um Schutz für die Stadt. Indra befahl daraufhin zwei mythischen Wesen, den Pfosten zur Stadt zu tragen.

Rechts: buddhistische Mönche vor der großen Stupa. Ganz rechts: Der über acht Meter hohe Phra Chao Attarot (Achtzehn-Kubith-Buddha) wurde zur gleichen Zeit gegossen wie die beiden Statuen seiner Begleiter Mogallana und Sariputta, die den Phra Attarot flankieren.

CHIANG MAI

WAT PHRA SINGH

Die 1345 von König Pha Yu gegründete Anlage im Lanna-Stil verfiel im 18. Jahrhundert, wurde im 19. Jahrhundert wieder aufgebaut und vor Kurzem erneut restauriert, denn der Wihan Lai Kham, die Versammlungshalle, beherbergt Phra Sing, eine äußerst seltene Darstellung des Buddha. Das tiefe dreistufige Dach und die prunkvolle goldene Holzfassade der Halle sind aufwendig verziert. Steinerne Löwen bewachen ihr holzgeschnitztes Portal. Wandmalereien im Inneren stellen das Leben im 19. Jahrhundert dar. Ebenso kunstvoll geschmückt ist der Ubosot, die Gebetshalle der Mönche, mit dem fein strukturierten vergoldeten Ku, einem turmförmigen Altar. Eine Attraktion ist auch der rote Hor Trai (Bibliothek) auf seinem weißen Sockel mit Stuckfriesen und Devas. Über einer steilen Treppe mit Nagas und Makaras erhebt sich der mit Schnitzereien und Glasmosaiken reich geschmückte Eingang.

Rechts: Als erster Bau der Tempelanlage entstand im Jahr 1345 der Chedi, der typische glockenförmige Turm. Dort wurde die Asche des Königs Kham Fu aufbewahrt. Ganz rechts: Die Gebetshalle ist reich geschmückt. Sie enthält einen turmförmigen Altar.

SUKHOTHAI

Die erste Hauptstadt des unabhängigen Thai-Reichs, heute eine Ruinenstätte westlich des modernen Sukhothai im Norden Thailands, gibt Zeugnis von der buddhistischen Kunst und Architektur des Landes. Von der Größe der ersten siamesischen Hauptstadt zeugt der heutige Sukhothai Historical Park (UNESCO-Weltkulturerbe). Den starken Einfluss der Khmer verraten noch die frühen Bauten wie die Tempel San Ta Pha Daeng und Wat Si Sawai. Doch bald entwickelte Sukhothai einen eigenständigen Stil, wie er im Wat Mahathat, der zentralen Anlage des Parks, deutlich wird. Das einst weitläufige Kloster mit seinen zahlreichen Hallen und Aufbewahrungsbauten für Reliquien und Urnen beeindruckt auch noch als Ruine. Den weichen und eleganten Sukhothai-Stil mit den schlanken Buddhastatuen repräsentiert besonderes der sitzende Kolossal-Buddha des Wat Si Chum.

Wat Mahathat (rechts) mit seinen gut 200 Chedis, war der religiöse Mittelpunkt des alten Sukhothai, das eine Ausdehnung von etwa 2 mal 1,5 Kilometern hatte. Jedes Abbild des »Erleuchteten«, wie die knapp 15 Meter große Statue von Wat Si Chum, sollte die 32 Schönheiten Buddhas aufweisen, darunter auch lange Ohrläppchen (unten).

AYUTTHAYA

Die Hauptstadt des zweiten Thai-Reiches wurde um 1350 gegründet. Vom einstigen Glanz des auf einer Flussinsel gelegenen Ayutthaya zeugen auch heute noch viele Tempel, Klöster, Paläste und Monumentalskulpturen. »Die Unbezwingbare«, so die Übersetzung des Namens Ayutthaya, war in ihrer Glanzzeit eine Millionenmetropole mit 375 Klöstern und Tempeln, rund 100 Stadttoren und 29 Festungen. Ganz unbezwingbar war die Vielgepriesene aber nicht: 1767 unterlag sie dem Ansturm der Birmanen. Die Eindringlinge zerstörten die Stadt und töteten oder versklavten ihre Bewohner. Als Residenz von 33 Königen war Ayutthaya 400 Jahre lang der politische und kulturelle Mittelpunkt eines Großreichs, das als Erbe von Angkor fast das ganze südostasiatische Festland umfasste. Die bedeutendsten Baudenkmäler, darunter die Tempelanlagen Wat Si Sanphet, Wat Mahathat und Wat Rajaburana, stehen im Zentrum der historischen Ruinenstadt.

Neben maiskolbenartigen Prangs (Türmen) und glockenförmigen Chedis kennzeichnen in Ayutthaya Dutzende von Buddhafiguren die Tempel von Wat Mahathat (unten) und Wat Chai Wattanaram (rechts). Die Buddhas sind meist im Lotossitz dargestellt und tragen orangene Tücher.

TEMPELSTADT

TEMPELSTADT

BANGKOK

Nach der Zerstörung der alten Hauptstadt Ayutthaya durch die Birmanen zogen sich die Siamesen nach Thonburi zurück. 1782 bestieg dort Chao Phaya Chakri als König Rama I. den Thron und begründete damit die bis heute regierende Chakridynastie. Noch im ersten Jahr seiner Regentschaft verlegte er seinen Regierungssitz ans gegenüberliegende östliche Flussufer. Dort entstand auf einem an allen vier Seiten von einer insgesamt 1900 Meter langen Mauer umgebenen, rund 218400 Quadratmeter großen Areal der Grand Palace. Bedeutendstes Heiligtum im Grand Palace ist der nach dem architektonischen Vorbild des Königspalastes von Ayutthaya errichtete Wat Phra Kaeo, ein allein dem König für seine buddhistischen Zeremonien vorbehaltener Tempel, in dem die am meisten verehrte Buddhastatue Thailands aufbewahrt wird: der Smaragd- oder Jadebuddha.

Einst war der Große Palastbezirk von Bangkok (Grand Palace) eine eigene Stadt: Bis heute überwältigt der Farben- und Formenreichtum der mehr als 100 Gebäude auf dem historischen Areal (großes Bild). Im Innern des Wat-Phra-Kaeo-Tempels thront der Smaragdbuddha in elf Metern Höhe, umgeben von meditierenden Mönchen (links). Dämonen sorgen für Abwehrzauber und bewachen das Heiligtum (unten rechts).

BANGKOK

Südlich vom Grand Palace liegt mit dem Wat Pho der größte und älteste (Gründung im 16. Jahrhundert) Tempel Bangkoks mit der größten Buddhastatue Thailands. Diese 45 Meter lange und 15 Meter hohe, vollständig mit Blattgold überzogene Statue zeigt den liegenden Buddha kurz vor seinem Eingang ins Nirwana. Zwar bedeutet Nirwana im Sanskrit eigentlich »Das Erlöschen« (auch: »Verwehen«); damit ist aber nicht unbedingt eine Vorstellung von Tod und Vergehen verbunden, auch kein paradiesischer Ort, sondern eine tiefe spirituelle Erfahrung: der Eintritt in das Stadium der Erleuchtung (Bodhi), mit dem der Kreislauf des Lebens (Tod, Leben und Wiedergeburt: Samsara) verlassen wird. Der historische Buddha, Siddhartha Gautama, erreichte die Erleuchtung im Alter von 35 Jahren unter einem Bodhi-Baum – danach lebte und lehrte er noch weitere 45 Jahre.

Der Wat Pho im Zentrum der historischen Altstadt von Bangkok beherbergt eine Fülle von Buddhastatuen (rechts), darunter auch den goldenen liegenden Buddha (ganz rechts). Augen und Fußsohlen sind aus Perlmutt gefertigt, letztere sind außerdem mit Glückszeichen bedeckt.

BANGKOK

Mit seiner Lage direkt am Ufer des Flusses Chao Praya ist der Wat Arun, der Tempel der Morgenröte, zum Wahrzeichen von Bangkok geworden. Das Heiligtum wurde unter dem Namen Wat Makok während der Ayutthaya-Periode (1351–1767) errichtet. Als das Königshaus seine Residenz auf das andere Flussufer verlagerte, war der Tempel zunächst verwaist, wurde aber in späteren Dynastien restauriert und erhielt den Namen Wat Arun. Mittelpunkt der Anlage ist die circa 80 Meter hohe, mit einem Mosaik aus Porzellan und Muscheln überzogene Pagode, die ehrfurchtsvoll auch Prah Prang genannt wird. An ihren vier Ecken befindet sich jeweils ein kleinerer Prang, der dem Windgott Phra Phai gewidmet ist. Die verschiedenen Ebenen des Turms werden von jeweils anderen mythologischen Figuren getragen. Eindrucksvoll sind auch die riesigen Wächterfiguren am Eingang.

Vier steile Treppen des Phra Prang (rechts) verbinden vier Ebenen. Auf der untersten Stufe befinden sich vier kleinere Prang. Sie sind dem Windgott Phra Phai gewidmet. Die »Ordinatshalle« ist von einer Galerie umgeben, in der Reihen von Buddha-Statuen sitzen (ganz rechts).

WAT PHO

WAT ARUN

KUALA LUMPUR

Mit den 1992 bis 1998 erbauten Hochhaustürmen in Kuala Lumpur hat sich die Erdölgesellschaft Petronas ein Zeichen gesetzt und der Stadt ein modernes Wahrzeichen gegeben. Die Wolkenkratzer, die sich einst rühmten, die »welthöchsten« zu sein, bieten einem großen Konzertsaal, mehreren Einkaufsflächen und dem Naturwissenschaftsmuseum »Petrosains« Platz. Die Form der beiden Zwillings-Türme mit dem Achteck als Grundriss ist von der islamischen Architektur inspiriert und setzt sich damit deutlich ab von den überwiegend kubischen Wolkenkratzern Nordamerikas. Die 58 Meter lange »Skybridge« in 172 Meter Höhe ist die erste Verbindung zwischen zwei Wolkenkratzern in dieser Höhe und gibt dem Bauwerk eine unverwechselbare Silhouette. Sie befindet sich fast auf halber Höhe der bis zum Dach 378 Meter hoch aufragenden Petronas Towers.

Der Architekt der Petronas Towers, die bis zum Jahr 2004 als höchste der Welt galten, ist César Antonio Pelli: Der Argentinier entwarf die Türme aus Stahl, Aluminium, Beton und Glas mit einem aus der islamischen Architektur entlehnten polygonen Aufbau. Der Grundriss eines jeden Turms entspricht dabei der Form eines achteckigen Sterns, dessen Innenkanten nochmals nach außen gewölbt sind.

LUANG PRABANG

Mehr als jede andere Stadt verkörpert Luang Prabang (UNESCO-Weltkulturerbe) das traditionelle Laos. Auch wenn die politische Macht seit der französischen Kolonialzeit von Vientiane (Wiang Chan) ausging, ist Luang Prabang immer noch kultureller Mittelpunkt des Landes. Den Namen erhielt die Stadt an der Mündung des Nam Khan in den Oberlauf des Mekong Ende des 15. Jahrhunderts von der knapp einen Meter großen populären Buddhastatue Pha Bang aus dem 14. Jahrhundert. Für sie wurde eigens ein Tempel, der Wat Sala Pha Bang, errichtet. Die alte Residenzstadt birgt auch heute noch zahlreiche buddhistische Tempel sowie Klöster mit beachtlichen Kunstschätzen. Die prächtigste Anlage ist der aus dem 16. Jahrhundert stammende Königstempel Wat Xieng Thong. Das Hauptgebäude – in Laos Sim genannt – beeindruckt mit seinem tiefgezogenen Dach und den leuchtenden Mosaiken.

Im Garten des einstigen Königspalastes befindet sich der Wat Sala Pha Bang mit seinem kühn geschwungenen Dach und vergoldetem Schnitzwerk (Bilder unten). Auch innen, wo Mönche vor einer riesigen Buddhastatue ihre Andacht verrichten (großes Bild), sind Wände und Säulen mit bunten Glasmosaiken verziert (links). Die Wände der Begräbniskapelle (ganz links) für König Sisavang Vong zeigen Szenen des Ramayana-Epos.

Das mit rund 400 Quadratkilometern größte Kulturdenkmal Südostasiens (UNESCO-Welterbe) zeugt von der Kultur des mittelalterlichen Khmer-Reiches. Sie wurde von indischen Ethnien geprägt, die in der ersten Hälfte des 1. Jahrtausends nach Südostasien einwanderten. Bis Anfang des 13. Jahrhunderts orientierten sich die Herrscher am Hinduismus, später am Buddhismus. Einen Beleg dafür findet man im Bayon-Tempel von Angkor Thom in Kambodscha. Dort wurden unter Jayavarman VII. im 12. Jahrhundert insgesamt 54 Türme errichtet, von denen jeweils vier Meter hohe Monumentalgesichter des Bodhisattwa Avalokiteshvara in die vier Himmelsrichtungen blicken. Da ein Tempel nach dem Tod des Gottkönigs auch zu dessen Grabmal wurde, musste sich jeder Khmer-König ein neues Heiligtum bauen lassen. Die größte Anlage ist der Tempel von Suryavarman II. in Angkor Wat.

In Angkor, der alten Hauptstadt der Khmer, führt ein langer Steindamm vom Haupteingang auf die Tempelanlage von Angkor Wat zu (unten links). Zahlreiche Figurenreliefs schmücken die Wände des Vishnu geweihten Prasat-Kravan-Tempels (großes Bild). Der buddhistische Bayon-Tempel ist das zentrale Heiligtum von Angkor Thom, der neuen Khmer-Metrople. In die ummauerte Stadt führen vier Tore mit »Gesichtertürmen« (links).

HUE

Hue war 1802 bis 1945 die Hauptstadt Vietnams. Die Architektur der im heutigen Zentralvietnam, unweit des Südchinesischen Meers gelegenen einstigen Kaiserstadt, Residenz der Nguyen-Dynastie seit 1687, lehnt sich eng an die chinesische Bautradition an. Ganz im Stil chinesischer Palastanlagen ließ sich Nguyen Anh, der 1802 das zerstrittene Vietnam wiedervereinigt und als Kaiser Gia Long den Thron bestiegen hatte, eine befestigte Residenz im Zentrum von Hue errichten. Das Bedürfnis des Kaisers nach Nachahmung chinesischer imperialer Architektur wird an zahlreichen Details deutlich. Von der Residenz ist das südliche »Mittagstor« (Ngo Mon) das am aufwendigsten gestaltete Bauwerk. Außerhalb von Hue haben sich sieben Nguyen-Kaiser Grabstätten errichten lassen. Palastkomplex sowie Tempel- und Grabanlagen gehören seit 1993 zum Weltkulturerbe der UNESCO.

Dieses opulent geschmückte Tor (großes Bild) ist der Zugang zum Haupttempel der Thien-Mu oder »Pagode der himmlischen Frau« mit dem siebenstöckigen Turm Phuoc Duyen (unten links). Kaiser Khai Dinh (reg. 1916–1925) ließ sich auf einem Hügel im Süden von Hue eine monumentale Grabanlage errichten. Treppen führen hinauf zum Thien-Dinh-Palast, in dessem Inneren die reich geschmückten Wände ins Auge fallen (links).

BOROBUDUR

Die im 8. Jahrhundert auf der indonesischen Hauptinsel Java errichtete Tempelanlage Borobudur (UNESCO-Weltkulturerbe) ist das bedeutendste buddhistische Heiligtum außerhalb Indiens. Die Anlage symbolisiert die buddhistische Auffassung vom Weltenberg Meru mit seinen verschiedenen Höhenschichten: der »Welt der Begierden«, der »Welt der Namen und Formen« und der »formfreien Welt«. Über einem streng quadratischen Grundriss bauen sich deshalb fünf »irdische« Galerien auf. Hier erzählen verschiedene Reliefs vom Lebensweg Buddhas. Auf der Plattform über den Galerien erheben sich drei »himmlische« Rundterrassen mit insgesamt 72 Stupas, die einst jeweils eine Buddhastatue umschlossen. Tordurchgänge markieren den Beginn einer neuen Galerie- oder Erkenntnisstufe. Die Fülle an Dekorelementen bezeugt den Formenreichtum der mittelalterlichen Kunst auf Java.

Nach dem Muster einer Stufenpyramide gliedert sich die Anlage, zu der einst 505 Buddhafiguren (großes Bild) gehörten, in sechs immer kleiner werdende Terrassen, deren unterste für Prozessionen benutzt wurde. Die fünf darüberliegenden weisen mit unzähligen Relieftafeln geschmückte Innen- und Außenmauern auf. Die meisten Reliefs illustrieren das Leben des Siddhartha Gautama, des historischen Buddha (Bilder links).

Weithin sichtbar überragen die hohen, »Prangs« genannten Tempeltürme diese Anlage, mit deren Bau wohl bereits im 8. Jahrhundert begonnen wurde. Der Haupttempel, Lara Jonggrang, soll aber erst um das Jahr 915 vollendet worden sein. Er wurde Shiva gewidmet: Der indische Gott gilt hier als »Maha-Deva«, als mächtigste Gottheit. Deshalb ist auch, der Lingam sein Symbol, allgegenwärtig. Brahma und Vishnu haben jeweils ihre eigenen, kleineren Tempel südlich und nördlich des mittleren Hauptturms. Die Anlage als Ganzes ist also der »Trimurti« gewidmet – der Dreiheit der hinduistischen Hauptgottheiten. Bei einem verheerenden Erdbeben 1549 wurde die Anlage weitgehend zerstört und erst 1937 rekonstruiert. Bei einem weiteren schweren Erdbeben am 27. Mai 2006 wurde der zum UNESCO-Weltkulturerbe zählende Tempelbezirk erneut beschädigt und danach wieder aufgebaut.

Charakteristisch für die hinduistische Architektur Indonesiens sind die spitz zulaufende Form der Türme und die Anordnung kleinerer Tempel um die acht Hauptschreine. In unmittelbarer Umgebung Prambanans (unten: Gesamtansicht) liegt die buddhistische Tempelanlage Sewu (links) aus dem 8. Jahrhundert, die – der Verschiedenartigkeit der Religionen zum Trotz – verblüffende Ähnlichkeiten mit Prambanan aufweist.

Gleich einem Schiff mit zehn weißen Segeln liegt sie malerisch auf einer Landzunge. Weiße Keramikfliesen bringen die Fassade dieser visionären Skulptur zum Strahlen. Über eine Freitreppe aus rötlichem Granit gelangt man in die beiden Haupthallen und zur verglasten Cafeteria des fast 70 Meter hohen, 1973 eröffneten Stahlbetonbaus des Dänen Jørn Utzon. Da der große Saal zum Konzertraum umfunktioniert wurde, geriet die Opernbühne mit nur zwölf Metern Breite recht klein. Im Gegensatz zur äußeren Pracht ist das Innere eher schmucklos. Das einzige Original-Interieur des Architekten findet sich im »Utzon-Room« mit der von ihm selbst entworfenen Tapisserie. Durch das helle Eukalyptusparkett und die Sichtbetonbalken strahlt dieser Raum eine ganz besondere Ruhe aus. 2003 erhielt der Architekt für das Operngebäude den Pritzker-Preis, 2007 wurde es zum UNESCO-Weltkulturerbe erklärt.

Die Hafenansicht mit der Brücke und dem Opernhaus kennt man auf der ganzen Welt. Den Architekturwettbewerb gewann im Jahr 1955 der bis dahin kaum bekannte Däne Jørn Utzon. Als Pläne reichte er nur Skizzen ein. Erst viel später, 1959, als die Fundamente schon gelegt waren, überlegte man, wie man das Dach bauen sollte. Am Ende kostete es statt der vorgesehenen sieben stolze 102 Millionen australische Dollar.

CASABLANCA

Mit seinen 210 Metern überragt das Minarett der Hassan II.-Moschee den weltweit höchsten Kirchturm, den des Ulmer Münsters, um fast 50 Meter. Damit ist das Minarett das höchste religiöse Bauwerk der Erde. Die Moschee selbst gehört in die Gruppe der größten islamischen Gotteshäuser rund um den Globus. Allein die Gebetshalle kann 25 000 Gläubige aufnehmen, mehr als 100 000 Menschen können sich gleichzeitig auf dem weitläufigen Gelände aufhalten. Fertiggestellt wurde die Moschee 1993, benannt ist sie nach dem damals regierenden marokkanischen König. Zwei architektonische Besonderheiten machen den Gebäudekomplex einmalig: Ein Teil des Baugrunds ragt auf den Atlantik hinaus, was daran erinnern soll, dass sich Allahs Thron über dem Wasser befindet. Zudem lässt sich das Dach der Gebetshalle in nur wenigen Minuten automatisch öffnen.

Die einzige Moschee Marokkos, die von Nicht-Muslimen betreten werden darf, ist im Innern (links) prächtig ausgestattet: mit glänzenden Marmorböden, Majolikamosaiken, Stuck und feinsten Intarsien. Außergewöhnlich sind die feinen Schnitzarbeiten aus dunklem Zedernholz.

FÈS

KAIRAOUINE-MOSCHEE

Seit 1981 gehört die Altstadt von Fès zum Weltkulturerbe der UNESCO. Überragt werden die Dächer vom viereckigen Minarett der Kairaouine-Moschee, die Marokkos heiligste Moschee ist. Gegründet wurde sie im Jahr 857 von Fatima al-Fihri, deren Vater aus der tunesischen Stadt Kairouan nach Westen hatte fliehen müssen. Eine Erbschaft ermöglichte es der Mäzenin, ein angemessenes Gebetshaus für die tunesische Gemeinde in Fès errichten zu lassen. Die heutige Gestalt der Moschee stammt zu großen Teilen aus dem 10. und 12. Jahrhundert. Dazu gehört das Minarett, das 956 errichtet wurde und somit der älteste islamische Bau der Stadt ist. Die Rundbögen der Kaiarouine-Moschee wurden nach dem Vorbild der Mezquita im spanischen Córdoba gestaltet, sind aber schlichter ausgeführt als dort. Der Gebetsraum wird von fünf mit üppigem Stuck verzierten Kuppeln gekrönt.

Im Häusermeer der Souks von Fès el-Bali zeichnen sich deutlich die grün lasierten Ziegeldächer der Kairaouine-Moschee ab (unten links). Der zweitgrößte Sakralbau Marokkos wurde im maurischen Stil mit insgesamt 270 Stützsäulen und zahlreichen Hufeisenbögen errichtet. Weitere charakteristische Merkmale sind Stalaktitendeckengewölbe, Majolikaböden und herrlich angelegte Innenhöfe mit Brunnen (unten).

MARRAKESCH

Im Südosten des historischen Zentrums von Marrakesch liegt die Koutoubia-Moschee, die zusammen mit der Altstadt zum Weltkulturerbe der UNESCO gehört. Der Grundstein des Gebäudes wurde 1147 während der Herrschaft des ersten Kalifen der Almohaden-Dynastie gelegt. Schon zehn Jahre darauf musste der Bau ersetzt werden, da er nicht genau in Richtung Mekka ausgerichtet war. Die Moschee hat eine Ausdehnung von 90 mal 60 Metern. Sie besteht aus 17 Schiffen, wobei das Dach des mittleren und größten Schiffs von sieben Kuppeln gekrönt wird. Das im Grundriss quadratische Minarett ist 77 Meter hoch und wurde 1199 vollendet. Wie eine Spirale führt eine Rampe an sechs Stockwerken vorbei bis nach oben. Der Name von Marrakeschs ältestem islamischen Gotteshaus bedeutet Buchhändler-Moschee, da das Viertel der Manuskripthändler in unmittelbarer Nachbarschaft lag.

KOUTOUBIA-MOSCHEE

Inmitten der Medina von Marrakesch (UNESCO-Weltkulturerbe) liegt die Koutoubia-Moschee mit ihrem weithin sichtbaren Minarett aus gelbem Sandstein – Vorbild der Giralda in Sevilla. Sein oberer Teil ist im maurischen Stil mit Keramikfließen verziert. Prunkstück im Innern der Moschee ist das mit Edelhölzern und Elfenbein ausgestattete Minbar. Bild unten: Gläubige in den endlos erscheinenden, gereihten Arkadenbögen.

Der Mittelpunkt der Altstadt von Tunis wird durch die Es-Zitouna-Moschee markiert, deren Name Ölbaummoschee bedeutet. Ihre Anfänge reichen bis in das frühe 8. Jahrhundert zurück, die größte Bedeutung erlangte die Moschee jedoch ab dem 13. Jahrhundert. Ab dieser Zeit entwickelte sie sich zu einer zentralen Universität der islamischen Welt, an der neben anderen Fächern auch Jura und Medizin unterrichtet wurde und deren Bedeutung erst im 20. Jahrhundert verblasste. Die Moschee bedeckt eine Fläche von annähernd 5000 Quadratmetern. Der Innenhof kann durch neun Eingänge betreten werden. Er wird von Säulen aus Marmor, Granit und Porphyr gesäumt, die aus Karthago und anderen antiken Stätten stammen. Die Gebetshalle ist in 15 Schiffe gegliedert. Anders als die meisten Bauteile der Moschee wurde das 43 Meter hohe Minarett erst Ende des 19. Jahrhunderts errichtet.

Einen herrlichen Blick auf das Minarett genießt man von einer prächtig gekachelten Terrasse eines der umliegenden Häuser aus (großes Bild). Die Es-Zitouna-Moschee im Zentrum der Medina von Tunis (UNESCO-Weltkulturerbe) verdankt ihren Namen einem wundertätigen Ölbaum, der einst hier gestanden haben soll. Der Innenhof sowie die Gebetshalle (links und Bilder unten) sind mit dichten Säulenreihen bestanden.

KAIRO

973 wurde Kairo Hauptstadt des von der Dynastie der Fatimiden beherrschten gleichnamigen Reichs. Bereits ein Jahr zuvor war die Al-Azhar-Moschee eingeweiht worden, die seit 1979 mit der gesamten Altstadt zum Weltkulturerbe der UNESCO gehört. 988 wurde das Gotteshaus dann zum Zentrum einer Universität, die heute nach der Universität Al-Qarawiyyin im marokkanischen Fès die weltweit zweitälteste Universität ist, an der ununterbrochen gelehrt wurde. Zehn Jahrhunderte lang wurde die Moschee von unterschiedlichen Dynastien erweitert und erneuert. So stammt der Innenhof aus dem frühen 11. Jahrhundert, das Qaitbay-Minarett wurde 1483 vollendet und das Bab al-Muzayin (Tor der Friseure) 1753 errichtet. Die Al-Azhar-Moschee zeigt sich somit als Zeugnis der vielfältigen islamischen Geschichte, die dort von den Fatimiden über die Mamluken bis zu den Osmanen reicht.

Unter den Moscheen Kairos rangiert die Al-Azhar-Moschee hinsichtlich Bedeutung und Tradition an erster Stelle. Die ihr angegliederte Universität zählt zu den ältesten islamischen Bildungseinrichtungen. Ganz rechts: Der Gebetssaal, dessen Säulen ursprünglich von älteren Bauten stammen.

KAIRO

Ein im doppelten Sinne überragendes Baudenkmal ist die Mohammed-Ali-Moschee mit ihren 83 Meter hohen Bleistiftminaretten und dem gewaltigen Kuppelsaal. Die 1857 unter der Herrschaft des albanischen Pascha Mohammed Ali entstandene Moschee thront, die Silhouette der Altstadt prägend, auf dem Hügel der Zitadelle. Ihre Hauptkuppel wird von vier kleineren Kuppeln umgeben. Zusammen symbolisieren sie die Fünf, als magische Zahl des Orients. Als Vorbild diente dem griechischen Architekten Jusuf Boschna die Yeni Valide-Moschee aus Istanbul. Die mit Alabaster – einem marmorähnlichen Gips – verkleideten Wände gaben ihr den Beinamen »Alabaster-Moschee«. In der Westecke des byzantinischen Kuppelbaus ist der als Begründer des modernen Ägyptens verehrte Mohammed Ali (1769–1849) begraben. Den Vorhof ziert eine Barockuhr – ein Geschenk des französischen Königs Louis Philippe.

Rechts: Ein Blick in die große Kuppel, die mit vergoldeten Reliefs und Versen aus dem Koran geschmückt ist. Ganz rechts: Seitdem die Öllampen ins Museum gewandert sind, wird der Gebetsraum von kreisförmig angeordneten Lampen und einem riesigen Leuchter erhellt.

AL-AZHAR-MOSCHEE

MOHAMMED-ALI-MOSCHEE

GIZEH

Eng mit Kairo verwachsen ist die am Westufer des Nils liegende Provinzhauptstadt Gizeh. Auf einem Kalksteinplateau über der Stadt thronen die drei großen Pyramiden der Pharaonen Cheops, Chephren und Mykerinos (UNESCO-Weltkulturerbe). Als Grabbauten wurden sie im 3. Jahrtausend v. Chr. errichtet. Durchschnittlich zwei Tonnen wiegen die Blöcke, aus denen der gewaltige Berg der Cheopspyramide aufgehäuft ist. Auch ohne ihre ursprüngliche Verkleidungsschicht, die fein poliert den Baukern umhüllte, wirkt sie majestätisch und ehrfurchtgebietend. Einst fast 147 Meter hoch, ist sie heute um etwa zehn Meter geschrumpft – denn im Mittelalter bedienten sich Kairos Baumeister an dem gewaltigen Steinvorrat. An der benachbarten Pyramide des Chephren blieb ein Teil der Verkleidung erhalten. Kleiner fiel das Grabmal des Mykerinos aus. Mit nur 65,5 Metern Höhe wirkt es geradezu bescheiden.

Links: Die Pyramiden der Pharaonen Cheops, Chephren und Mykerinos. Die Cheopspyramide, die älteste und größte unter ihnen, verfügt gleich über drei Grabkammern. In der »Königskammer« befindet sich noch heute ein steinerner Sarkophag. Vor der Chephrenpyramide kauert die Sphinx: ein 70 Meter langes, rund 20 Meter hohes Mischwesen aus Mensch und Löwe, das die göttliche Kraft verkörpert (großes Bild).

SAKKARA — PYRAMIDE VON DJOSER

Umgeben von den Ruinen und Grabstätten der Totenstadt Sakkara (UNESCO-Weltkulturerbe) in Memphis ragt die Pyramide des Djoser an die 60 Meter in den Himmel auf. Mit der Konstruktion dieser ersten in die Höhe strebenden Grabanlage begann in Ägypten die Epoche des Pyramidenbaus. Unter der Herrschaft des Pharaos Djoser (um 2609–2590 v. Chr.) wurde der ägyptische Sonnenkult und damit die Rolle des mit der Sonne identifizierten Pharaos gestärkt. Seine zentrale Stellung spiegelt sich in der Stufenpyramide wider, die dem Herrscher ein Denkmal für die Ewigkeit setzte. Baumeister war der ägyptische Gelehrte Imothep, der die Pyramide aus übereinandergeschichteten Mastabas – einer flachen, einfacheren Grabform konstruierte. In einem Anbau der Pyramide wurde die Steinstatue des Pharaos gefunden, die zu den ältesten lebensgroßen altägyptischen Plastiken gehört.

Im Zentrum der Nekropole Sakkara liegt der Grabbezirk des Königs Djoser, dessen rund 4600 Jahre alte Stufenpyramide als einer der frühesten Steinbauten der Menschheitsgeschichte gilt. Die Wandmalereien der umliegenden Grabanlagen geben Einblicke in den Alltag des alten Ägypten.

MEIDUM — PYRAMIDE VON SNOFRU

Von der einstmals unter dem Pharao Snofru um 2670 v. Chr. erbauten Meidum-Pyramide unweit der gleichnamigen Ortschaft, steht heute nur noch der innerste Kern in Gestalt eines dreistufigen, aus einem Steingeröllhügel aufragenden Turms. Um die Gründe, die zum Wegbrechen der äußeren Mauerschichten führten, ranken sich viele wissenschaftlichen Spekulationen. Einritzungen und Schriftzeichen im Innern des Pyramidentempels loben die Schönheit des Baus und weisen darauf hin, dass die Pyramide einst mit einer Höhe von über 90 Metern ein eindrucksvolles Bauwerk gewesen sein muss, bis die Ummantelung, vermutlich durch den Raub der Bausteine, zerfiel. Ihre Fertigstellung erstreckte sich über mehrere Bauphasen, die sowohl den Übergang von der Stufenpyramide zur echten Pyramide nachvollziehbar machen als auch Einblicke in die Bautechniken vermitteln.

Festungsgleich ragt der innerste Kern der Pyramide aus dem Trümmerhaufen, den der schleichende Zerfall der Außenmauern vor langer Zeit hinterlassen hat. Snofru, Pharao der 4. ägyptischen Dynastie, hatte die Pyramide einst als Grab für die Ewigkeit in Auftrag gegeben.

EDFU — HORUS-TEMPEL

Die eindrucksvolle Tempelanlage aus der Ptolemäerzeit (erbaut 237–57 v. Chr.) gilt als wohl besterhaltene der antiken Welt und war dem falkengestaltigen Gott Horus geweiht. Durch den Vorhof mit 32 Kompositkapitellsäulen erreicht man das Pronaos, eine Säulenhalle mit drei Kammern für die Opfergaben, von dort die Opfertischhalle und schließlich den Hauptsaal, wo vom »Korridor der Mysterien« neun Kapellen mit religiösen Flachreliefs abgehen. Im Zentrum das Allerheiligste: der Sanktuar mit dem Naos (Schrein), in dem sich einst das Bildnis des falkengestaltigen Horus befand. Der Boden, als Symbol der Erdlinie, steigt Richtung Sanktuar stetig an, während die Raumhöhe, das heißt die absteigende Himmelslinie, abnimmt, bis sich »Erde« und »göttliche Sphären« in der Horusstatue vereinigen. Die Farben der Wände sind nicht erhalten, wohl aber die Inschriften.

Im Sanktuar befand sich einst das Bildnis des Himmelsgottes Horus. Die Inschriften des Tempels sind für die Philologie von großer Bedeutung, da sie zu den größten zusammenhängenden Sammlungen hieroglyphischer Texte der griechisch-römischen Zeit gehören.

PHILAE — TEMPEL

Die Nilinsel Philae war bis ins 6. Jahrhundert n. Chr. ein bedeutendes Zentrum des Isis-Kultes in Ägypten. Dem Mythos nach soll die Göttin der Fruchtbarkeit und des Totenreichs hier das Herz ihres Mannes Osiris gefunden haben, nachdem sein Bruder Seth ihn getötet hatte. Die ältesten Bauten der Tempelanlage (UNESCO-Weltkulturerbe) stammen aus dem 4. vorchristlichen Jahrhundert. Unter den ptolemäischen Herrschern wurde der heutige Isis-Tempel errichtet. Ein der Hathor gewidmeter Tempel sowie das Hadrianstor entstanden unter den römischen Kaisern während der ersten beiden nachchristlichen Jahrhunderte. Ab 535 n. Chr. wurde der Isis-Kult verboten und die Tempel in Kirchen verwandelt. Im Zuge der Flutung Philaes durch den Bau des Assuan-Staudamms wurden die Tempel zersägt und auf der benachbarten Insel Agilkia originalgetreu wieder aufgebaut.

Die von Philae auf die Nachbarinsel Agilkia umgesetzte Tempelanlage wird dominiert von dem aus ptolemäischer Zeit stammenden Tempel der Isis, dessen Pylonen mit kunstvollen Reliefs geschmückt sind. Im Innern befindet sich der Kultraum mit dem Sockel für die Barke der Isis.

KARNAK

Die nördlich des Stadtkerns von Luxor gelegene Tempelanlage von Karnak (UNESCO-Weltkulturerbe) war über viele Jahrhunderte das zentrale Heiligtum des Landes. Sie war Amun geweiht – dem »Verborgenen«, der bereits in den Pyramidentexten des Alten Reiches als Urgott Erwähnung fand, jedoch erst um das Jahr 2000 v. Chr. als Amun-Re zum thebanischen Reichsgott aufstieg. Ursprünglich war die Anlage über zehn Eingangstore (Pylone) betretbar, heute führt der Haupteingang zum Ruinengelände durch eine Sphingenallee. Von hier bis zu der etwas entfernt liegenden Kultstätte der Mut folgt ein Superlativ dem anderen: der höchste Obelisk (30 Meter hoch, 323 Tonnen schwer), der mächtigste Säulensaal (134 steingewordene Dolden und Papyrusstauden mit jeweils bis zu zehn Meter Umfang) und der größte Pylon (113 Meter breit, 43 Meter hoch und 15 Meter dick).

Eigentlich handelt es sich beim Karnak-Tempel nicht nur um einen einzigen, sondern um eine Anhäufung mehrerer Tempel, die über viele Jahrhunderte entstanden (links eine Gesamtansicht). Damals galt der Tempel als Abbild der Welt – seine Säulen (unten) trugen das Himmelszelt. Der selbst vom König nur unter Einhaltung strenger Reinheitsgebote zu betretende allerheiligste Kultraum lag im Dunklen verborgen.

LUXOR

Die etwa 200 000 Einwohner zählende Stadt Luxor am Ostufer des Nils bildet gemeinsam mit der Tempelstadt von Karnak und der Totenstadt Theben (UNESCO-Weltkulturerbe) am gegenüberliegenden Ufer einen Brennpunkt der altägyptischen Kultur und heute den Hauptanziehungspunkt auf jeder Reise nach Oberägypten. Den Grundstein zur zentralen Tempelanlage, die sich inmitten des Stadtgebiets direkt an der Corniche erhebt, wurde schon um das Jahr 1380 v. Chr. von Pharao Amenophis III. gelegt. Als Sinnbild für die Macht des Neuen Reiches wurde sie der thebanischen Dreieinigkeit Amun, Mut und Chons geweiht. Auf einer Länge von 260 Metern bietet sich dem Auge des Betrachters ein Ensemble aus Kolossalstatuen und Obelisken, Pylonen und Papyrussäulen dar. Grabbeigaben und Plastiken verschiedenster Grabungsorte werden im örtlichen Museum präsentiert.

Links: Nacht-Ansicht der Tempelanlage. Großes Bild: Den Eingangsbereich ziert heute lediglich ein Obelisk. Der zweite schmückt seit 1836 den Place de la Concorde in Paris. Die 25 Meter hohen Monolithe wurden aus Assuan-Granit hergestellt und sind etwa 230 Tonnen schwer. Die sitzende Statue zeigt Ramses II. Unten: Der Säulengang des Amenophis verbindet den Ramseshof mit dem Säulenhof von Amenophis III.

THEBEN

THEBEN

TEMPEL DER HATSCHEPSUT

In pharaonischer Zeit galt das östliche Nilufer als Heimat des Lebens. Im »hunderttürmigen Theben«, wie der Ort bei den Griechen hieß, hatten die Menschen ihre Siedlungen. Dort standen Herrscherpaläste und Tempel. Das westliche Ufer (Deir el-Bahri) hingegen gehörte den Verstorbenen. Dort errichteten die Ägypter Totenheiligtümer. Aus ihnen ragt der Tempel der Königin Hatschepsut hervor. Mit seinen majestätischen Rampen und den drei von Säulenreihen gesäumten Terrassen zählt er zu den beeindruckendsten Tempelanlagen ganz Ägyptens. Zudem ist der im 15. Jahrhundert v. Chr. erbaute Tempel besonders gut erhalten, denn er wurde bis in die griechisch-römische Zeit hinein benutzt. Danach baute man an der Stelle eine koptische Klosteranlage, die bis ins 11. Jahrhundert bewohnt war und erst im 19. Jahrhundert teilweise abgetragen wurde, um die Ausgrabungen zu ermöglichen.

Während die Höfe anderer Totentempel durch große Pylone von der Außenwelt abgegrenzt sind, fungieren im Tempel der Pharaonin Hatschepsut die breiten Pfeilerhallen mit den langen Rampen als Abschirmung (links und unten). Hatschepsut war die einzige weibliche Königin des alten Ägypten.

TAL DER KÖNIGE, PHARAONENGRÄBER

Im Tal der Könige entdeckte der britische Archäologe Howard Carter im Jahr 1922 den legendären Schatz Tutanchamuns. Über 60 pharaonische Ruhestätten (UNESCO-Weltkulturerbe) haben Forscher in dem schattenlosen, felsigen Talschluss am Nordrand von Theben-West bisher freigelegt. Doch nur ein knappes Drittel ist für Laien zugänglich. Die Wände sind übersät mit Inschriften und fantastischen Reliefs – zum Teil in erstaunlich gut erhaltenen Farben –, die Einblicke in die religiöse Vorstellungswelt der ägyptischen Kultur des Mittleren Reiches vermitteln. Messungen sollen ergeben haben, dass die Besuchermassen zur Hochsaison in einer Kammer an einem Tag bis zu 27 Liter transpirieren. Da die Feuchtigkeit den Glanz der Fresken schädigen kann, auch wenn sie größtenteils mit Glasplatten geschützt sind, haben die Behörden Regeln für die Besichtigung erlassen.

Großes Bild: Im Grab Nr. 62 ruht Tutanchamun in einem Sarkophag aus rotem Quarzit. Unten links: An der östlichen Wand der Grabkammern von Ramses V. und Rames VI. hebt die Göttin Nut die Sonne aus den Tiefen der Unterwelt. Das »Buch der Erde« (unten) schildert die Reise der Sonnenbarke durch die Unterwelt.

ABU SIMBEL

Atemberaubend präsentieren sich die beiden von Pharao Ramses II. errichteten Felsentempel in Abu Simbel (UNESCO-Weltkulturerbe), die in den Jahren zwischen 1960 und 1964 vor den Fluten des neu errichteten Assuan-Staudamms gerettet wurden. Der Große Tempel war den Göttern Amun-Re, Re-Harachte, Ptah sowie Ramses' vergöttlichtem Selbst geweiht. Am Eingang thronen vier 20 Meter hohe Kolossalfiguren. Die Räume führen 63 Meter tief in den Felsen und sind mit Hieroglyphen und Reliefs versehen. Der kleine Tempel war Ramses' Gattin Nefertari sowie der Göttin Hathor gewidmet. Als die Tempel im neu angelegten Nasserstausee zu versinken drohten, ließ die UNESCO sie auf einen weiter landeinwärts gelegenen, höheren Fels versetzen. Dabei wurden sie in über 1000 Einzelteile zersägt, mit Tiefladern an den neuen Standort transportiert und dort wieder zusammengesetzt.

Großes Bild: Vier Kolossalfiguren wachen am Eingang des Großen Felsentempels von Abu Simbel. Sie stellen König Rames II. dar, der die Sitzbilder im 13. Jahrhundert v. Chr. in den Fels meißeln ließ. Die stehenden Figuren am Eingang des Nefertari-Tempels zeigen die Eheleute gleich groß. Die Gotteshäuser wären im Nassersee versunken, hätte man sie nicht zersägt und erhöhten Orts wieder zusammengesetzt (ganz links).

SINAI

DJEBEL BARKAL

KATHARINENKLOSTER

Das um 550 gegründete griechisch-orthodoxe Katharinenkloster (Weltkulturerbe der UNESCO), in der Wüstenlandschaft am Berg Sinai, dem Dschebel Musa (Mosesberg), gelegen, ist das älteste bis heute durchgängig in seiner ursprünglichen Funktion erhaltene christliche Kloster der Welt. Bereits im 4. Jahrhundert lebten Einsiedlermönche am Berg Sinai. Im 6. Jahrhundert ließ der byzantinische Kaiser Justinian Festungsmauern um den labyrinthartig verschachtelten Klosterbezirk errichten, in dem sich seit über 1000 Jahren auch eine Moschee befindet. Ebenfalls aus dem 6. Jahrhundert stammt die Basilika, ein prunkvolles Beispiel byzantinischer Baukunst. Sie beherbergt neben einer Vielzahl kostbarer Ikonen das Verklärungsmosaik, eines der wichtigsten frühchristlichen Kunstwerke. Berühmt ist auch die Klosterbibliothek mit ihrer Sammlung von etwa 6000 Handschriften.

In rauer Wüstenlandschaft liegt das Katharinenkloster hinter Mauern versteckt. Es ist eines der ältesten Zeugnisse christlichen Mönchtums im Orient und bewahrt einzigartige Kunstschätze und Dokumente. Objekt höchster Verehrung ist die Kapelle des Brennenden Dornbusches .

RUINENSTÄTTE

Tutanchamun trug im 14. Jahrhundert v. Chr. Sandalen, auf deren Sohlen Nubier abgebildet waren. So zertrampelte er symbolisch die Dunkelhäutigen. Die Feindschaft mit den Menschen aus dem »elenden Kusch« hatte schon um 1450 v. Chr. begonnen, als Thutmosis III. bis zum Djebel Barkal vorgedrungen war und dort den Stützpunkt Napata gegründet hatte. Die ägyptische Vorherrschaft dort währte bis ins 8. Jahrhundert v. Chr., als die Kuschiten Ägypten eroberten. Schon um 660 v. Chr. aber stießen sie die Assyrer vom Thron. Napata blieb das Kultzentrum des Königreichs von Kusch. Die Geschichte spiegelt sich in den archäologischen Zeugnissen von Napata, die am Djebel Barkal, in El-Kurru, Nuri, Sanam und Zuma erhalten geblieben sind. Architektur, Religion wie Schrift und Verwaltungsstrukturen sind von der ägyptischen Kultur beeinflusst. Als Hauptgott wurde der ägyptische Gott Amun verehrt.

Wenn auch steiler und kleiner, so lassen die nubischen Pyramiden – errichtet über unterirdischen Grabkammern – doch ihre Vorbilder erkennen (unten). Weithin sichtbar ragen sie aus der Wüste, die den heiligen Berg Djebel Barkal (UNESCO-Weltkulturerbe) bei Napata umgibt.

Als weltweit größtes Sakralgebäude aus Lehm ist die Große Moschee von Djenné das Wahrzeichen des westafrikanischen Staates Mali und gehört als Teil der Altstadt Djennés zum Weltkulturerbe der UNESCO. Ihre Wurzeln reichen bis ins 12. Jahrhundert zurück. Das heutige Gebäude stammt jedoch aus den Jahren 1907 bis 1909, denn der Vorgängerbau wurde 1834 zerstört. Die an der Luft getrockneten Lehmziegel und der Lehmputz leiden während der Regenzeit und müssen regelmäßig gepflegt werden. Einmal pro Jahr treffen sich die Einwohner zur »Fête de Crépissage«. Während dieses großen gemeinschaftlichen Fests werden die entstandenen Schäden repariert. Als Leitern dienen die in die Mauern eingelassenen Palmstämme, die die Lehmwände stabilisieren. Diese Arbeiten alleine reichen aber nicht immer aus: Ende 2009 kollabierte nach einem besonders heftigen Regen einer der Türme.

Mit den drei imposanten, spitz zulaufenden Minaretten und den zinnenbekrönten, hohen Mauern ist die Große Moschee von Djenné eines der grandiosesten Beispiele sudanesischer Lehmbauarchitektur. Im Innern sorgen Lüftungsschlitze auch bei großer Hitze für angenehme Temperaturen. Im Rahmen der »Fête de Crépissage« bessern die Bewohner Djennés alljährlich gemeinsam die Wände der Moschee aus (links).

LALIBELA

Die auf rund 2600 Metern Meereshöhe gelegenen Felsenkirchen von Lalibela entstanden ab dem Ende des 12. Jahrhunderts während der Regierungszeit von Gebra Maskal Lalibela. Dieser gilt als bedeutendster König der Zagwe-Dynastie, und zu seinen Ehren wurde die einstige Hauptstadt Roha umbenannt. Die elf Gotteshäuser, die zu den architektonisch wichtigsten Kirchenbauten Afrikas gehören, sind Monolithkirchen, das heißt, sie wurden im Laufe von Jahrzehnten aus dem umgebenden Tuffgestein herausgehauen. Sie sind durch in den Fels gegrabene Pfade und Tunnel miteinander verbunden. Beliebtestes Ziel der immer noch zahlreich nach Lalibela reisenden Pilger ist Bet Maryam, die Marienkirche. Als weltweit größte Monolithkirche gilt Bet Medhane Alem mit insgesamt fünf Schiffen. Wohl am bekanntesten ist Bet Giyorgis mit ihrem Grundriss in Form eines griechischen Kreuzes.

Geniale Baumeister haben die Felsenkirchen (UNESCO-Welterbe) in den Tuffstein gehauen. Berühmt ist die kreuzförmige Georgskirche (Bet Giyorgis), die jüngste und schönste der Felsenkirchen (links und großes Bild). Eindrucksvoll sind auch die Kirche Bet Abba Libanos und die Erlöserkirche Bet Medhane Alem mit ihren kostbaren Fresken (Bildleiste, von oben). Unten links: rituell gekleideter äthiopisch-orthodoxer Priester.

Kurz nach der Eroberung und spanischen Neugründung 1534 begannen die Franziskaner unter der Leitung des Flamen Jodoko Ricke mit der Errichtung von Kirche und Kloster San Francisco über einem zerstörten Inkapalast in Quito, dessen Altstadt heute UNESCO-Welterbe ist. Das 1580 vollendete Bauwerk ist der größte noch existierende historische Architekturkomplex Südamerikas. Die Kirche mit ihrem säulengeschmückten Portal zeichnet sich durch barocke, manieristische und Mudejar-Stilelemente aus. Der Innenraum ist überreich mit vergoldeten Holzschnitzereien und Stuckarbeiten, Gemälden und Skulpturen verziert. Im Zentrum des mit Säulen geschmückten Hochaltars befindet sich eine von Bernardo de Legarda, einem Meister der »Schule von Quito«, 1734 geschnitzte »Madonna der unbefleckten Empfängnis«. Sie wird von Evangelisten- und den Apostelfiguren umrahmt.

Eine konzentrische Steintreppe führt zum Portal der Kirche, das sich mit seiner dunklen Spätrenaissancefassade von den weißen Türmen absetzt. Wände und Decke der Kirche sind mit Blattgold überzogen. Die im maurisch-spanischen Stil errichtete Decke im Mittelschiff wurde 1755 nach einem Erdbeben erneuert. Ein barockes Juwel ist die kunstvoll geschnitzte Kanzel mit ihren polychromen Figuren (unten rechts).

MACHU PICCHU

Im Jahr 1911 wurde Machu Picchu von dem Amerikaner Hiram Bingham wiederentdeckt. Rätselhaft wirkte alles an dieser im tropischen Bergwald an den östlichen Hängen der Anden versteckten Inkastadt, die wie ein Adlerhorst auf einer abgeflachten Bergkuppe in 2430 Meter Höhe thront. Über die Bedeutung der Stadt, die von den spanischen Eroberern nie entdeckt wurde, wird auch heute noch viel spekuliert. Sicher ist nur, dass Machu Picchu um 1450 erbaut und bereits ein Jahrhundert später verlassen wurde. Die Anlage unterteilt sich in eine Landwirtschaftszone mit den am Berghang angelegten Ackerbauterrassen, die in ein ausgeklügeltes Bewässerungssystem eingebunden waren, sowie in den unbefestigten städtischen Bezirk mit Palästen, Tempeln und Wohnhäusern. Zu den bedeutendsten Monumenten zählen der Runde Turm, der Sonnentempel und der Tempel der drei Fenster.

Ein Beispiel für die perfekte Einbettung von Architektur in die umgebende Natur ist die in einer grandiosen Hochgebirgslandschaft gelegene »vergessene Stadt« Machu Picchu (Weltkulturerbe der UNESCO). Gut erkennbar ist die terrassenförmige Struktur der unterhalb des Gipfels des Huayna Picchu angelegten Inkasiedlung. Die Wände der Gebäude wurden aus großen Steinen ohne Mörtel zusammengefügt

CUZCO

Unweit von Cuzco (UNESCO-Weltkuturerbe) erheben sich die Ruinen der Inka-Festung Sacsayhuamán – eine der wichtigsten archäologischen Stätten Perus. Unter den Inka-Herrschern Pachacútec Yupanqui und Túpac Yupanqui sollen bis zu 20 000 Arbeiter am Bau der Anlage gearbeitet haben. Gegen Ende des 15. Jahrhunderts entstand das hinter drei gewaltigen, übereinander liegenden Mauern verschanzte Ensemble aus kreisförmigen Arenen, Gebäuden und Türmen. Einige der Bauformen, wie die astronomische Beobachtungsplattform, legen eine Nutzung des Ortes als Sakralstätte nahe. Im Zuge der spanischen Eroberung sowie durch mehrere Erdbeben wurde Sacsayhuamán weitgehend zerstört. Die monumentalen Steinquader der fast 600 Meter langen Festungsmauern blieben jedoch erhalten; ebenso die Ruinen dreier Türme, die durch unterirdische Gänge miteinander verbunden sind.

Wie von Riesenhänden zusammengefügt wirken die gigantischen Steinquader der Inka-Festung Sacsayhuamán. Die Anlage besteht aus bis zu zehn Meter hohen Mauern. Ungeklärt ist, wie die oft 200 Tonnen schweren Steine herbeigeschafft wurden, da die Inkas das Rad nicht kannten.

CUZCO

1533 erreichten die spanischen Eroberer Cuzco, die Hauptstadt des Inkareiches. Tempel und Paläste wurden niedergerissen, um auf ihren Grundmauern christliche Kirchen und Gebäude im Kolonialstil zu errichten. So auch ein Vorgängerbau der heutigen Kathedrale, der 1539 auf den Fundamenten des Inka-Palasts Suntur Wasi erbaut wurde. Heute befindet sich hier die Iglesia del Triunfo (Siegeskirche), in der das Feldkruzifix jenes Dominikanerpaters aufbewahrt wird, der der Überlieferung nach den Inkaherrscher Atahualpa 1533 während seiner Hinrichtung durch die Spanier segnete. Heute flankiert die Iglesia del Triunfo die Kathedrale, die an dem ehemaligen Standort des Palasts des Inka Wiracocha steht. Ab 1560 wurde sie in rund 100-jähriger Bauzeit errichtet. Zu den späteren Architekten zählen auch solche, die dem Renaissancebaumeister des Escorial, Juan de Herrera,

Teils aus Steinblöcken der Inka-Festung Sacsayhuamán wurde die Kathedrale im Stil der Gotik und Renaissance erbaut. Der baldachinförmige, aus Silber gefertigte Hauptaltar (ganz rechts) kam erst um 1800 hinzu. Das Innere beherbergt zahlreiche Gemälde der Schule von Cuzco.

INKA-FESTUNG SACSAYHUAMAN

KATHEDRALE

Als Teil der Altstadt von Salvador da Bahia zählt die Kirche São Francisco seit 1985 zum Weltkulturerbe der UNESCO. Sie versinnbildlicht den Prunk des Barock in Südamerika und ist somit ein bedeutendes Denkmal der Kolonialgeschichte. Bereits 1587 hatten die Franziskaner Salvador da Bahia erreicht. Ihre ersten Gotteshäuser wurden jedoch zerstört. Die Arbeiten an der Kirche begannen 1708 und dauerten bis 1723, doch erst 1755 wurde die mit viel Gold ausgeführte, verschwenderische Innengestaltung beendet. Nahezu sämtliche Wandflächen, Pfeiler und Gewölbe sind mit vergoldeten Schnitzereien aus Palisanderholz und Gemälden überzogen. Besonders prächtig wirken die Kassettendecke und der Altar mit seinen gedrehten Säulen. In der Sakristei zeigen 18 Gemälde Stationen aus dem Leben des Franz von Assisi; bemerkenswerte Azulejos birgt das angrenzende Kloster.

Hinter einer eher schlichten Fassade im portugiesischen Kolonialstil (ganz links) verbirgt die Barockkirche São Francisco einen beeindruckenden Innenraum, der mit vergoldeten Skulpturen, Ornamenten, Blumenmotiven und Engeln aus Palisanderholz opulent geschmückt ist. Über das Kirchenschiff spannt sich eine Kassettendecke, die mit Gemälden des Franziskanerpaters Jerónimo da Graça bemalt ist.

OSTERINSEL

Vor zwei Millionen Jahren erhob sich inmitten der Weiten des Pazifischen Ozeans der Vulkan Rano Kau. Die dabei entstandene Osterinsel ist mit einer Entfernung von etwa 3700 Kilometern zum südamerikanischen Festland und rund 4200 Kilometern zum polynesischen Tahiti einer der isoliertesten Orte der Welt. Schon um das Jahr 400 wurde das Eiland erstmals besiedelt. Eine zweite Besiedlung fand vermutlich im 14. Jahrhundert statt, als der sagenumwobene König Hotu Matua mit Gefolgsleuten aus Polynesien hier eingetroffen sein soll. Die Polynesier nannten die Insel Rapa Nui, »Große Insel«. Zeugnisse ihrer Kultur sind mehrere Hundert »Moais« – bis zu zehn Meter hohe Skulpturen aus Tuffstein, die auf Plattformen (Ahus) stehen, sowie die Rongorongoschrift, eine Art Bilderschrift. Die zu Chile gehörende Osterinsel ist als Nationalpark Rapa Nui Teil des UNESCO-Weltkulturerbes.

Die Bedeutung der Moais, der mehrere Meter hohen gigantischen Figuren und Köpfe aus Tuffstein, die auf der Osterinsel errichtet wurden, gibt immer noch Rätsel auf. Archäologen vermuten jedoch, dass es sich bei den Skulpturen um Repräsentationen von Ahnen handelt, denen religiöse Verehrung zuteil wurde. Über 600 Figuren wurden bislang registriert. Unten: Moais bei Ahu Tongariki und am Rano Raraku (links).

230 Meter erheben sich die Art-Déco-Doppelpfeiler der Golden Gate Bridge über den Pazifik und bilden damit die Basis für die markanteste Sehenswürdigkeit im US-amerikanischen Westen. Als das Bauwerk im Jahr 1937 eingeweiht wurde, war es die längste Hängebrücke der Welt. Von den Ingenieuren unter der Leitung des Architekten Joseph B. Strauss wurde die Stahlkonstruktion so angelegt, dass sie einem Sturm mit einer Windgeschwindigkeit von 160 Kilometern pro Stunde standhalten kann. Seit 1965 wird sie ständig gestrichen: Ist man auf der einen Seite fertig, fängt man auf der anderen wieder an. Die beiden Hauptkabel der Brücke sind einen Meter dick und enthalten 128 744 Kilometer gebündeltes Stahlkabel. Sechs Fahrspuren in 67 Metern Höhe und ein Fußweg führen über die 2,7 Kilometer lange Golden Gate Bridge; zur Stadt hin wird Brückenzoll erhoben.

Von der Marin Peninsula hat man den besten Ausblick auf die Golden Gate Bridge, die den Eingang der Bucht von San Francisco überspannt. Wegen der zahlreichen tödlichen Unfälle, die sich während des Baus ereigneten, erlangte die Brücke schon vor ihrer Einweihung traurige Berühmtheit. In den folgenden Jahren gab es über 600 Selbstmordversuche. Inzwischen verhindert ein Netz solche Verzweiflungstaten.

MESA VERDE

Die Felsenhäuser von Mesa Verde liegen auf einem 2500 Meter hohen Tafelberg im südwestlichen Colorado. Sie erinnern an die Blütezeit der prähistorischen Indianer, die von den Navajos »Anasazi« (»Die Alten«) genannt wurden und zwischen 600 und 1400 n. Chr. auf dem Colorado Plateau siedelten. Die ältesten, am besten erhaltenen Felsenhäuser liegen in Mesa Verde und wurden im Jahr 1906 unter Denkmalschutz gestellt. Sie gehören zum Weltkulturerbe der UNESCO. Am bekanntesten sind der vierstöckige Cliff Palace, dessen 220 Räume und 23 Kivas (große Zeremonienräume) über 200 Bewohnern Platz boten. Das Spruce Tree House, eines der größten Felsenhäuser, hat 106 Zimmer und acht Zeremonienräume. 1888 war die Anlage zufällig von zwei Cowboys entdeckt worden. Ungeklärt ist bis heute, warum die Anasazi gegen Ende des 13. Jahrhunderts ihre Felsenhäuser verließen.

Die Felsenhäuser der Anasazi sind der sichtbare Beweis für die Fähigkeit dieser auf rätselhafte Weise aus der Historie verschwundenen Indianer, stabile Häuser in einer unwirtlichen Wildnis zu errichten. Von den insgesamt rund 4600 Bauten und Ruinenstätten des Nationalparks sind viele in gutem Zustand erhalten.

TAOS PUEBLO

Taos Pueblo (UNESCO-Weltkulturerbe) ist eine seit 1000 Jahren ausschließlich von Taos-Indianern bewohnte Siedlung und damit eine der ältesten durchgängig bewohnten Ortschaften des amerikanischen Kontinents. Sie liegt im Norden von New Mexico, am Zufluss des Rio Grande. Die älteste Bausubstanz von Taos Pueblo stammt noch aus der Zeit der Gründung des Ortes durch die Anazasi. Als Baumaterial dienten den Pueblo-Indianern luftgetrocknete Lehmziegel (Adobe); die Decken bestanden aus Holzbalken, Flechtwerk und gestampftem Lehm. Ursprünglich waren die quaderförmigen Wohneinheiten der beiden mehrstöckigen, verwinkelten Hauptgebäude des Pueblos nur von außen über Strickleitern und Dachluken erreichbar. Zu jedem Hauptgebäude gehören drei Kivas, in denen bis heute die religiösen Zeremonien der Taos abgehalten werden. Von den rund 1900 Einwohnern von Taos Pueblo leben heute ca. 150 Menschen in den zwei großen Pueblo-Bauten des Dorfes.

Die gut erhaltenen lehmfarbenen Adobebauten von Taos Pueblo stehen beispielhaft für die Kultur der Pueblo-Indianer New Mexicos. Tourismus, Kunsthandwerk und Landwirtschaft sind heute die Haupteinnahmequellen der Taos.

FELSENHÄUSER DER ANASAZI

ADOBE-BAUTEN DER TAOS

NEW YORK CITY

FREIHEITSSTATUE

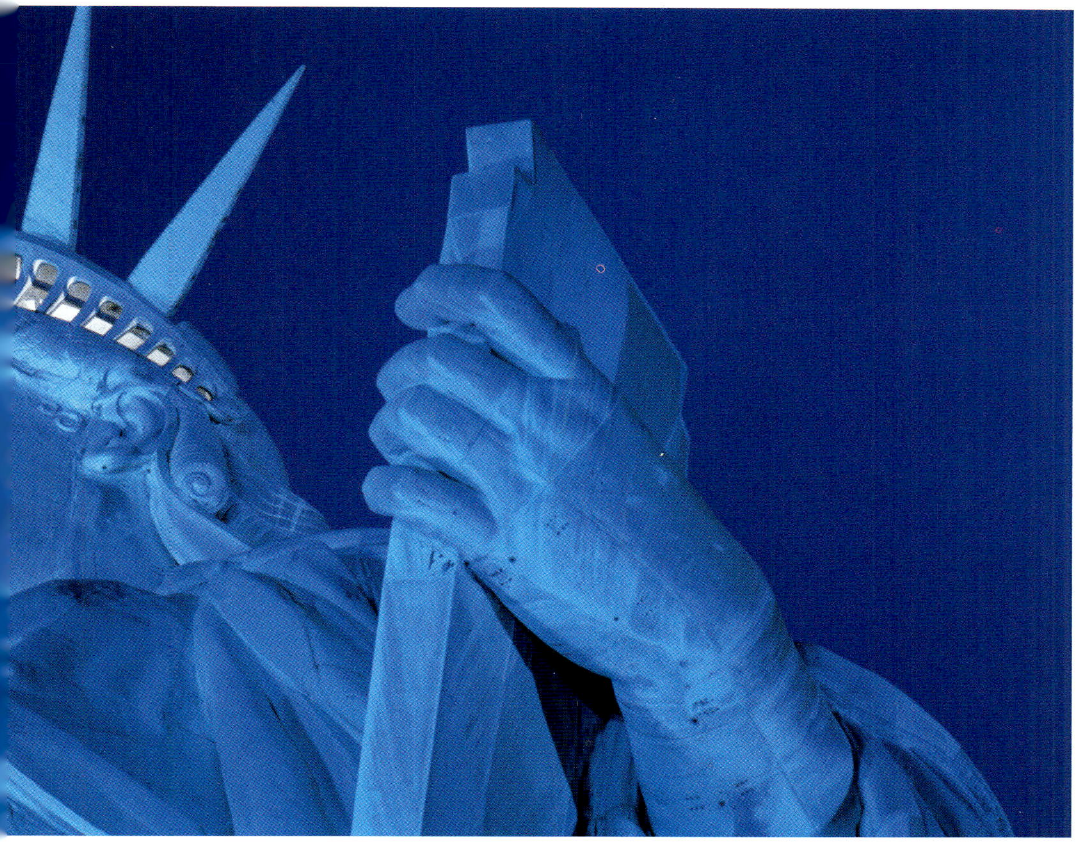

Einwanderern früherer Zeiten ebenso wie heutigen Amerikareisenden, die den Hafen von New York mit dem Schiff erreichen, wird die Freiheitsstatue auf Liberty Island in lebendiger Erinnerung bleiben. Die Freiheitsgöttin wurde als Wahrzeichen der Vereinigten Staaten weltweit zu einem Symbol der Werte und der Gesinnung des Landes. »Lady Liberty« war ein Geschenk Frankreichs an die Vereinigten Staaten. Damit wollte man an die franko-amerikanische Zusammenarbeit im Zuge beider Revolutionen erinnern und die Beendigung der Sklaverei ehren. Nach den Entwürfen Frédéric-Auguste Bartholdis wurde die heute zum Weltkulturerbe der UNESCO zählende Statue in Frankreich konstruiert und am 28. Oktober 1886 im New Yorker Hafen enthüllt. Mit dem Sockel hat die Statue eine Höhe von 93 Metern. Unter dem Kleid verbirgt sich ein von dem Ingenieur Alexandre Gustave Eiffel errichtetes Stahlgerüst.

Die sieben Strahlen der Krone symbolisieren die sieben Weltmeere. Während die Freiheitsgöttin in ihrer linken Hand eine Tafel mit dem Datum der US-amerikanischen Unabhängigkeitserklärung hält, schwingt sie mit ihrer rechten Hand eine Flamme in die Höhe.

EMPIRE STATE BUILDING

Seit dem Einsturz des World Trade Centers ist das 381 (mit Antennenmast knapp 449) Meter hohe Empire State Building wieder das höchste Gebäude New Yorks. Bis zu 3400 Arbeiter, darunter viele Mohawk-Indianer, waren in Spitzenzeiten am Bau des von den Architekten Schreve, Lamb & Harmon geplanten Wolkenkratzers beteiligt. Zur Eröffnung am 1. Mai 1931 drückte der damalige US-Präsident Herbert Hoover im Weißen Haus in Washington auf den Knopf, damit im Empire State Building in Manhattan die Lichter angingen. Offiziell ist das Gebäude 102 Stockwerke hoch. Aber nur 85 davon enthalten Nutzflächen, die vermietet werden konnten. Darüber befinden sich eine Aussichtsplattform im 86. Stock und eine Kuppel, die ursprünglich zum Festmachen für Luftschiffe gedacht war. Wegen der gefährlichen Aufwinde über New York kam dieser Plan jedoch nicht zur Ausführung.

Seit dem Jahr 1975 wird das Empire State Building nachts stimmungsvoll illuminiert – nur wenn Zugvögel unterwegs sind, wird diese Beleuchtung abgeschaltet, damit die Tiere nicht gegen das Gebäude fliegen. An nationalen Feiertagen erstrahlt das Gebäude in Nationalfarben.

Von Anfang an war das im Jahr 1930 errichtete Chrysler Building nicht etwa für Büros der gleichnamigen Autofirma gedacht, sondern als Denkmal für deren Eigentümer Walter P. Chrysler, dessen Karriere einst in einer Maschinenhalle der Union Pacific Railroad begonnen hatte. So steil, wie die Karriere des bald in die Autoindustrie wechselnden Chryslers verlaufen war, so steil sollte auch »sein« Wolkenkratzer in den New Yorker Himmel ragen und selbstverständlich nicht nur der schönste, sondern auch der größte sein. Ersteres ist dem Architekten William Van Alen nach Meinung der meisten New Yorker durchaus gelungen. Um auch das zweite Etappenziel zu erreichen, lieferte sich Van Alen mit seinem früheren – nun für die Bank of Manhattan Company das höchste Gebäude der Welt planenden – Partner H. Craig Severance ein erbittertes Höhenrennen, das er letztlich gewann.

Das Chrysler Building an der Lexington Avenue ist ein Meisterwerk der Art-déco-Architektur: Äußerlich erinnert die Stahlspitze an die Lamellen eines Autokühlers, im Inneren prunkt eine mit verchromtem Stahl verkleidete Lobby. Im Wettrennen um das höchste Gebäude der Welt wurde die 55,5 Meter lange Spitze heimlich angefertigt und erst zuletzt aufgesetzt. Mit 319 Metern Höhe erreichte man – für kurze Zeit – das Ziel.

Für die von Solomon R. Guggenheim im Jahr 1929 begonnene Sammlung von Werken der klassischen Moderne, die 1937 offiziell in die Gründung der S. R. Guggenheim Foundation mündete, sollte ein Neues Museum in New York gefunden werden. Die Künstlerin und Kuratorin Hilla Rebay beauftragte den Architekten Frank Lloyd Wright mit den Worten: »Ich brauche einen Kämpfer, einen Liebhaber des Raums ... Ich möchte einen Tempel des Geistes, ein Monument ...« Sechzehn Jahre hatte es gedauert, bis der Bau fertig war, der organische Formen in Architektur übersetzt und die Form eines umgekehrten Schneckenhauses hat. Im Inneren verläuft eine spiralförmige, durch eine Glaskugel von oben erleuchtete Rampe, entlang derer man die Bilder besichtigen kann. Trotz einiger Kritik gilt das in den 1990er-Jahren um einen Turm erweiterte Museum längst als Architekturikone.

Von außen wie von innen höchst beeindruckend: Frank Lloyd Wrights Museumsbau für die große Sammlung abstrakter Gemälde des Millionärs Solomon R. Guggenheim. Eine Rampe windet sich mit einer fünfprozentigen Steigung fünfmal um die 28,5 Meter hohe Rotunde im Inneren. Nachdem ein Aufzug die Besucher hinaufbefördert hat, können sie an den Kunstwerken in der Spirale der Schnecke vorbei abwärts gehen.

WEISSES HAUS

Das weiße Haus an der Pennsylvania Avenue 1600 in Washington D.C. ist die offizielle Residenz und der Arbeitssitz des US-Präsidenten. Die am 13.10.1792 erfolgte Grundsteinlegung war zugleich der Gründungstag der neuen Hauptstadt, deren Bebauung mit dem weißen Haus begann. Errichtet wurde das Bauwerk von dem irischen Architekten James Hoban, der sich am Leinster House in Dublin orientierte. Das aus Sandstein und Marmor erbaute, 1814 durch britische Truppen niedergebrannte Gebäude wurde 1819 im klassizistischen Stil wiedererrichtet. Seither weiß getüncht, erhielt es 1901 offiziell durch Theodore Roosevelt seinen Namen. Die Anlage mit Hauptbau, zwei Nebengebäuden und dem Eisenhower Executive Office Building beherbergt 132 Zimmer. Die 20-Dollar-Note bildet das Weiße Haus ab, das als Hochsicherheitszone durch Kameras und Scharfschützen überwacht wird.

Das Weiße Haus ist der Wohn- und Regierungssitz des US-amerikanischen Präsidenten. Seit John Adams, dem zweiten Präsidenten (1797–1801), residierten dort alle Regierungschefs. 1792 erbaut, erhielt es erst zweiundzwanzig Jahre später seinen weißen Anstrich. Dennoch wurde es schon zuvor als »weißes Haus« tituliert, da für den Bau Obernkirchener Sandstein und Marmor der kroatischen Insel Brač verwendet wurden.

WASHINGTON, D.C.

Das Kapitol – nach dem Kapitolinischen Hügel Roms benannt - ist ein Wahrzeichen Washingtons und Symbol der amerikanischen Demokratie, denn hier tagt der amerikanische Kongress, vertreten durch Senat und Repräsentantenhaus. Hier legen die US-Präsidenten in einer Zeremonie ihren Amtseid ab. 1793 wurde das Gebäude von den Architekten William Thornton und Henry Latrobe als Mittelpunkt der Stadt in klassizistischem Stil errichtet und erfuhr in den folgenden Jahrhunderten mehrere Erweiterungen. Heute besteht es aus einer Rotunde mit Kuppel, an welche die beiden Parlamentsflügel angegliedert sind. Im Innern des Bauwerks befinden sich Sitzungssäle, Statuen renommierter Personen der einzelnen Bundesstaaten sowie Gemälde mit verherrlichenden Szenen der amerikanischen Geschichte, wie die »Apotheosis of Washington« von Constantino Brumidi.

Zentrale Idee des Kapitols ist die Rotunde mit der mächtigen Kuppel. Auf der Kuppelspitze thront die Bronzestatue der Freiheit auf einem gusseisernen Erdball, der das Motto trägt »E Pluribus Unum«. Von der Spitze aus hat die sogenannte »Freiheitsstatue« einen perfekten Blick über die Stadt Washington, deren Straßen – inspiriert von Versailles bei Paris – schachbrettartig um das Kapitol angelegt wurden.

UNABHÄNGIGKEITSHALLE

Mit der von Thomas Jefferson formulierten Unabhängigkeitserklärung der Vereinigten Staaten von Amerika wurde am 4. Juli 1776 in einem zweistöckigen Gebäude an der Chestnut Street Weltgeschichte geschrieben. Damit lösten sich die 13 Kolonien vom englischen Mutterland, weigerten sich, weiterhin Steuern an die britische Krone zu zahlen, und erklärten ihre Eigenständigkeit. 1787 verabschiedeten die Gründungsväter dann hier in der Independence Hall die Verfassung der USA. Bis 1970 war Philadelphia die Hauptstadt des jungen Staatenbundes. In dieser Zeit tagten in der benachbarten Congress Hall der Senat und das Repräsentantenhaus, in der Old City Hall das Oberste Gericht. Mit der Tagung des Ersten Kontinentalkongresses 1774 in der Carpenters' Hall begann der Kampf um die Unabhängigkeit von England, dessen populärstes Symbol die Liberty Bell ist.

Im Assembly Room des roten Backsteinbaus in Philadelphia wurden sowohl die Unabhängigkeitserklärung als auch die Verfassung der Vereinigten Staaten unterzeichnet – die Geburtsurkunde des neuen Landes und unverzichtbare Grundlage für Freiheit und Demokratie. Der eher schlichte Bau war ursprünglich von englischen Quäkern aus Ziegeln und Holz errichtet worden. Seit 1979 gehört die Halle zum Weltkulturerbe der UNESCO.

KAPITOL

Im Südwesten des aztekischen Tempelbezirks entstand ab 1573 die Kathedrale von Mexiko-Stadt, die heute mit dem historischen Zentrum zum Weltkulturerbe der UNESCO gehört und einer der größten und ältesten Sakralbauten Lateinamerikas ist. Nachdem in mühsamer, jahrzehntelanger Arbeit die Fundamente in den Sumpf gelegt worden waren, vergingen noch mehr als 200 Jahre, bis die beiden Glockentürme und die Kuppel fertiggestellt waren. Im Lauf der langen Bauzeit hat die ursprünglich an gotische Vorbilder in Spanien angelehnte Kathedrale die verschiedensten Stilformen in sich vereint. Trotz der neoklassizistischen Türme wirkt die Fassade mit ihren gewundenen Säulen überwiegend barock. Im Innenraum, der in ein Hauptschiff, zwei Nebenschiffe und 14 Seitenkapellen aufgeteilt ist, befindet sich u. a. der vergoldete »Altar der Könige« (1728–1737) von Jerónimo de Balbás.

Die Nordseite der Plaza de la Constitución, bekannt als »Zócalo«, wird von der überaus imposanten Kathedrale gesäumt. Daran schließt sich seitlich die 1768 geweihte Kapelle Sagrario Metropolitano an, ein Meisterwerk des churrigueresken Stils (unten das Hauptportal). Zu den Höhepunkten im Kircheninnern (links: Blick ins Hauptschiff) gehören zwei von Jerónimo de Balbás gestaltete Altäre. Ganz links: Der »Altar des Verzeihens«.

EL TAJIN

RUINENSTÄTTE

Im Dschungel von Veracruz, rund 150 Kilometer nordöstlich von Puebla, liegt die der präkolumbischen Kultur der Totonaken zuzurechnende Ruinenstätte. Nach neueren Forschungen geht der Ursprung von El Tajín bereits auf das 2. Jahrhundert zurück. Zu den herausragenden Bauten gehört die dem Gott des Blitzes (Tajin) und des Windes (Huracán) geweihte Nischenpyramide mit sechs Plattformen. Sie besaß ursprünglich 365 reich verzierte Nischen, was einen Zusammenhang mit astronomisch-kalendarischen Berechnungen nahelegt. Vermutlich war El Tajín einst ein Zentrum des rituellen Ballspiels, das oftmals mit der Opferung einer Mannschaft beendet wurde. Funde auf dem Areal belegen intensive Beziehungen zu Teotihuacán. Seinen Höhepunkt erlebte El Tajín nach dessen Fall um das Jahr 800. Etwa 400 Jahre später, um 1200, wurde die Stadt zerstört und verlassen.

Mehrere Stufenpyramiden säumen das Areal der Ruinenstätte El Tajin. Rechts oben: Die Nischenpyramide. An Friesen und Säulen des südlichen Ballspielplatzes finden sich kunstvoll gearbeitete Reliefs, die religiöse Themen darstellen. Rechts: die Illustration eines Menschenopfers.

TEOTIHUACÁN

RUINENSTÄTTE

Das rund 50 Kilometer nordöstlich von Mexiko-Stadt gelegene Teotihuacán (UNESCO-Weltkulturerbe) ist eine der bedeutendsten Ruinenstätten Mesoamerikas. Als die Azteken die riesige Stadtanlage im 14. Jahrhundert entdeckten, war sie seit über 700 Jahren verlassen. Die wichtigsten Bauten, wie die über zwei Kilometer lange und 40 Meter breite »Straße der Toten«, die rund 65 Meter hohe Sonnenpyramide, die etwas kleinere Mondpyramide sowie der Quetzalcóatl-Tempel waren zwischen 100 und 200 n. Chr. errichtet worden. Um das Jahr 400 war die Stadt mit mehr als 150000 Einwohnern die größte Amerikas und eine der größten Städte der Welt. Ihr Wohlstand gründete vorwiegend auf der Verarbeitung des Vulkangesteins Obsidian, aus dem Werkzeuge hergestellt wurden. Im 7. Jahrhundert setzte der Niedergang von Teotihuacán ein; um 750 wurde die Stadt endgültig aufgegeben.

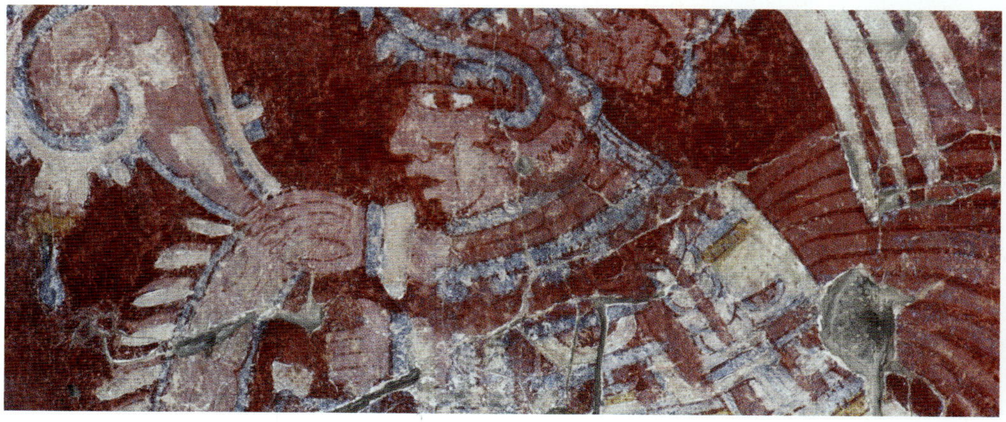

Die auf einer Grundfläche von 222 mal 225 Metern errichtete Sonnenpyramide (rechts oben) steht im Zentrum Teotihuacáns. In einigen Gebäuden finden sich Wandmalereien, die einen Eindruck vom Leben der ehemaligen Bewohner vermitteln. Rechts: ein Priester im Ritualgewand.

OAXACA — KATHEDRALE

Karl V. schenke Hernán Cortés 1528 als Dank für seine Verdienste um die spanische Krone das Tal von Oaxaca, das dieser einige Jahre zuvor erobert hatte, um es dem Kolonialreich Spaniens einzuverleiben. Auch hier begann die Christianisierung rasch und mit großer Durchsetzungskraft: Die Kathedrale war nur einer von vielen eindrucksvollen Sakralbauten der Stadt, deren historisches Zentrum zum UNESCO-Weltkulturerbe erklärt wurde. Nach einem verheerenden Erdbeben entstand aus einem bereits 1544 errichteten Vorgängerbau der wuchtige, fast wehrhafte Barockbau, wie wir ihn heute kennen, im ersten Drittel des 18. Jahrhunderts (Weihe 1733). Besonders erwähnenswert ist die Fassade, zu deren Figurenschmuck ein imposantes Relief mit der Himmelfahrt Mariens gehört. In der Kathedrale befinden sich einige bemerkenswerte Gemälde aus dem 16. und 17. Jahrhundert.

Eindrucksvoll ist die wuchtige Barockfassade der Kathedrale: Zwei unten schmucklose Glockentürme flankieren einen reich ornamentierten Mittelteil. Er besteht aus drei Geschossen und einer korinthischen Säulenordnung mit reichem Figurenschmuck und Flachreliefs.

OAXACA — KIRCHE SANTO DOMINGO

Als schönste Barockkirche Oaxacas und als einer der bedeutendsten Sakralbauten des Landes gilt Santo Domingo. Der ab 1575 errichtete, mächtige Baukomplex umfasste einst auch ein Dominikanerkloster mit mehreren Kreuzgängen, das heute das Centro Cultural Santo Domingo beherbergt. Zwei stattliche Türme flankieren die mit Skulpturen von Heiligen des Dominikanerordens versehene Fassade. Im Inneren herrscht überbordende barocke Pracht: Sehenswert sind der große vergoldete Hauptaltar und der aus Stuck und Gold gefertigte Stammbaum des Gründers des Dominikanerordens im Eingangsbereich. Auf den Blättern und Ranken erscheinen die wichtigsten Dominikanermönche. Fast vollständig mit Blattgold überzogen ist auch der Hochaltar der Capilla de la Virgen del Rosario (Rosenkranzkapelle) aus dem 18. Jahrhundert, einer von insgesamt elf Kapellen der Kirche.

Aldous Huxley nante sie eine der »prächtigsten Kirchen der Welt«. Innen bildet die Kirche Santo Domingo eine einzige Symphonie in polychromem und vergoldetem Stuck. Biblische Szenen zieren die gewölbte Decke. Oben im Bild ist ein Teil des »Dominikaner-Stammbaums« zu sehen.

CHICHÉN ITZÁ

Nach dem Manuskript von Chumayel, einer Maya-Überlieferung vom Beginn der Konquista, wurde das im Norden von Yucatán gelegene Chichén Itzá um 450 von den Maya gegründet. Markante Großbauten im typischen Baustil der Maya entstanden, wie etwa das »Haus der Nonnen« oder die »Kirche«. Im 10. Jahrhundert rückten toltekische Gruppen in die von den Maya verlassene Stadt vor und leiteten eine zweite, rund 200 Jahre währende Blütezeit ein. Deutlich erkennbar ist nun eine Veränderung hin zu einem toltekisch geprägten Skulptur- und Reliefstil mit Kriegerdarstellungen. Für diese Epoche stehen die Sternwarte (»Caracol«) und die »Castillo« genannte Stufenpyramide, auf deren Spitze sich der Tempel der Maya-Gottheit Kukulkan befindet. Im Zentrum der Stadt finden sich weitere Gebäude wie der »Tempel der Krieger«, der »Tempel der Jaguare« sowie neun Ballspielplätze.

Die Spitze des »Castillo«, der 30 Meter hohen Stufenpyramide in Chichén Itzá (Weltkulturerbe der UNESCO), wird vom Tempel Kukulcans bekrönt (unten). Auf einer mit Schädelreliefs geschmückten Mauer (links) wurden die Schädel der Geopferten zur Schau gestellt. Faszinierend sind auch die Chac-Mool genannte Liegendfigur mit Schale im Tempel der Krieger (ganz links) sowie das Observatorium (ganz unten).

Mitten im tropischen Dschungel von Chiapas im südlichen Mexiko ragen die Ruinen von Palenque (UNESCO-Weltkulturerbe) auf. Obwohl bereits 1784 entdeckt, wurde die Stätte erst im 20. Jahrhundert systematisch untersucht und ausgegraben. Die Maya-Stadt wurde zwischen dem 3. und 5. Jahrhundert errichtet und erreichte zwischen dem 6. bis 8. Jahrhundert ihre Blüte. Zu dieser Zeit entstanden auch die wichtigsten Bauwerke. Die Glyphen im »Tempel der Inschriften« konnten entziffert werden und sind die wichtigsten schriftlichen Überlieferungen der Maya. 1952 hat man in der Pyramide die Grabkammer des Maya-Fürsten Pacal entdeckt. Neben anderen Bauwerken – etwa den Tempeln der Kreuzgruppe – ist der sogenannte Palast von Interesse. Dieser besteht aus mehreren, um insgesamt vier Höfe gruppierten Gebäuden. Der hohe Turm diente astronomischen Beobachtungen.

Der sogenannte Palast, aus dem ein vermutlich einstmals als Observatorium genutzter Turm emporragt (unten und ganz unten), ist das bedeutendste Bauwerk von Palenque. Gleich daneben befindet sich der »Tempel der Inschriften« (auf der Abbildung ganz unten rechts im Bild), eine Stufenpyramide mit Tempelbau auf der Dachplattform. Fast alle Gebäude sind mit aufwendigen Reliefs versehen (rechts).

UXMAL

RUINENSTÄTTE

Die Maya-Stadt Uxmal war vom 8. bis 10. Jahrhundert ein bedeutendes Zeremonialzentrum und ist bis heute ein Höhepunkt der klassischen Maya-Architektur. Zentrales Gebäude ist die fast 40 Meter hohe »Pyramide des Wahrsagers«. Der beeindruckende Bau, der dem Regengott Chac gewidmet war, ist bereits die vierte Überbauung früherer Tempel. Auf einer 15 Meter hohen Plattform erhebt sich der sogenannte »Gouverneurspalast«, der mit einem beeindruckenden Steinmosaikfries geschmückt ist. Detailreich angelegte Steinmosaiken finden sich auch an den Vorderfronten des »Nonnenklosters«, am »Haus der Schildkröten« und dem »Taubenschlag«, so die Bezeichnungen der Archäologen, die jedoch nicht auf die ursprünglichen Bedeutung der Bauten hinweisen. Nach einer Blütezeit im 11. Jahrhundert verlor Uxmal an Bedeutung, bis es um 1200 verlassen wurde.

Ein Meisterwerk der Maya-Baukunst stellt der auf einer riesigen Plattform thronende »Gouverneurspalast« (großes Bild, im Vordergrund) dar. Dahinter ragt die »Pyramide des Wahrsagers« (links im Bild) auf. Sie ist mit Skulpturen des Regengottes Chac geschmückt. Die Palastbauten des »Nonnenklosters« (ganz links im Bild) umrahmen einen Innenhof. Hier wurden die letzten in Stein gravierten Daten der Region entdeckt.

TIKAL

RUINENSTÄTTE

Tikal unterscheidet sich von anderen Maya-Stätten dadurch, dass es in einem rund 600 Quadratkilometer großen Nationalpark inmitten eines mit Brüllaffen, Vögeln, Baumfröschen und vielen anderen Tieren bevölkerten Urwalds liegt. Bis zu 90000 Menschen lebten zu Tikals Blütezeit (550–900) in der Tempelstadt. Bislang wurden in dem 15 Quadratkilometer großen Zentrum über 3000 Bauwerke und Anlagen ausgegraben – prunkvolle Paläste ebenso wie einfache Bauten oder Ballspielplätze. Am spektakulärsten sind die fünf großen Tempelpyramiden; eine davon ragt 65 Meter auf und ist damit das höchste Maya-Bauwerk überhaupt. Das Kultzentrum umfasste um das Jahr 800 zwölf Tempel, die auf einer riesigen Plattform errichtet worden waren. Ab dem 9. Jahrhundert entstanden in Tikal keine nennenswerten Bauwerke mehr und ab dem 10. Jahrhundert wurde die Stadt aufgegeben.

Die früheste Besiedlung von Tikal (UNESCO-Weltkulturerbe) im Petén-Regenwaldgebiet von Guatemala erfolgte um 800 v. Chr. Ab dem 3. Jahrhundert n. Chr. entstand hier ein riesiger Komplex mit Sakralbauten und Palästen. Die Tempelpyramide I von Tikal dominiert den weitläufigen Großen Platz im Zentrum der Anlage. Wo heute der Regenwald wuchert, erstreckten sich einst Siedlungen mit raffiniert bewässerten Feldern.

Bildnachweis

Abkürzungen:
A = Alamy | B = Bilderberg | C = Corbis
G = Getty Images | H = Bildagentur Huber
L = Laif | M = Mauritius Images | P = Premium

S. 2/3.: C/Sandro Vannini, S. 4/5: L/Boening, S. 6/7: C/Paul Hardy, S. 8/9: P, S. 10/11: IFA, S. 12/13: G, S. 14/15: G/Joanot/Flickr, S. 16 o. l.: G/Panoramic Images, S. 16 u.: A/Jon Arnold, S. 16/17: C/Carmen Redondo, S. 17 o. r.: Erich Spiegelhalter, S. 17 u.: Hanna Wagner, S. 18/19: G Images/Johner, S. 19 o. l.: mediacolors/Klammet, S. 19 o. r.: L/Riehle, S. 20/21: G Images/Scott R. Barbour, S. 21 o. l.: G Images/Scott R Barbour, S. 21 o. r.: A/John Lens, S. 22 l. o.: B/Avenue Images/Felipe J. Alcoceba, S. 22 l. u.: B/Avenue Images/Felipe J. Alcoceba, S. 22 r.: B/Avenue Images/Felipe J. Alcoceba, S. 23 M.: G/John Elk III, S. 23 o.: A/Jupiter Images/Comstock, S. 23 u.: A/MJ Photography, S. 24/25: Zielske, S. 25 o.: G/Novitz, S. 26/27: Zielske, S. 27 o.: Zielske, S. 27 r.: Zielske, S. 28 o.l.: CARO/Ruffer, S. 28 u. l.: G/Panoramic Images, S. 28/29 o.: Monheim/Florian Monheim, S. 28/29 u.: Zielske, S. 30/31: Zielske, S. 31 o.: G/David Noble, S. 31 r.: A/John Norman, S. 32/33: G/Panoramic Images, S. 33 o. l.: Bridgemanart, S. 33 o. r.: Bridgemanart, S. 34/35: A/Oleksandr Ivanchenko, S. 35 o. l.: Visum/Jiri Rezac, S. 35 o. r.: Visum/Jiri Rezac, S. 36 o. l.: A/AndrewHasson, S. 36 u. l.: B/B. Steinhilber, S. 36/37 o.: A/PCL, S. 36/37 u.: Look/Holger Leue, S. 37 o. M.: A/Stainforth, S. 37 o. r.: A/Jon Arnold, S. 37 u. r.: B/Till Leeser, S. 38 l. o.: A/Lee Pengelly, S. 38 l. u.: Alimndi.net/Markus Keller, S. 38 r.: A/Peter Barritt, S. 39 o.: Monheim, S. 39 u.: A/Trevor Smithers, S. 40 o.: Bildagentur-online, S. 40/41: A/Jim Zuckrman, S. 42 l.: C/Michael Freeman, S. 42/43: Visum/Rezac, S. 43 o.: A/AA World travel Library, S. 44 l. o.: A/Mark Pink, S. 44 u.: A/David Noble Photography, S. 44/45: A/Frank Naylor, S. 45 u.: L/Babocic, S. 46/47: A/David Norten, S. 47 o. l.: B/Milan Horacek, S. 47 o.r.: A/Photolibrary Wales, S. 48 o.: G/Panoramic Images, S. 48 u.: Karl-Heinz Raach, S. 49 o.: P, S. 49 u.: L/Hartmut Krinitz, S. 50/51: G/Harding, S. 51 o.: Ernst Wrba, S. 52 o.: P, S. 52 u.: C, S. 53 o.: Ernst Wrba, S. 53 u.: Zielske, S. 54/55: A/Robert Harding, S. 55 o.: C/Sandro Vannini, S. 55 r.: Ernst Wrba, S. 56/57: Arco/NPL, S. 57 o. l.: G/Jochem D Wijnands, S. 57 o. r.: Schapowalow/Robert Harding, S. 58/59: Monheim/Van der Voort, S. 59 o.: Look/Sabine Lubenow, S. 60/61: H/Graefenhain, S. 61 o. l.: A/Don Menning, S. 61 o. r.: A/A1Pix, S. 61 r.: Caro/Sorge, S. 62/63: Premuim, S. 63 o.: L/Heiko Meyer, S. 64 o. l.: A/PCL, S. 64 u. l.: G/Travelpix Ltd., S. 64/65 o.: Schapowalow/H, S. 64/65 u.: L/Tom Graig, S. 66 l.: M/Super Stock, S. 66/67: B/Dorothea Schmid, S. 67 o.: L/Meyer, S. 68/69: L/hemis, S. 69 o.: L/Philippe Renault/Hemis, S. 69 re. 1.: L/Colin Matthieu, S. 69 re. 2.: L/Philippe Renault/Hemis, S. 69 re. 3.: L/Gamma, S. 69 re. 4.: L/Philippe Renault/Hemis, S. 70/71: A/Jon Arnold, S. 71 o. l.: C/Ludovic Maisant, S. 71 o. r.: C/Ludovic Maisant, S. 72 o. l.: L/Hemis, S. 72 o. M.: bildagentur-online, S. 72 u. l.: Andia/Bénard, S. 72 u. M.: akg, S. 72/73 o.: C/Sandro Vannini, S. 72/73 u.: H/Simeone, S. 74 l.: F1 online, S. 74 r.: Schapowlow/Sime, S. 75 l.: B/Andrej Reiser, S. 75 r. o.: L/Hemis, S. 75 r. u.: C/Sandro Vannini, S. 76/77: H/G. Simeone, S. 77 o. l.: L/Hemis, S. 77 o. r.: L/Jonkmanns, S. 78 l. o.: L/hemis, S. 78 l. u.: Focus/Harf Zimmermann, S. 78/70 o.: Monheim, S. 78/79 u.: Ifa/Panstock, S. 80 o.: L/Hemis/Rabouan Jean-Baptiste, S. 80 u.: A/Mark Jones, S. 81 o.: A/Mark Jones, S. 81 u.: L/Hemis, S. 82 l.: B/B. Steinhilber, S. 82 r.: L/Kirchner, S. 83 o.: Ifa/Panstock, S. 83 u.: Look/Juergen Richter, S. 84/85: M/A, S. 85 o.: NN, S. 86/87: A/Images ETC, S. 87 o.: H/Lawrence, S. 88/89: C/Hicks, S. 89 o.: L/Eiermann, S. 90 o.: Jürgen Richter, S. 90 u.: G/Luis Castaneda, S. 91 l.: L/Modrow, S. 91 r.: G/Hulton, S. 92/93: G/IB/Allan Baxter, S. 93 o.: Jürgen Richter, S. 94 l.: Vario Images, S. 94/95: L/Hemis/Camille Moirenc, S. 95 o.: M images / age, S. 96/97: Jürgen Richter, S. 97 o: Whitestar/Monika Gumm, S. 98/99 o.: A/David Zanziger, S. 98/99 u.: Look/age Fotostock, S. 99 o.: L/Navia, S. 99 u.: L/Hemispheres, S. 100/101 P, S. 101 o.l.: Monheim/Paul M.R. Maeyaert, S. 101 o.r.: M/A, S. 102/103: B/Ernsting, S. 103 o.l.: M, S. 103 o.r.: M/A, S. 103 r.: M/A, S. 104/105: Look/Sabine Lubenow, S. 105 o.l.: L/Kirchgessner, S. 105 o.r.: L/Zahn, S. 106/107: L/Hemis, S. 107 o.: P, S. 108/109: ifa kanzler, S. 109 o.: ifa lescourret, S. 110/111: Jürgen Richter, S. 111 o.: Jürgen Richter, S. 112 l.o.: L/Hoa Qui, S. 112 l.u.: C/Falzone, S. 112 r.: M/imagebroker, S. 113 o.: vario, S. 113 u.: B/Felipe J. Alcoceba, S. 114 o.l.: A/Delimont, S. 114 o.r.: A/CuboImages, S. 114 u.l.: A/Bognar, S. 114 u.r.: A/B.A.E., S. 114/115 o.: C/Fred de Noyelle/Godong, S. 114/115 u.: P, S. 115 o.r.: C/Fred de Noyelle/Godong, S. 116/117: C/Bognar, S. 117 o.l.: C/Marco Christofori, S. 117 o.r.: L/Hemis, S. 117 r.: C/John and Lisa Merril, S. 118/119: L/Jonkmanns, S. 119 o.l.: B/Karol Kallay, S. 119 o.r.: L/Hemispheres, S. 120 l.: Zielske, S. 120 r.: Zielske, S. 121 l.: Zielske, S. 121 r.: Zielske, S. 122 o.: Look/Merz, S. 122 u.: Zielske, S. 123 o.: Zielske, S. 123 u.: Zielske, S. 124 o.l.: C/gerd Ludwig, S. 124 u.l.: G, S. 124/125 o.: Zielske, S. 124/125 u.: G Travelpix, S. 126/127 o.: blickwinkel/E. Teisler, S. 126/127 u.: L, S. 128/129: Zielske, S. 129 o.l.: L/Zenit/Boening, S. 129 o.r.: EyeUbiquitous/Hutchinson, S. 130 u.: Zielske, S. 130/131 o.: Zielske, S. 131 u.: Rainer Weisflog, S. 132 l.: Zielske, S. 132/133: Zielske, S. 133 o.l.: Zielske, S. 133 o.r.: Caro/Muhs, S. 134 o.l.: C/Regis Bossu, S. 134 u.l.: Zielske, S. 134 u.r.: Das Fotoarchiv, S. 134/135 o.: C/Angelo Hornak, S. 134/135 u.: Zielske, S. 136/137: B, S. 137 o.: P/Waldkirch, S. 137 r.: L/Linke, S. 138 l.: Artur/Thomas Riehle, S. 138/139: L, S. 139 o.: Monheim, S. 140/141: Zielske, S. 141 o.l.: Zielske, S. 141 o.r.: Zielske, S. 142 o.l.: Transit/Peter Hirth, S. 142 r.: G/Stephen Studd, S. 142 u.l.: M/Hans Peter Merten, S. 143 o.: Zielske, S. 143 u.: Zielske, S. 144 o.l.: H/R.Schmid, S. 144 u.: H/R.Schmidt, S. 144/145 o.: H, S. 145 u.: H, S. 146 o.l.: H, S. 146 u.l.: Look /Terra Vista, S. 146 u.r.: Wrba, S. 146/147 o.: Zielske, S. 146/147 u.: Monheim/Achim Bednorz, S. 147 u.r.: Look /Terra Vista, S. 148/149: H, S. 149 o.: Zielske, S. 149 r.: Bieker, S. 150 o.: Zielske, S. 150 u.: Zielske, S. 151 o.: Zielske, S. 151 u.: Zielske, S. 152/153: Franz Marc Frei, S. 153 o.: Schapowalow/H, S. 154 l.: Zielske, S. 154/155: Zielske, S. 155 o.l.: Zielske, S. 155 o.r.: A1PIX/ISP, S. 156/157: Zielske, S. 157 o.: akg, S. 158/159: Zielske, S. 159 o.l.: look/Wolfgang Ehn, S. 159 o.r.: Picture alliance/akg, S. 159 r.: C/Hugh Hooney, S. 160/161: Zielske, S. 161 o.l.: Romeis, S. 161 o.r.: A/Monheim, S. 162/163: Das Fotoarchiv, S. 163 o.: Klammet, S. 164 l.o.: Romeis, S. 164 l.u.: L/Kirchgessner, S. 164 r.: Bieker, S. 165 l.: akg/Monheim, S. 165 r.o.: Monheim, S. 165 r.u.: akg/Monheim, S. 166/167: Monheim/Markus Hilbich, S. 167 o.l.: F1-Online, S. 167 o.r.: G/De Agostini, S. 168/169: L/Berthold Steinholber, S. 169 o.l.: A/Imagebroker, S. 169 o.r.: Ernst Wrba/Wiesbaden, S. 169 r.: Focus/Crandall, S. 170/171: Anzenberger/Yadit Levy, S. 171 o.l.: L/Kristensen, S. 171 o.r.: Anzenberger/Carlos de Mello, S. 172/173: Monheim/Florian Monheim, S. 173 o.: mediacolors /VSL, S. 174/175: alimdi.net/KFS, S. 175 o.l.: Cari/Riedmiller, S. 175 o.r.: Cari/Riedmiller, S. 176/177: DFA/Riedmiller, S. 177 o.l.: Monheim, S. 177 o.r.: F1 Online, S. 177 r.: A/Monheim, S. 178/179: P, S. 179 o.l.: Bildmaschine.de, S. 179 o.r.: H/Ripani, S. 179 r.: A/Ian Dagnall, S. 180 l.: L/Back, S. 180 r.: A/Woody Stock, S. 181 l.: M images/age fotostock, S. 181 r.o.: L/Hemispheres, S. 181 r.u.: H/Johanna H, S. 182/183: L/Le Figaro Magazine, S. 183 o.l.: L/Contrasto, S. 183 o.r.: M/Steve Vidler, S. 183 r.: L/Galli, S. 184/185: H/Kaos03, S. 185 o.: Zielske, S. 186 o.l.: M/A/Chuck Pefley, S. 186 o.r.: A/Monheim, S. 186 u.l.: akg/Juergen Raible, S. 186 u.r.: M/A/Chuck Pefley, S. 186/187 o.: M/A/PE Forsberg/Bild falsch, S. 186/187 u.: M/A/Peter Barrit, S. 187 o..r.: A/Monheim, S. 187 u.r.: Bridgemanart, S. 188/189.: L/Eid, S. 189 o.l.: akg-images/Cameraphoto, S. 189 o.r.: A/CuboImages, S. 190 o.l.: L/Kirchner, S. 190 o.r.: A/R.Harding, S. 190 u.: L/Boening/Zenit, S. 190/191 o.: M/imagebroker, S. 191 r.: L/Boening/Zenit, S. 191 u.: C/Sandro Vannini, S. 192/193: L/Celentano, S. 193 o.l.: Ernst Wrba, S. 193 o.r.: L/Reiner Harscher, S. 194/195: Axel M. Mosler, S. 195 o.: Klammet, S. 195 r.o.: B/Milan Horacek, S. 195 r.u.: A/M. Flynn, S. 196 o.: W. u. C. Kunth, S. 196 u.: L/Galli, S. 197 o.: L/Galli, S. 197 u.: L/Galli, S. 198/199: Gerhard P. Mueller Dortmund, S. 199 o.l.: G/Robert Harding, S. 199 o.r.: B/Hans Madej, S. 200/201: G/De Agostini, S. 201 o.: A/Emmanuel Lattes, S. 202/203: A/Marka, S. 203 o.: B/Hans Madej, S. 203 r.o.: A/Martin Thomas, S. 203 r.u.: C/Cevallos, S. 204/205: C/Archivo Iconographico, S. 205 o.: C/Dagli di Orti, S. 205 r.: C/Gianni Dagli Orti, S. 206/207: C/Canali, S. 207 o.: L/Hemis, S. 208/209: Hemis/L, S. 209 o.: Panorama Image/Cajho, S. 210/211: C/Seheult, S. 211 o.: C/Bill Ross, S. 212/213: L/Galli, S. 213 o.: C/Gian Lorenzo Bernini, S. 214/215: L/Galli, S. 215 o.: A/Peter Barritt, S. 216/217: L/Celentano, S. 217 o.l.: L/Celentano, S. 217 o.r.: M images, S. 217 r.: C/Mimmo Jodice, S. 218/219 o.: B/Berthold Steinhilber, S. 218/219 u.: C/Listri, S. 219 r.o.: Bildagentur-online, S. 219 r.u.: C/Mimmo Jodice, S. 220/221: L/Galli, S. 221 o.: L/Steinhilber, S. 222/223: H/G. Simeone, S. 223 o.l.: H/Ripani, S. 223 o.r.: L/Joe Cornish, S. 223 r.: H/Ripani, S. 224/225: L/Kirchner, S. 225 o.l.: A/Peter Scholey, S. 225 o.r.: L/Hemis, S. 225 r.: L/Hemis, S. 226/227: Jochen Tack, S. 227 o.: vario images, S. 228 u.1.: A/Kazimier Jurewicz, S. 228 u.2.: Monheim/Markus Hilbich, S. 228/229 o.: M/Rene Mattes, S. 228/229 u.: Voller Ernst/Roland Marske, S. 230/231: B/Ginter, S. 231 o.: B/Ginter, S. 231 r.: L/Hirsch, S. 232 l.: B/Horacek, S. 232/233: B/Madej, S. 233 o.l.: B/Frank Peterschroeder, S. 233 o.r.: DFA /Tack, S. 234/235: Ifa, S. 235 o.: L/Celentano, S. 236 o.: A/R.Harding, S. 236 u.l.: transit/Thomas Haertrich, S. 236 u.r.: lonley planet/Richard Nebesky, S. 236/237 o.: A/Kumar Sriskandan, S. 236/237 u.: Schapowalow/Atlantide, S. 238/239: Ifa, S. 239 o.: M, S. 240 o.: Visum, S. 240 u.: L/Hahn, S. 241 o.: A/imagebroker/Egmont Strigl, S. 241 u.: Monheim, S. 242 o.l.: Schapowalow/H, S. 242 u.l.: C/Hans Georg Roth, S. 242/243 o.: Schapowalow/Sime, S. 243 o.r.: M/Josephine Clasen, S. 243 u.: Schapowalow/Atlantide, S. 244 l.: Avenue Images, S. 244/245: akg/Yvan Travert, S. 245 o.l.: Vario Images, S. 245 o.r.: transit/Peter Hirth, S. 246/247: A/Nikreatas, S. 247 o.l.: M/age, S. 247 o.r.: Fnoxx/Arnulf Hettrich, S. 247 r.1.: A/Nikreates, S. 247 r.2.: A/Nikreatas, S. 248/249: C/Julian Kumar, S. 249 o.l.: L/IML, S. 249 o.r.: L/Harscher, S. 249 r.1.: M/imagebroker, S. 249 r.2.: C/Alessandro Saffo, S. 250/251: C/Jon Hicks, S. 251 o.l.: C/Paul A. Souders, S. 251 o.r.: L/Harscher, S. 251 r.: C/Sandro Vannini, S. 252/253: C/Pete Saloutos, S. 253 o.: L/Celentano, S. 254 o.l.: G/Peter Adams, S. 255 r.: A/Interfoto, S. 254/255 u.: look foto, S. 256 o.: G/DEA/A. Garozzo, S. 256 u.: L/hemis, S. 256/257 u.: Schapowalow, S. 257 r.: A/David Crossland, S. 258/259: P, S. 259 o.l.: C/Su Keren, S. 259 o.r.: C/Atlantide, S. 259 r.: Visum/Ralf Niemzig, S. 260/261: M/Holt, S. 261 o.: P, S. 262 l.: B/Klaus Bossemeyer, S. 262/263: B/Klaus Bossemeyer, S. 263 o.: A/Images&Stories, S. 264/265: Das Fotoarchiv/Manfred Vollmer, S. 265 o.: Bildagentur-online/Renaud, S. 265 r.o.: Jochen Tack, S. 265 r.u.: A/Christian Baitg Schreiweis, S. 266/267: Jon Arnold, S. 267 o.: A/ImageState, S. 268 l.1.: Jon Arnold Images, S. 268 l.2.: A/all over, S. 268 l.3.: A/imagebroker, S. 268 l.4.: A/Images&Stories, S. 268/269: Jon Arnold Images, S. 269 o.l.: M-images/Ferdinand Hollweck, S. 269 o.r.: IFA/AFI, S. 269 r.: IFA/AFI, S. 270/271: A/Jon Arnold, S. 271 o.: B/Jerzy Modrak, S. 272/273: Jon Arnold, S. 273 o.: L/Heuer, S. 274/275: G/National Geographic/Richard, S. Durrance, S. 275 o.l.: H/Günter Gräfenhain, S. 275 o.r.: G/PC/Fotoworld, S. 276 o.l.: L/Contrasto, S. 276 o.r.: L/Martin Sasse, S. 276 u.l.: L/Galli, S. 276 u.r.: L/Kreuels, S. 277 o.l.: P/Bus, S. 277 o.r.: C/Paul Almasy, S. 277 u.l.: L/Galli, S. 277 u.r.: L/Le Figaro Magazine, S. 278 o.l.: Eberhard Grames, S. 278 u.l.: L/Galli, S. 278/279 o.: L/Hemispheres, S. 278/279 u.: H/Guenter Graefenhain, S. 280/281: H/Graefenhain, S. 281 o.l.: H/Giovanni, S. 281 o.r.: M/Klaus-Gerhard Dumrath, S. 281 r.: akg/Erich Lessing, S. 282 o.l.1.: M/Wojtek Busse, S. 282 o.l.2.: M/Wojtek Busse, S. 282 o.r.: M/Wojtek Busse, S. 282 u.: M/Klaus-Gerhard Dumrath, S. 283 o.l.: M/Wojtek Busse, S. 283 o.r.: H/Graefenhain, S. 283 u.: M/Wojtek Busse, S. 284 o.: C/Atlantide, S. 284 u.: B/Felipe J. Alcoceba, S. 284/285 o.: M/Michael Obert, S. 284/285 u.: P/Orion Press, S. 286/287: L/Galli, S. 287 o.l.: L/Le Figaro Magazine, S. 287 o.r.: L/Le Figaro Magazine, S. 288/289: C/JP Laffont, S. 289 o.l.: L/Le Figaro Magazine, S. 289 o.r.: C/Baz Ratner, S. 290/291: L/Le Figaro Magazine, S. 291 o.l: B/Felipe J. Alcoceba, S. 291 o.r.: Schapowalow/Atlantide, S. 291 r.1.: A/Maria Garzia, S. 291 r.2.: G/Robert Harding, S. 291 r.3.: L/Gamma, S. 292/293: L/Shabi, S. 293 o.: Das Fotoarchiv Christoph&Friends/Kunzig, S. 293 r.o.: L/Krause, S. 293 r.u.: B/Klaus D. Francke, S. 294 l.: L/Back, S. 294/295: L/Eid, S. 295 o.: L/Hemis, S. 296/207: C/Kazuyoshi Nomachi, S. 297 o.l.: C/Ahmed Jadallah, S. 297 o.r.: C/Kazuyoshi Nomachi, S. 298/299: C/Kazuyoshi Nomachi, S. 299 o.l.: C/Kazuyoshi Nomachi, S. 299 r.o.: A/Athar Akram, S. 299 r.u.: A/Athar Akram, S. 300 l.o.: C/Ahmed Jadallah, S. 300 l.u.: C/Ahmed Jadallah, S. 300/301: C/Ahmed Jadallah, S. 301 o.: C/Ahmed Jadallah, S. 302 l.: A/travelstock 44, S. 302 r.: C/Shawn Baldwin, S. 303 l.: M/A, S. 303 r.: A/Keith Erskine, S. 304/305: C/Jose Fuste Raga, S. 305 o.: A/blickwinkel, S. 306 o.: C/Michael, S. Yamashita, S. 306 u.: A/Nico Tondini, S. 307 l.: M/A, S. 307 r.o.: M/A, S. 307 r.u.: akg-images/Gerard Degeorge, S. 308/309: C/Kazuyoshi Nomachi, S. 309 o.l.: C/Kazuyoshi Nomachi, S. 309 o.r.: C/Roger Wood, S. 310/311: C/Kazuyoshi Nomachi, S. 311 o.l.: G/Chris Bradley, S. 311 o.r.: G/Richard Ross, S. 311 r.o.: G/Robert Harding, S. 311 r.u.: G/Bruno Morandi, S. 312 l.o.: C/Kazuyoshi Nomachi, S. 312 l.u.: A/Mo Fini, S. 312 r.: G/W.Buss, S. 313 l.: P/Tibor Bognar, S. 313 r.o.: C/Diego Lezama Orezzoli, S. 313 r.u.: C/Kazuyoshi Nomachi, S. 314 o.l.: A/idealink Photography, S. 314 o.r.: A/Michele Falzone, S. 314 u.l.: A/Shreekant Jadhav, S. 314 u.r.: A/dbtravel, S. 314/315 o.: G/Keren Su, S. 314/315 u.: A/Roberto Fumagalli, S. 315 r.o.: C/Michele Falzone, S. 315 r.u.: A/ADB Travel, S. 316/317: C/Kazuyoshi Nomachi, S. 317 o.l.: C/Kazuyoshi Nomachi, S. 317 o.r.: C/Michele Falzone, S. 317 r.o.: A/ADB Travel, S. 317 r.u.: C/Dave Bartruff, S. 318 l.o.: C/Michele Falzone, S. 318 l.u.: C/Kazuyoshi Nomachi, S. 318/319: C/Dave Bartruff, S. 319 o.: C/Zefa, S. 320 o.l.: B/Karol Kallway, S. 320 o.r.: C/Diego Lezama Orezzoli, S. 320 u.: C/Michele Falzone, S. 320/321 o.: A/CuboImages srl/Angelo Tondini, S. 321 u.: A/EmmePi Travel, S. 322/223: M/Jeff O'Brian, S. 322 o.l.: G Images/Martin Moos, S. 322 o.r.: C/Ludovic Maisant, S. 324 o.l.: A/RH Picture Library Ltd./Jane Sweeney, S. 324 u.l.: A/Jane Sweeney, S. 324/325 o.: Schapowalow/Robert Harding, S. 324/325 u.: C/Jane Sweeney, S. 326/327 o.: G/Chris Caldicott, S. 326/327 u.: M images, S. 327 o.: C/Michele Falzone, S. 327 u.: Das Fotoarchiv/Xinhua, S. 328/329: C/Image Source, S. 329 o.: M/A, S. 330 o.l.: G/Iconica/Don Klumpp, S. 330 o.r.: Visum/Peter Schickert, S. 330 u.l.: C/Vijay Mathur, S. 330 u.r.: A/David Pearson, S. 330/331 o.: A/Roger Cracknell, S. 330/331 u.: C/Jon Hicks, S. 332/333: C/Blaine Harrington III, S. 333 o.l.: C/Frédéric Soltan, S. 333o.r.: C/Abbie Enock Travel Ink., S. 334/335: P, S. 335 o.l.: L/Neumann, S. 335 o.r.: L/Hemispheres, S. 336 o.l.: A/Images Etc Ltd, S. 336 o.r.: A/Blaine Harrington III, S. 336 u.l.: G/Stone/Allison, S. 336/337 o.: G/Glowimages, S. 336/337 u.: C/Freeman, S. 338 l.o.: A/INTERFOTO/Travel, S. 338 l.u.: G/Richard Ross, S. 338 r.: G/Gallo Images, S. 339 l.: A/Sybil Sassoon, S. 339 r.o.: C/John Henry Clause Wilson, S. 339 r.u.: A/mediacolor's, S. 340 /341o.: C/Gianni Baldizzone, S. 340 o.l.: C/Gianni Baldizzone, S. 340 u.l.: G/Martin Gray, S. 340/341 u.: Schapowalow/Atlantide, S. 341 o.r.: C/John Henry Clause Wilson, S. 341 u.r.: C/Frédéric Soltan, S. 342/343: C/Frédéric Soltan, S. 343 o.l.: C/Massimo Borchi, S. 343 o.r.: C/Massimo Borchi, S. 344/345 o.: G/Ernst Haas, S. 344/345 u.: A/Dinodia, S. 345 u.1.: M/india/today group, S. 345 u.2.: A/Danita Delimont, S. 346 /347 u.: C/Soltan, S. 346/347 o.: C/Atlantide Phototravel, S. 347 o.r.: A/David Pearson, S. 347 u.r.: G/Steve Allen, S. 348/349: L/Kirchner, S. 349 o.l.: L/Hemispheres, S. 349 o.r.: Bildagentur-online, S. 349 r.1.: A/David R.Frazier Photolibrary, S. 349 r.2.: A/Robert Harding Picture Library, S. 349 r.3.: C/Lindsay Hebbard, S. 350 l.o.: L/Hemispheres, S. 350 l.u.: Still Pictures/Thomas Kelly, S. 350 r.: A/Robert Preston, S. 351 l.: G/PhotosIndia, S. 351 r.o.: C/Nowitz, S. 351 r.u.. C/Soltan, S. 352/353: G/Michele Falzone, S. 353 o.: L/Hemispheres, S. 353 r.o.: L/H, S. 353 r.u.: C/Frédéric Soltan, S. 354/355: C/Massimo Borchi, S. 355 o.l.: C/Frédéric Soltan, S. 355 o.r.: C/Frédéric Soltan, S. 355 r.: G/Win Initiative, S. 356 l.1.: L/Hemispheres, S. 356 l.2.: Bildagentur-online, S. 356 l.3.: Monheim/Rainer Kiedrowski, S. 356/357: C/Christophe Boisvieux, S. 357 o.: A/Neil Mc Allister, S. 358/359: A/Travelib India, S. 359 o.l.: Schapowalow/Atlantide, S. 359 o.r.: A/Robert Preston, S. 360/361: Schapowalow/Atlantide, S. 361 o.l.: Schapowalow/Atlantide, S. 361 o.r.: A/D200 Collection/Hornbil Images, S. 361 r.: Schapowalow/Robert Harding, S. 362/362: G/Steve Allen, S. 363 o.: G/Panoramic Images, S. 364/365: L/Hemispheres, S. 365 o.l.: L/Hemispheres, S. 365 o.r.: C/Jon Hicks, S. 366 o.: L/Hemispheres, S. 366 u.: C/LindsayHebbard, S. 367 o.: H, S. 367 u.: Schapowalow/Robert Harding, S. 368/369 o.: A/Peter Horree, S. 368/369 u.: C/Christophe Boisvieux, S. 369 o.r.: A/F1 online, S. 369 u.l.: A/picture Contact, S. 369 u.r.: A/look, S. 370 o.1.: L/Piepenburg, S. 370 o.2.: Bildagentur-online, S. 370 u.1.: A/Travel Shot, S. 370 u.2.: A/Jan Stanley, S. 370/371 o.: L/Piepenburg, S. 370/371 u.: A/Charles Sturge, S. 372/373: C/Jon Hicks, S. 373 o.l.: P, S. 373 o.r.: M/A/Pep Roig, S. 374/375: Panoramastock/Chu Young, S. 375 o.: L/Malherbe, S. 376/377: C/Steven Vidler, S. 377 o.: Panoramastock, S. 378/379: C/Redlink, S. 379 o.r.: A1 Pix/PCH, S. 379 o.l.: Ifa, S. 380/381 o.: C/Liu Liqun, S. 380/381 u.: Panoramastock, S. 381 o.l.: Panoramastock, S. 381 o.r.: Panoramastock, S. 381 u.l.: P/Pixtal, S. 381 u.r.: Panoramastock, S. 382 o.l.: C/Lu, S. 382 u.l.: Ifa/Index Stock, S. 382/383 o.: C/Lu, S. 382/383 u.: A/View Stock, S. 384 o.l.: C/Christophe Boisvieux, S. 384 o.r.: C/Demetrio Carrasco/JAI, S. 384 u.l.: C/Ric Ergenbright, S. 384 u.r.: C/Pierre Colombel, S. 385 l.: C/Wolfgang Kaehler, S. 385 r.: C/Werner Forman, S. 386 o.: M/John Warburton-Lee, S. 386 u.: Panoramastock, S. 387 o.: Panoramastock, S. 387 u.: L/hemis, S. 388/389: C/Rob Howard, S. 389 o.l.: M/A, S. 389 o.r.: M/A, S. 390 l.: A/Danita Delimont,Dave Bartruff, S. 390/391: M/A, S. 391 o.l.: M/A, S. 391 o.r.: Antoine Tavenaux, S. 391 r.: G/Christopher Pillitz, S. 392 l.: M/imagesbroker/Kohls, S. 392 r.: G/Eightfish, S. 393 l.: A/Jon Arnold, S. 393 r.: M / A, S. 394/395: A/Tibot Bognar, S. 395 o.l.: M/Hans Peter Merten, S. 395 o.r.: A/LMR Group, S. 395 r.: M/Collin Sinclair, S. 396 o.: C. u. W. Kunth, S. 396 u.: M images, S. 397 o.: C/Robert Harding, S. 397 u.: C/Archivo Iconographico, S. 398 o.: Arco/R. Philips, S. 398 u.: H/Picture Finders, S. 399 o.: A/J.Marshall, S. 399 u.: P, S. 400 o.: C/Fridmar Damm, S. 400 u.: C/Nik Wheeler, S. 401 o.: Look/Karl Johaentges, S. 401 u.: Schapowalow/Robert Harding, S. 402 l.o.: C/Blaine Harrington III, S. 402 l.u.: M/A/Blaine Harrington III, S. 402 r.: Look/age, S. 403 l.: C/Jose Fuste Raga, S. 403 r.o.: A/Robert Seitz, S. 403 r.u.: L/Hemis/Marc Dozier, S. 404/405: H/Gräfenhain, S. 405 o.: H/Gräfenhain, S. 406 o.: Wolfgang Kunth, S. 406 u.l.: P/Alain Evrard, S. 406 u.r.: M/Steve Vidler, S. 407 o. Wolfgang Kunth, S. 407 u.l.: look/The Travel Library, S. 407 u.r.: L/Josef Polleross/Redux, S. 408 o.l.: G Images/Marco Simoni, S. 408 u.l.: Ifa, S. 408/409 o.: C/Luca I. Tettoni, S. 408/409 u.: Florian Busch, S. 410/411: L/Kirchner, S. 411 o.: C/Kollektion Reuters, S. 411 r.: Wolfgang Kunth, S. 412 o.: Wolfgang Kunth, S. 412 u.: C/Martin Puddy, S. 413 o.: C/Martin Puddy, S. 413 u.: C/Mike Kemp, S. 414/415: G/Daniel Cheong, S. 415 o.: G/Guy Vanderelst, S. 416/417: L/Hemis, S. 417 o.l.: L/Hemis, S. 417 o.r.: L/Hilger, S. 417 r.: A/Ron Yue, S. 418 l.: Avenue Images/Index Stock/Angelo Cavalli, S. 418/419: A/Rocher Coulam, S. 419 o.: H/Bruno Morandi, S. 420 l.: Ifa, S. 420/421: C/Peter M. Wilson, S. 421 o.: Superbild/JTB, S. 422/423: G Images/Jill Gocher, S. 423 o.l.: G Images/joSon, S. 423 o.r.: F1 online/Horizon, S. 424/425: Look/age, S. 425 o.: G/Morandi, S. 426/427: C/Laurie Chamberlain, S. 427 o.l.: C/Laurie Chamberlain, S. 427 o.r.: A/David Ball, S. 428 o.: G/Gavin Hellier, S. 428 u.l.: C/Christine Osborne, S. 428 u.r.: M Images/Photononstop, S. 429 o.: L/Hemis, S. 429 u.l.: M /Urs Flueler, S. 429 u.r.: H/A. Saffo, S. 430/431: L/Hemispheres, S. 431 o.: H/R.Schmid, S. 431 r.o.: C/Dennis Marsico, S. 431 r.u.: C/Fulvio Roiter, S. 432 o.: Clemens Emmler, S. 432 u.: Clemens Emmler, S. 433 o.: L/Emmler, S. 433 u.: Michael Martin, S. 434/435: P, S. 435 o.: G/G, S. 436 o.: Ifa, S. 436 u.: A/Delimont, S. 437 o.: Michael Martin, S. 437 u.: C/Gulin, S. 438/439: Michael Martin, S. 439 o.: L/Heeb, S. 440/441: H/Picture Finders, S. 441 o.: L/Artur, S. 441 r.: BA-online, S. 442/443 o.: P/T.Smith, S. 442/443 u.: H, S. 443 o.: C/Jose Fuste Raga, S. 443 u.l.: C/Blaine Harrington III, S. 443 u.r.: C/Frédéric Soltan/Sygma, S. 444/445: H, S. 445 o.l.: P/Boyer, S. 445 o.r.: G ???, S. 446/447 o.: Michael Martin, S. 446/447 u.: C/Bojan Brecelj, S. 448/449: A/Yadid Levy, S. 449 o.: A/Yadid Levy, S. 450 l.: A/Robert Harding, S. 450/451: C/George Steimetz, S. 451 o.l.: C/Kazuyoshi Nomachi, S. 451 o.r.: L/TCS, S. 451 r.1.: C/Carmen Redondo, S. 451 r.2.: L/Hemis, S. 451 r.3.: L/The New York Times/Redux, S. 451 r.4.: argum/Thomas Einberger, S. 452/453: C/Pablo Corral Vega, S. 453 o.: A/Jon Arnold, S. 453 r.: A/Mireille Vautier, S. 454/455: P/Pan Images, S. 455 o.l.: G/David Madison, S. 455 o.r.: G/David Madison, S. 456/457 o.: L/Gonzales, S. 456/457 u.: A/Jon Arnold Images, S. 457 o.r.: L/Gonzales, S. 457 u.r.: Schapowalow/Robert harding, S. 458/459: L/Heeb, S. 459 o.l.: A/Rolf Richardson, S. 459 o.r.: A/eMotionQuest, S. 460/461: L/Malherbe, S. 461 o.l.: L/Le Figaro Magazine, S. 461 o.r.: H, S. 462/463: P/Stimpson, S. 463 o.: G/Stone/layda, S. 464 o.l.: C/Huey, S. 464 u.l.: C/Michael T. Sedam, S. 464/465 o.: C/Huey, S. 464/465 u.: ifa/TPC, S. 466 o.l.: L/Peter Gebhard, S. 466 u.l.: C/Fuste Raga, S. 466/467 o.: P/Stockimage, S. 466/467 u.: G/Visions of our land, S. 468 l.o.: Christian Heeb, S. 468 l.u.: Look/age, S. 468 r.: C/Setboum, S. 469 l.: L/Sasse, S. 469 r.o.: L/Sasse, S. 469 r.u.: L/Sasse, S. 470 o.: Avenue Images/H.P. Kaiser, S. 470 u.: P/Pan Images, S. 471 o.: C/Richard T. Nowitz, S. 471 u.: Mauritus/age, S. 472/473: L/Hemis, S. 473 o.l.: C/Dave G. Houser, S. 473 o.r.: C/Dave G. Houser, S. 473 r.: L/Escuidero Patrick/Hoa-Qui, S. 474 o.1.: C/Danny Lehman, S. 474 o.2.: C/Archivo Iconografico, S. 474 u.1.: P/H/Gräfenhain, S. 474 u.2.: Bridgemanart.com, S. 475 o.: L/Heeb, S. 475 u.. Pix/Raga, S. 476/477 o.: Marr, S. 476/477 u.: Marr, S. 477 o.l.: G/Picture Finders, S. 477 o.r.: G/Picture Finders, S. 478 l.o.: H/F. Damm, S. 478 l.u.: C/George Steinmetz, S. 478 r.: L/Hemispheres, S. 479 o.: Ifa-Bilderteam/Panstock, S. 479 u.: G Images/Panoramic Images

Impressum

Genehmigte Sonderausgabe für Verlagsgruppe Weltbild GmbH,
Steinerne Furt, 86167 Augsburg

Königinstraße 11 | 80539 München
Telefon +49.89.45 80 20-0 | Fax +49.89.45 80 20-21
www.kunth-verlag.de

Text: Henning Aubel, Gina Beitscher, Dr. Patrick Brauns, Dietmar Falk, Anna Göltenboth, Dr. Natalie Göltenboth, Oliver Heiss, Martina Jando, Ingrid Langschwert, Brigitte Lotz, Dr. Regina Prinz, Dr. Isabel Rith-Magni

ISBN 978-3-8289-4485-5

Umschlaggestaltung: Atelier Seidel, Teising
Umschlagvorderseite: © masterfile/Jon Arnold Images und Robert Harding Images; © shutterstock/Rafael Ramirez Lee; Bryan Busovicki; Khoo Si Lin.
Umschlagrückseite: © shutterstock/Lee Prince; Luciano Mortula; vincent369; Zoran Karapancev; best4photo